CRISE DE VALORES

OU

VALORES EM CRISE?

C932 Crise de valores ou valores em crise? / [organização] Yves de La Taille, Maria Suzana De Stefano Menin ; Alessandra de Morais Shimizu ... [et al.]. – Porto Alegre : Artmed, 2009.
198 p. ; 23 cm.

ISBN 978-85-363-1941-4

1. Psicologia – Moral. I. La Taille, Yves de. II. Menin, Maria Suzana De Stefano. III. Shimizu, Alessandra de Morais.

CDU 159.9:17

Catalogação na publicação: Renata de Souza Borges – CRB-10/1922

Yves de La Taille
Maria Suzana De Stefano Menin
e colaboradores

CRISE DE VALORES
OU
VALORES EM CRISE?

artmed®

2009

© Artmed Editora S.A., 2009

Capa: *Tatiana Sperhacke – TAT Studio*

Preparação do original: *Carlos Henrique Lucas Lima*

Supervisão editorial: *Mônica Ballejo Canto*

Editoração eletrônica: *Formato Artes Gráficas*

Reservados todos os direitos de publicação, em língua portuguesa, à
ARTMED® EDITORA S.A.
Av. Jerônimo de Ornelas, 670 - Santana
90040-340 Porto Alegre RS
Fone (51) 3027-7000 Fax (51) 3027-7070

É proibida a duplicação ou reprodução deste volume, no todo ou em parte, sob quaisquer formas ou por quaisquer meios (eletrônico, mecânico, gravação, fotocópia, distribuição na Web e outros), sem permissão expressa da Editora.

SÃO PAULO
Av. Angélica, 1091 - Higienópolis
01227-100 São Paulo SP
Fone (11) 3665-1100 Fax (11) 3667-1333

SAC 0800 703-3444

IMPRESSO NO BRASIL
PRINTED IN BRAZIL
Impresso sob demanda na Meta Brasil a pedido de Grupo A Educação.

Autores

Yves de La Taille (org.). Professor Titular do Instituto de Psicologia da Universidade de São Paulo – SP.

Maria Suzana De Stefano Menin (org.). Professora Titular da Faculdade de Ciências e Tecnologia da Universidade Estadual Paulista – Campus Presidente Prudente – SP.

Alessandra de Morais Shimizu. Professora Doutora da Faculdade de Filosofia e Ciências da Universidade Estadual Paulista – Campus de Marília – SP.

Cleonice Pereira dos Santos Camino. Professora Titular da Universidade Federal da Paraíba – Campus de João Pessoa – PB.

Denise d'Aurea-Tardeli. Professora Doutora da Universidade Metodista de São Paulo – SP.

Divino José da Silva. Professor Doutor da Faculdade de Ciências e Tecnologia da Universidade Estadual Paulista – Campus Presidente Prudente – SP.

Izabella Alvarenga Silva. Mestranda em Educação na Faculdade de Filosofia e Ciências da Universidade Estadual Paulista – Campus de Marília – SP.

Júlio Rique Neto. Professor Doutor da Universidade Federal da Paraíba – Campus de João Pessoa – PB.

Luciene Regina Paulino Tognetta. Professora Doutora da Faculdade de Educação da Universidade de Campinas – SP.

Márcia M. Avila Paz. Doutora em Psicologia Social pela Universidade Federal da Paraíba – PB. Pesquisadora do Núcleo de Pesquisa em Desenvolvimento Sociomoral.

Maria Teresa Ceron Trevisol. Professora Doutora do Programa de Mestrado em Educação da Universidade do Oeste de Santa Catarina UNOESC Campus de Joaçaba – SC.

Raul Aragão Martins. Livre-Docente da Faculdade: Instituto de Biociências, Letras e Ciências Exatas da Universidade Estadual Paulista – Campus de São José do Rio Preto – SP.

Telma Pileggi Vinha. Professora Doutora da Faculdade de Educação da Universidade de Campinas – SP.

Veronica Luna. Professora Doutora da Universidade Federal da Paraíba – Campus de João Pessoa – PB.

Sumário

Introdução 9

1 Valores em crise: o que nos causa indignação? 15
   Luciene Regina Paulino Tognetta, Telma Pileggi Vinha

2 As virtudes segundo os jovens 46
   Yves de La Taille

3 Adolescência, personalidade e projeto de vida solidário ... 70
   Denise D'Aurea-Tardeli

4 O civismo em discussão: juventude e
   contemporaneidade de valores 89
   Júlio Rique Neto

5 Valores evocados nos posicionamentos referentes
   às cotas para alunos negros ou alunos de escolas
   públicas. Uma pesquisa entre universitários 106
   *Maria Suzana De Stefano Menin, Alessandra de Morais Shimizu,
   Divino José Silva*

6 Valores morais no âmbito escolar: uma revisão
   dos valores apresentados nos livros didáticos
   e por professores, de 1970 a 2006 130
   Cleonice Camino, Márcia Paz, Verônica Luna

7 Tecendo os sentidos atribuídos por professores do ensino fundamental ao médio profissionalizante sobre a construção de valores na escola 152
Maria Teresa Ceron Trevisol

8 Valores morais do ponto de vista de professores de ensino fundamental e médio 185
Raul Aragão Martins, Izabella Alvarenga Silva

Introdução

Yves de La Taille
Maria Suzana De Stefano Menin

Os autores deste livro, todos professores universitários de vários estados brasileiros, fazem parte de um grupo que se dedica a pesquisar e a refletir sobre a chamada Psicologia Moral, área de estudo dos processos psicológicos que levam um indivíduo a legitimar regras, princípios e valores morais. Na reunião que fizemos em 2006, em Florianópolis, um de nós, a professora Maria Suzana De Stefano Menin, propôs que realizássemos pesquisas objetivando iniciar a reflexão sobre uma questão contemporânea formulada por ela por intermédio de uma pergunta: estaríamos vivendo tempos de "crise de valores" ou tempos de "valores em crise"?

Explicitemos o sentido dessa pergunta, que dá nome a este livro.

"Crise de valores" carrega a noção de que os valores morais estariam "doentes" e, portanto, correndo perigo de extinção. "Valores em crise", por sua vez, carrega a noção de que os valores morais não desapareceram, mas estariam mudando de interpretação. Assim, "crise de valores" remete à presença ou à ausência de legitimação da moral, enquanto "valores em crise" faz-nos pensar em um processo de transformação dos referidos valores, mas não em sua ausência ou em seu progressivo desaparecimento. Analisemos um pouco mais as duas alternativas.

Crise de valores. Em todas as épocas surgem vozes que denunciam a "falta de valores" dos membros de uma sociedade (notadamente dos jovens), a "inversão de valores" que acometeria a maioria dos cidadãos, ou a "anomia" que destruiria as relações humanas. Assim, não é de estranhar que, atualmente, existam vozes que fazem esse tipo de avaliação de nossa sociedade. Todavia, como esse tipo de crítica encontra-se em todas as épocas, parecendo traduzir um mal-estar moral perene, é imperativo nos perguntarmos se essa crítica tem especial relevância para os dias de hoje. Alguns responderão afirmativamente, trazendo, do ponto de vista moral, exemplos como a forte presença da violência, da corrupção, da irresponsabilidade, da incivilidade, do *bullying*, da força do crime organizado, e de outros problemas mais. Outros negarão, lembrando o avanço da democracia no mundo todo (regime político que só é frutífero se alguns princípios morais, como os da liberdade e da igualdade, forem legitimados), a abolição progressiva da pena de morte em muitos países, a incontornável presença dos direitos humanos em variadas ações institucionais, a existência de inúmeras organizações não-governamentais a serviço da justiça e da solidariedade, a preocupação crescente com a preservação do meio ambiente, etc. Esses otimistas perguntarão aos pessimistas se estes prefeririam viver em épocas passadas, e os pessimistas retrucarão perguntando àqueles se eles andariam sozinhos à noite como se fazia antigamente, se deixariam seus carros com portas destrancadas, se não se preocupam em tomar um avião ou trem em razão dos atentados terroristas, se acham confortável viver com as inúmeras formas de controle presentes atualmente (radares, câmeras, etc.), se deixariam os filhos brincarem na rua, etc. Interessantemente, não raras vezes verifica-se que o pessimista sublinha o problema das relações pessoais, e o otimista ressalta os avanços institucionais. Sérgio Adorno (2002, p.98) assinala: "Não obstante os avanços democráticos e as profundas modificações pelas quais a sociedade brasileira tem passado nos últimos quinze anos, o regime democrático coincide com a ocorrência de uma verdadeira explosão da violência no seio da sociedade".

Valores em crise. Alguns autores, dedicados a analisar a chamada "pós-modernidade" ou "hipermodernidade", diagnosticam mudanças na moralidade contemporânea. Porém, nem todos interpretam tal mudança como problema, ou pelo menos como problema grave. Alguns, como Lipovetsky (1992), embora falando em "crepúsculo do dever" ou em "sociedade pós-moral", avalia que a moral não está morta, longe disso, mas sim em processo de mutação. Por exemplo, se é verdade que as pessoas que na atualidade vivem temem assumir compromissos de longo prazo, fato que comprometeria o exercício de virtudes como a amizade e a lealdade, também seria verdade que o respeito pela dignidade alheia permanece valor forte e que se alimenta de novas categorias como a "diferença", a "cultura", o "gênero", categorias essas ausentes na filosofia moral que, até pouco tempo, foi dominante, como a de Kant. Outro exemplo: se é verdade que a busca de prazer, e não o cumprimento do dever, é um imperativo para o homem contemporâneo, não deixaria também de ser verdade que a busca por compartilhar esse prazer com outros (tema pouco relevante até agora para variados sistemas morais) é exigência pós-moderna. Um último exemplo: se é verdade que as relações sociais sofrem com a anomia, também seria verdade que temas morais reaparecem como preocupação forte em níveis institucionais: códigos de ética nas empresas, na pesquisa com seres humanos, na política, movimentos de solidariedade internacional (as campanhas desencadeadas por catástrofes naturais ou políticas), movimentos de reivindicações étnicas, etc. Aceito esse diagnóstico, estaríamos assistindo a um rearranjo moral, ao aparecimento de novas modalidades de relacionamento, à valorização de determinadas virtudes, a novas inquietações éticas, e não a uma volta a uma condição pré-moral. Escreveu Lipovetsky (2004, p. 147) que "a hipermodernidade democrática e mercantil não disse sua última palavra: ela está apenas no começo de sua aventura histórica".

Assim definidas as expressões "crise de valores" e "valores em crise", para se procurar saber se estamos vivendo em um mundo que se define por uma delas (ou, a rigor, por nenhuma das duas, pois pode ser que, a despeito de nossos cotidianos estranhamentos, ainda sejamos regidos pela "boa e velha" moral de nossos antepassados) é preciso atentar para três fatores complicadores.

O primeiro: é sempre muito difícil analisar o mundo no qual se está imerso. Falta-nos a distância necessária à plena objetividade. Afinal, trata-se do *nosso* mundo, e nele projetamos desejos e valores que nem sempre nos permitem avaliá-lo corretamente.

O segundo fator complicador refere-se a um aspecto incontornável da contemporaneidade: vivemos tempos de mudanças que ocorrem de forma muito rápida, notadamente em razão dos avanços tecnológicos e daqueles da chamada globalização. Escreveu Zygmunt Bauman (1998, p. 36) que "esquecer, mais do que aprender, é a condição de contínua adaptação". O ritmo febril das mudanças sociais, evidente no mundo do trabalho e certamente com certa influência no universo dos valores, faz com que talvez não estejamos coletando dados sobre uma *época*, mas apenas sobre um *momento*.

O terceiro fator complicador a ser lembrado diz respeito diretamente à moralidade: a possível distância entre juízo e ação. Ao perguntar para uma pessoa se ela valoriza a honestidade, provavelmente ela responderá que sim. Porém, mesmo na hipótese de ela não estar optando por um juízo moral em razão de sua aceitabilidade social, mesmo na hipótese, portanto, de ela ser sincera, tal juízo não garantiria que, em uma situação na qual a desonestidade trouxesse-lhe alguma vantagem desejada, ela não agisse de forma desonesta. Sua ação dependeria do quanto a honestidade é investida afetivamente, do quanto o *ser honesto* está associado ao valor que ela atribui a si mesma. Logo, do ponto de vista da moralidade, procurar saber se estamos vivendo tempos de "crise de valores" ou de "valores em crise" depende tanto de dados sobre juízos quanto de dados sobre ações morais.

Isto posto, os textos que submetemos ao leitor incidem sobre a dimensão intelectual da moralidade, ou seja, incidem sobre juízos expressos por nossos sujeitos. Das oito investigações, cinco abordam os juízos de jovens, e três, juízos de professores.

O primeiro capítulo, escrito por Luciene Regina Paulino Tognetta e Telma Pileggi Vinha, aborda o sentimento de *indignação*. De que os jovens se indignam nos dias de hoje? Eis a pergunta central da pesquisa.

O segundo capítulo, de autoria de Yves de la Taille, aborda o tema das *virtudes morais*: quais são as mais valorizadas pelos jovens? Quais são as pessoas que mais admiram ou desprezam em razão da presença ou da ausência, nelas, de determinadas virtudes? Como meninos e meninas percebem diferenças de gênero quando se trata do exercício das virtudes?

Denise D'Aurea Tardeli, autora do terceiro capítulo, traz uma pesquisa sobre o valor que os jovens atribuem à *solidariedade* e sua relação com características dos *projetos de vida* que fazem para si próprios.

A seguinte pesquisa com jovens, é assinada por Júlio Rique Neto e, apresentada no quarto capítulo, incide sobre o tema do *civismo*. Afinal, para eles, o que é ser um cidadão? Será que já ouviram falar em civismo? O que é se comportar de forma cívica? Deve haver, ou não, constante participação cívica de lutas?

A última pesquisa com jovens, assinada por Maria Suzana De Stefano Menin, Alessandra de Morais Shimizu e Divino José Silva, objeto do quinto capítulo, aborda a candente questão das *cotas para negros e para alunos oriundos de escolas públicas* nas universidades brasileiras. Afinal, como os jovens posicionam-se a respeito desse tema, e quais são os argumentos (igualdade, justiça, mérito, etc.) que empregam para embasar seus juízos?

Os três últimos capítulos debruçam-se sobre o juízo dos professores e nos trazem, portanto, dados relacionados à educação.

O sexto capítulo, de autoria de Cleonice Camino, Márcia Paz e Verônica Luna, apresenta duas pesquisas. Uma versa sobre a natureza dos valores contidos nos livros que tratam de moral e cívica mais empregados na cidade de João Pessoa nas décadas de 1970 e 1980. A segunda, realizada por intermédio de entrevistas com professores, visa saber o que eles entendem por valores sociomorais, por justiça. Visa também saber se eles pensam que as normas morais têm mudado e, se for o caso, quais as razões dessas mudanças.

Maria Teresa Ceron Trevisol debruça-se, no sétimo capítulo, sobre a opinião dos professores a respeito da formação moral dos alunos e sobre a necessidade, ou não, de eles, professores, participarem de tal formação.

Finalmente, no oitavo capítulo, Raul Aragão Martins e Izabella Alvarenga Silva dedicam-se aos conhecimentos e às concepções que professores têm a respeito da *construção de valores sociais e morais na escola*. Por exemplo, eles conhecem os Parâmetros Curriculares Nacionais (PCNs) – que incluem o tema transversal *ética*? Trabalham esse tema? Outro exemplo: na formação moral dos alunos, qual a importância de modelos serem oferecidos? Da promoção do diálogo? Último exemplo: em caso de empreitadas de formação moral, que material é empregado?

Cada autor, à sua maneira, retoma o tema geral do livro, e a tendência pende para o diagnóstico de que estamos em época de *valores em crise* e não tanto de *crise de valores*. Mas, deixamos que o leitor, ao ter entrado em contato com os dados e com as análises, faça seu próprio juízo.

REFERÊNCIAS

ADORNO, S. Adolescentes, crime e violência. In: OLIVEIRA, I.; PAVEZ, G.; SCHILLING, F. *Reflexões sobre justiça e violência*. São Paulo: EDUC, 2002. p. 97-109.
BAUMAN, Z. *O mal-estar da pós-modernidade*. Rio de Janeiro: Zahar, 1998.
LIPOVETSKY, G. *Le crépuscule du devoir*. Paris: Gallimard, 1992.
____. *Les temps hypermodernes*. Paris: Grasset, 2004.

1
Valores em crise:
o que nos causa indignação?

Luciene Regina Paulino Tognetta
Telma Pileggi Vinha

"Quem não tem senso moral não pode envergonhar-se moralmente nem se indignar".
Tugendhat, 1999

Inúmeras vezes deparamo-nos com certo saudosismo latente que teimosamente nos remete a pensar nos valores de velhas gerações como quase ausentes nas relações estabelecidas atualmente. A mesma angústia prospera na educação. Nesta esfera encontram-se, não raro, educadores de diferentes séries referindo-se aos valores ausentes em seus alunos como a elucidar uma perda de gerações que outrora, em seus conceitos, eram caracterizadas como possuidoras de mais valores morais. É comum declararem: "No meu tempo, bastava o olhar de meu pai... bastava o olhar da professora para que uma regra fosse cumprida." Várias são as questões contidas nessa declaração. Uma delas diz respeito ao tipo de obediência e à forma como ela era obtida por nossos progenitores ou autoridades... No entanto, deixemos por hora essa discussão sobre como os valores em épocas anteriores eram desenvolvidos para então nos indagar: quais seriam os valores presentes entre nossos jovens na atualidade. E ainda: seriam esses, valores morais? Para responder e ainda melhor refletir sobre tais perguntas, este capítulo objetiva apresentar os resultados de nossas investigações sobre o sentimento de indignação presente entre adolescentes.

Antes dessa apresentação, todavia, é preciso que nos questionemos: por que a indignação? A resposta a essa pergunta remete-nos a pensar na complexidade dos estudos sobre moral e ética e suas fontes. Em outras palavras, para entender o papel desse sentimento – indignação – na formação de um valor moral, será preciso, primeiro, supor que este participa efetivamente dessa construção. Essa mesma discussão nos ajudará, mais tarde, a pensar na tarefa da escola ao tratar da formação moral e ética de seus alunos.

A COMPLEXIDADE DOS ESTUDOS SOBRE MORAL E ÉTICA

Na história da filosofia clássica, por muito tempo a moral foi compreendida enquanto um conjunto de normas a serem seguidas. O bem e o mal, nessa concepção, são pensados exatamente como normas que vêm de fora, da religião, por exemplo. E se nos perguntarmos o que, ainda segundo essas premissas, define ou classifica tais condutas como boas ou ruins, poderemos ter como resposta: a razão.

Mas a mesma história aponta-nos o contrário: Shaftesbury (Taylor, 1998) diria que "é com a 'afeição natural' que amamos o bem ou queremos a moral (o bem cósmico como sinal de todo bem) porque temos certas inclinações (ou motivações) para amar." A moral, portanto, viria de *dentro*, não sendo fruto das normas advindas do exterior de si. Para Luther (ibid.), o homem não deveria ser chamado de "animal racional" e sim de "animal religioso" em seu sentido de afeto, de ser sensível. Se assim pensarmos, o ponto de partida da busca pelo bem ou pelo mal estaria dentro e não fora de nós.

A partir dessas discussões, qual seria então a fonte da moral ou dos valores que tanto desejamos ver nessas gerações presentes? Estaria ela na razão ou nos sentimentos, chamados por Shaffesbury de inclinações? Taylor (1998) nos diria que sem ignorarmos a primeira, teríamos muito a encontrar nos sentimentos enquanto categorias da moral. E se a moral é a busca pelo bem, poderíamos concordar com Hutcheson (Taylor, 1998; Smith, 1999), que afirma haver duas fontes morais: o bem de si e o bem do outro. Isso significa dizer que para ser bom é preciso considerar a norma, mas é preciso também considerar os próprios sentimentos que se inclinam para o bem. Para autores como Hutchon, Taylor e Smith é preciso evitar o erro de subestimar o amor de si mesmo já que é a busca da felicidade, como na concepção aristotélica, que não implica raciocínios, que dirige o homem a agir. Em outras palavras, o que esses autores afirmam é o velho ditado "amar o próximo como a si mesmo": fazer o bem para o outro, sentindo-se bem. Temos, portanto, uma nova característica daqueles valores que tratamos no início dessas discussões: podemos chamá-los de morais, mas também, a partir dessa trajetória que fizemos e que contempla outra perspectiva da moral, de éticos. Autores como Paul Ricoeur (1990), Williams (1990), Tugendhat (1999) e Comte-Sponville (1999) assim pensarão.

Segundo essa perspectiva, se por um lado a moral é definida como um conjunto de deveres, a ética se referiria a uma inclinação e, por conseguinte, a uma busca por algo que faça sentido. Seria, portanto, correspondente à busca de uma 'vida boa'. Logo, a pergunta moral seria "como devo agir"?, e a pergunta ética "que vida eu quero viver"?. Se a primeira dessas questões indica uma obrigatoriedade, a segunda aponta um sentido para se viver, ou algo que gere bem-estar.

Toda essa trajetória que traçamos até aqui buscou sustentar a construção de uma nova concepção de que a formação de valores morais ou éticos depende de algo além da tomada de consciência do dever: depende de uma motivação interna para a ação, chamada de sentimentos. No entanto, não estamos falando de quaisquer sentimentos, chamados também de emoções, como a alegria, a tristeza ou a raiva, que seriam fadadas a variações, mas tratamos de categorias mais elevadas que integrem a busca por uma vida boa a uma hierarquia de valores que se conservam. Claro que podemos sentir alegria, tristeza, raiva em nossas relações com os outros e conosco mesmo, não são esses estados de ânimo que nos impulsionarão a uma ação moral, e sim a presença de sentimentos que integram a nossa personalidade: o que nos indigna, o que nos envergonha, do que nos arrependemos...

Esses sentimentos mostram-nos que existe algo mais ou menos valorizado por cada um. A própria definição do que é um valor pode ajudar-nos a compreender melhor: um valor pode ser definido como um investimento afetivo que nos move ou que nos faz agir (Piaget, 1994), e, portanto, toda pessoa, em suas relações consigo e com os outros, investe sua energia em determinadas ações ou em pessoas, ou ainda, em ideias. Assim, temos caracterizado um valor. Determinado objeto[1] tem um sentido para o sujeito e é investido pelos afetos que lhe conferem valor positivo ou negativo. Um exemplo que nos auxilia a ilustrar o conceito de valor é a sensação de satisfação por ter realizado uma tarefa com êxito ou de culpa por ter sido desrespeitoso.

Esses valores podem ser morais, tais como justiça, veracidade, honestidade, generosidade e dignidade, entre outros, e não-morais, como beleza, sucesso, sedução, riqueza, popularidade; todavia, tantos os primeiros quanto esses últimos podem participar da estruturação do valor que uma pessoa dá a si mesma: sua autoestima e seu autorrespeito. La Taille (2006) considera que a "autoestima" consiste em ter consciência de ser bom em suas capacidades; no entanto, essa valorização de si próprio é constituída de representações positivas de si, que são estranhas ou até mesmo contrárias à moralidade (valores não-morais). Para se tornar autorrespeito é preciso que a autoestima ou a valorização de si próprio incida sobre os valores morais. Assim, pode-se afirmar que o autorrespeito é um caso particular de autoestima, visto que esta é regida pela moral: quando a pessoa vê valor em suas ações generosas, justas, honestas (agir moralmente com o outro) e isso lhe causa um efeito positivo, ou uma espécie de "ficar bem consigo mesma" por ter agido bem.

Uma ação ética decorre, portanto, de um *querer fazer*. Um exemplo disso é quando alguém, apesar de bastante atarefado, interrompe seu trabalho para auxiliar uma outra pessoa que necessite de ajuda; ou seja, apesar dos compromissos, o *querer* atender alguém que necessita foi um valor hierarquicamente maior, que faz com que essa pessoa que tenha agido bem se sinta satisfeita consigo mesma.

Agora, o que nos leva a esse *querer fazer*? Para Piaget (1994), no despertar do senso moral, ou na fase chamada de heteronomia[2], haveria um sentimento, o respeito, que seria um misto de outros dois – amor e medo – que levaria a uma ação moral. No entanto, Piaget afirmaria que haveria outros sentimentos relacionados ao convívio social da criança, sobre os quais não se ateve, como a simpatia entre as crianças, decorrente de sua interação com seus iguais nessa fase de heteronomia. A simpatia como um sentimento de estar sensível não ao direito do outro, mas à sua singularidade, funcionaria mais como um cuidado da criança pequena em prestar atenção ao outro. Sentimento que não é conservado ao longo do tempo. Outro sentimento não-citado por Piaget explicitadamente, mas já elucidado em suas explicações sobre o egocentrismo infantil, é a indignação: uma explicação à noção do próprio direito, diferente da obediência à autoridade, como seria o respeito, e da comoção aos sentimentos do outro, como seria a simpatia.

O SENTIMENTO DE INDIGNAÇÃO E SUA PARTICIPAÇÃO NA CONSTRUÇÃO DE UMA PERSONALIDADE ÉTICA

A indignação caracteriza-se por um sentimento negativo próximo à cólera desencadeado por um juízo negativo feito por quem a experimenta para recobrar um direito. Sente-se indignado quando se é vítima de uma ação considerada imoral, como por exemplo, constatar que foi enganado em relação a um produto recém-comprado ou saber que estão maltratando a um animal. A indignação refere-se essencialmente a um conteúdo moral que estaria em jogo: a justiça. Por certo, entre os pequenos essas manifestações iniciais de indignação não dizem respeito aos direitos dos outros, mas sim àqueles que a criança considera serem os dela. Essa reação ocorre, por exemplo, quando o pai não cumpre a promessa de a levar para o clube ou quando seu irmão ganha dois presentes, e ela somente, um. Seria, portanto, uma busca pela justiça, porém uma justiça ainda autorreferenciada.

Muitas vezes, essa constatação de que a justiça infantil é autocentrada faz professores e pais, ou melhor, adultos que convivem com crianças, acreditarem que elas não agem moralmente. Entretanto, vejamos que esse fato indica uma certa evolução moral: para Turiel (1986), por exemplo, crianças menores já sabem reconhecer as diferenças entre os domínios morais, ou seja, quando o que está em jogo são valores como justiça, direitos, honestidade, generosidade, daqueles que são chamados sociais ou convencionais – que dizem respeito à civilidade ou ao tratar com gentileza e educação os outros – e ainda, os valores pessoais, que são relacionados ao conforto e ao bem-estar individual. As crianças já sabem, por exemplo, que bater em uma pessoa é pior que comer com as mãos. A noção de direito não é estranha às crianças: está apenas autorreferenciada. Piaget já teria apontado que praticamente a totalidade de crianças menores pesquisadas por ele achava errado, quando estavam em lojas, ter de esperar que os adultos fossem atendidos antes delas.

Desde muito cedo, portanto, a indignação ao que desagrada as crianças anuncia uma indignação moral propriamente dita: são interesses contrariados, mas mais do que isso, denota a busca da noção de igualdade, expressa, por exemplo, quando um irmão reclama que o outro dormiu na cama dos pais na noite anterior e ele não. Denota, sobretudo, a busca de um valor positivo de si: indignar-se é buscar por um reconhecimento alheio de seu próprio valor. Esse é o primeiro passo para que se torne moral.

Tungendhat (1999) convida-nos a pensar em duas ideias interessantes ainda a respeito da indignação. A primeira é que a indignação (ou a revolta) só acontece por inclusão de exigências mútuas: só fico indignado quando desaprovo uma ação que considero ferir um bem moral que distingo em mim e como exigência ao outro enquanto um bom atrativo (uma boa pessoa). A segunda ideia é que, de fato, a indignação é um sentimento que corresponde à motivação moral em suas duas facetas: a ideia da norma e do que desejo ser. Fico indignado porque respeito a pessoa e porque eu me envergonharia por agir de tal forma. Indignar-se é buscar essa correspondência imediata entre os valores que tenho e os que aspiro que os outros tenham.

De posse de tais teses, podemos então concluir que o sentimento de indignação pode indicar-nos os valores que uma pessoa tem: quando questionamos alguns adolescentes sobre o que lhes causa indignação, obtivemos como respostas ações que podem apontar-nos o que é valor aos olhos desses meninos e meninas, afinal, sente-se indignado quem considera que um direito foi violado, ou seja, há esse sentimento negativo em resposta a ações que o sujeito considera contrárias ao que ele valoriza. É possível que saibamos, com tais respostas, se os valores apontados podem ou não ser morais. É o que passaremos agora a discutir.

UMA INVESTIGAÇÃO ATUAL: O QUE NOS CAUSA INDIGNAÇÃO?

Quais serão os valores aspirados por nossos jovens atualmente? Para responder a essa pergunta, fizemos uma investigação que procurou saber exatamente o que os indigna. Foram investigados os julgamentos de 75 adolescentes de uma escola particular e de 75 adolescentes de uma escola pública do interior paulista por meio de uma pesquisa de campo, com abordagem qualitativa. Tais meninos e meninas[3] de 14 a 16 anos que cursam o 8º e o 9º ano responderam à pergunta: "Existe alguma coisa que as pessoas fazem que deixa você com raiva ou indignado?".

Deve-se considerar que a simplicidade do método não invalida nossos resultados: ao parar para pensar nesta pergunta, a fim de responder o que os indigna, era preciso fazer, em termos psicológicos, duas distinções: o que é bem e o que é mal. Ao fazer essa escolha, pressupõe-se que tenha havido uma aspiração anterior pelo bem – o que seria bom e que me falta – e por isso me revolta. Por certo, estes mecanismos psicológicos presentes no ato dessa resposta permitem-nos afirmar que, ao escrever, esses meninos e meninas apresentaram um sentido único do que pensam ser suas relações com os outros.

As respostas passaram por uma categorização livre com uma análise de conteúdo que revelou as características mais comuns nos grupos de respostas que encontramos.

Foram encontradas três grandes categorias de respostas: a primeira delas, chamada de categoria A "Características de certo individualismo", como o próprio nome já diz, inclui as respostas em que a indignação trata de uma espécie de justiça autorreferenciada. As respostas indicam que o sujeito sente-se indignado com ações que o atingem diretamente, por conseguinte, o outro não está incluso a não ser cometendo uma injustiça contra ele. Como vimos anteriormente, é próprio da criança pequena se indignar por se sentir injustiçada pela ação dos outros. Tal como as crianças pequenas, esses adolescentes não consideram o universo dos outros, portanto, não se indignam quando os direitos das demais pessoas são violados. O que os indigna está sempre relacionado a si próprio.

Dentro dessa categoria maior do individualismo, a partir de uma análise de conteúdo das respostas distinguiram-se subcategorias que podem melhor explicar as características dessa categoria. Vale frisar que em cada uma das respostas de nossos sujeitos pudemos encontrar mais de uma subcategoria. O quadro a seguir as apresenta.

Quadro 1.1 Características de certo individualismo

"**Defeitos de personalidade**": intrometido, egoísta, arrogante, mal-educado, ignorante, delator, chato, imaturo
Hipocrisia: mentira, falsidade, deslealdade
Incomodar: irritar, atrapalhar
Maledicência: fofocar, não guardar segredos, dedurar
Maus tratos: ridicularização, provocação, agressão verbal, ofensas, zombarias, insultos, desrespeito
Rejeição: exclusão
Outros[4]: irritar-se ou brigar por motivos irrelevantes, ser criticado ou censurado, "folgar" (abusar no sentido de o outro fazer as tarefas), pegar seus objetos, proibições dos pais

Assim, nesta primeira categoria os jovens sentem-se indignados, por exemplo, quando são impedidos de fazer algo que desejam, quando alguém os irrita, "fala mal" deles, coloca apelidos, faz brincadeiras desagradáveis, os agride ou quando percebem falsas intenções no outro. Algumas respostas apresentadas a seguir ilustram essa categoria: "Elas ficam pegando minhas coisas, carteira, ficam me distraindo durante a aula, ficam me dando socos, o que me irrita muito, só que eu vou lá e revido" ou ainda "Quando meus pais me dizem 'não' para alguma coisa que eu desejo muito".

Passemos agora à apresentação da segunda grande categoria encontrada para o sentimento de indignação. Diferindo-se da primeira, a categoria B denomina-se "Características de um caráter moral restrito e estereotipado". Vejamos que nesta categoria incluem-se as relações com os outros. Nela, portanto, os outros já são considerados alvos de injustiça e, portanto, de indignação. No entanto, há uma restrição emergida de suas respostas: este outro é geralmente associado a pessoas conhecidas, amigos, família ou pessoas que em alguma instância conservam uma relação de proximidade, seja ela física ou psicológica, com o autor das respostas. Um exemplo seria ofender ou agredir alguém de sua família.

Nesta mesma categoria foram incluídas as respostas que traduzem um estereótipo social: não fica clara a relevância das injustiças citadas na fala dos sujeitos fazendo alusão a características comumente vistas, seja em suas relações mais próximas seja produzida culturalmente, como falsidade, vaidade, inveja, falta de gentileza, ganância, futilidade, que não nos permitem afirmar com clareza uma dimensão que inclua o outro no universo de pretensões éticas. Pode-se dizer que ainda não se tratam de valores morais interiorizados, já que esses sujeitos repetem aquilo que seu entorno social valoriza. Temos, portanto, as seguintes subcategorias que podem melhor descrever esse caráter estereotipado ou restrito da categoria B.

Quadro 1.2 Características de um caráter moral restrito e estereotipado

> **Arrogância e exibicionismo**: superioridade, desconsideração, futilidade
> **"Defeitos de personalidade"**: intrometido, invasivo, invejoso, lamentador, imaturo, mimado, bajulador, ciumento, irônico, ingrato, egoísta, individualista
> **Deseducação**: falta de educação, polidez
> **Hipocrisia**: mentira, falsidade
> **Maledicência**: fofocar, não guardar segredos, dedurar
> **Maus tratos** (*associados a pessoas conhecidas: amigos, família*): abusos, constrangimento, provocação, agressão verbal, xingamentos, zombarias, insultos, desrespeito
> **Outros[5] conteúdos morais**: racismo, injustiça, exclusão, furto, violência, abuso

Como na categoria A, há respostas inseridas em duas ou mais subcategorias. Alguns exemplos da categoria B seriam: "Brincadeiras de mau gosto e falta de educação"; "O que me tira do sério é mexer com os meus amigos ou com a minha família, eles são tudo na minha vida"; e ainda "Uma coisa que as pessoas fazem que me deixa com raiva é interferir na minha vida, principalmente, pessoal. Aquelas pessoas que não têm o que fazer e ficam 'cuidando' do que os outros fazem ou deixam de fazer. E outra coisa que me deixa com raiva é fofoca. Esses dois exemplos são os que mais me incomodam".

Finalmente temos, em termos de evolução, a última categoria, C, que inclui as "Características de um caráter moral e ético". Vejamos que nessa categoria há a inclusão de um universo maior em relação àquele apresentado nas anteriores: o outro é considerado como alvo de injustiças, o que causa indignação a si não como alvo, mas como expectador. Ora, mas como podemos supor que esta seria a categoria mais evoluída ao contemplar o outro se a indignação tem ela mesma, como fonte profunda, o sentimento de não ser valor? A resposta a essa pergunta não é simples e talvez Ricoeur (1993, p.98) ajude-nos a entendê-la: "existe uma ligação entre a estima de si e a avaliação ética de nossas ações que visam à vida boa (no sentido aristotélico)". Vejamos o que essa frase expressa-nos: a busca por uma vida boa é a finalidade de qualquer ação humana, de acordo com Aristóteles, um pensamento dissonante daquele que diz que a justiça seria o fim maior de nossas ações. Mas, vejamos, ao afirmar que o homem procura a felicidade, Ricoeur, assim como Aristóteles, asseguraria que o espaço em que esta deve ser buscada é um espaço de justiça. Portanto, essa é a perspectiva moral a ser assegurada: não é qualquer conteúdo que está em jogo, deve haver justiça. Mais evoluídas serão as respostas, moralmente falando, quando contemplarem virtudes morais, ou excelências, conforme Aristóteles (1996), que nos tornariam melhores, mais humanos.

Da mesma forma, vejamos ainda que Ricoeur enfatiza aquela "estreita ligação entre a estima de si e a avaliação ética de nossas ações" – estaria em jogo, antes de considerar a justiça como uma espécie de respeito ao outro, o estar bem consigo, ou o sentir-se respeitado. O fato é que deve haver, portanto, um *querer fazer* bem ao outro que possa corresponder à justiça. Em uma palavra, pensar em um caráter moral e ético dessas respostas significa considerar que para haver conteúdos de valores morais, ou seja, o bem ao outro, nossos sujeitos o fizeram supostamente com vistas a corresponder aos seus desejos por essas virtudes que garantiriam uma espécie de "concordar comigo" ou "estar bem comigo" para, portanto, "estar bem, ou desejar o bem" ao outro. As atuais investigações na psicologia moral têm atestado essa relação. Por ocasião da pesquisa de doutorado (Tognetta, 2006) nós mesmos encontramos uma correspondência entre as imagens de si, quando os sujeitos se viam com características éticas, e juízos mais evoluídos de generosidade. Em resumo, quando a busca pelo bem corresponde ao desejo de assim ser visto, meninos e meninas podem estar mais sensíveis aos sentimentos dos outros e, de tal forma, mais próximos a ações generosas. Foi o que encontramos quando discutimos dilemas cujo conteúdo moral era a generosidade.

Nessa categoria, portanto, o sujeito já não concebe os valores como restritos aos integrantes de sua comunidade, mas os considera universais, ou seja, válidos para qualquer ser humano independentemente da sociedade, transcendendo, assim, os valores dominantes da cultura em que vive. Como as demais, encontramos subcategorias que podem melhor explicar os conteúdos de moral e de ética nela incluídos. Aparecem respostas de indignação às contra-virtudes em contextos mais amplos e também são citadas virtudes como justiça, honestidade, etc. O quadro 3 apresenta tais subcategorias.

Quadro 1.3 Características de um caráter moral e ético

> **Arrogância**: superioridade, desconsideração
> **"Defeitos de personalidade"**: ser irritadiço, chato, não saber conversar, fofoqueiro, mal-educado, acomodado, maledicente
> **Desonestidade:** mentiras, inveracidade, não admitir o que faz, falsidade, abuso da confiança
> **Egoísmo**: indiferença, falta de solidariedade, ganância, individualismo
> **Injustiça**
> **Maus tratos com animais ou natureza**
> **Maus tratos**: abusos, constrangimento, provocação, agressão verbal, xingamentos, zombarias, insultos, desrespeito
> **Preconceito:** racismo, exclusão, discriminação
> **Violência**: agressão física
> **Outros**[6]: "injustiça igualitária"[7], roubo, brigas, falta de caráter, matar, usar intencionalmente o outro, indução às drogas e às guerras

Novamente, as respostas de nossos sujeitos foram incluídas em mais de uma subcategoria. São exemplos de respostas nessa categoria: "Sim, maltratar as pessoas, o preconceito, a falta de consideração" e ainda "Sim, as vantagens diante das pessoas que nada têm, os abusos de confiança, a falta de respeito para com as pessoas pobres ou doentes. Os que zombam dos outros. As pessoas que provocam as guerras."

Afinal, o que indigna esses meninos e meninas adolescentes? Façamos agora uma análise dos resultados encontrados quanto à distinção nas três categorias. Para isso, somamos as respostas de nossos 150 entrevistados. A Figura 1.1 a seguir ajuda-nos a visualizar melhor esses resultados.

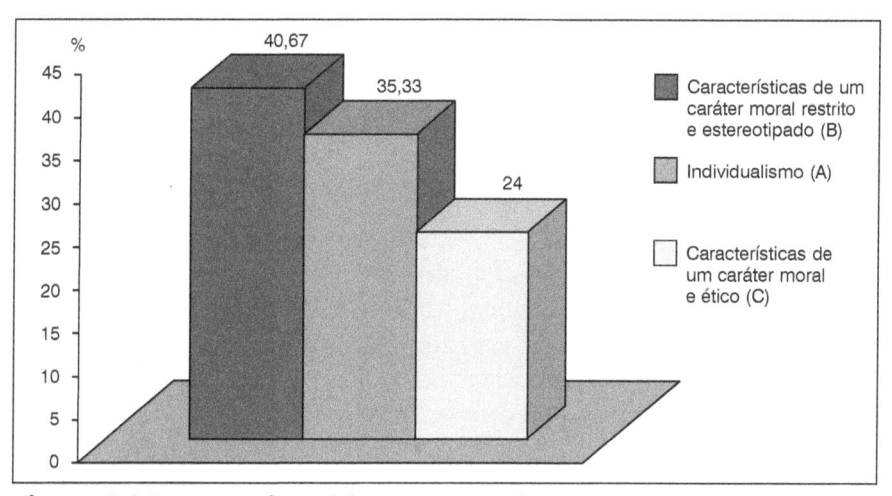

Figura 1.1 Respostas dos sujeitos por categoria.

Em nossa amostra, cinquenta e três participantes apresentaram características de individualismo em suas indignações, correspondendo a 35,33%. Outros 40,67%, ou seja, sessenta e um participantes demonstraram em suas indignações um estereótipo social e se mantiveram restritos a relações próximas. Finalmente, trinta e seis participantes que correspondem a 24% da amostra referiram-se a virtudes morais como a honestidade, a justiça, a tolerância ou a igualdade (citando seus opostos).

A partir dos resultados encontrados, o que podemos discutir sobre a perspectiva desses jovens quanto ao que lhes gera indignação? Nossos dados parecem reproduzir uma característica da juventude atual: de fato, há valores morais, ainda que em menor percentual de respostas, entre esses meninos e meninas. Mas também é fato que, infelizmente, a maioria dos valores que nossos jovens apresentaram nas respostas indica conteúdos de natureza moral estereotipada: falam muito de falsidade, mentiras, desonestidade, arrogância, características de uma sociedade que cultiva uma política de corrupção, bem como uma necessidade de "ser alguém importante". Nesse sentido, nossos jovens julgam tais situações como indignáveis, mas como algo que se acostumaram a ouvir. Refletem assim, de forma heterônoma, os valores presentes na sociedade em que vivem. Também demonstram indignação quando a injustiça ou a agressão ocorre com alguém com quem se relacionam, como a família ou com os amigos, ou seja, restringindo-se ao âmbito privado, ainda não generalizando esses valores morais a qualquer ser humano.

Esses dados também nos permitem constatar uma moral mais restrita à esfera privada e não à dimensão pública que envolve o outro, inclusive aquele não-pertencente à sua comunidade. Parece haver uma separação abrupta entre o que é "público" e o que é "privado". Esses adolescentes não veem a esfera pública, ou, em outras palavras, o que seria indignável a qualquer ser humano digno de valor: 76% dos participantes de nosso estudo não generalizam os valores para qualquer ser humano, para o sujeito universal. Destes, 35,33% de jovens demonstram um senso de justiça autocentrado (individualista) e 40,67% apresentam uma moral "estereotipada" ou restrita às suas relações afetivas. Por conseguinte, o preconceito, a mentira e a injustiça, por exemplo, só os indignam quando ocorrem com eles mesmos ou com seu próximo "bem próximo"!

La Taille (2006), em uma pesquisa com cinco mil jovens da cidade de São Paulo, já havia constatado o fato de que o jovem parece "desertar" o espaço público recolhendo-se a um espaço privado em que somente amigos, família ou os mais próximos são dignos de confiança. Testemunhamos uma cena que pode elucidar o fato de que o domínio público parece distante: estávamos em uma clínica médica com nosso filho pequeno e enquanto aguardávamos atendimento médico, brincávamos com alguns brinquedos que lá estavam. Uma criança de mais ou menos 9 a 10 anos se aproximou e em um golpe quebrou um dos brinquedos. Imediatamente, perguntamos o porquê daquela ação. A resposta do garoto veio com outra pergunta: "Por que, é seu?" É exatamente o contexto do que é público e do que é privado que está em jogo. O fato de que nossos sujeitos não tenham estendido sua indignação às injustiças cometidas a um outro universal e, igualmente, o fato de que o garoto do exemplo veja problema em quebrar o brinquedo somente se ele tiver um "dono" presente demonstram, do ponto de vista cognitivo, ausência de um pensamento generalizador. Mas, mais que isso, demonstram que, do ponto de vista moral e afetivo, esses meninos e meninas não se veem dispostos a uma busca por uma vida boa "com e para"[8] o outro, e sim, somente para si e para "alguns outros poucos".

Agora, o que dizer quanto ao número de respostas (35,33%) relativas à categoria A, do individualismo? Parece-nos que esses adolescentes ainda mantêm um senso de justiça autocentrado, preocupando-se prioritariamente consigo mesmos e com sua situação no seio de um grupo social que nos parece desprovido de atitudes cooperativas.

Vejamos que, se retomarmos as considerações piagetianas sobre o desenvolvimento do adolescente, teríamos meninos e meninas cujo pensamento descentrado é capaz de pensar em como a sociedade insere-se em sua vida e como eles se inserem na sociedade. Próprio da constituição da personalidade moral, o adolescente encontra-se em uma incessante busca por promover os ideais de justiça e de solidariedade, por isso facilmente se engaja em trabalhos assistencialistas e se rebela contra injustiças de todo tipo. Mas vejamos, não é esse adolescente que temos encontrado em nossas escolas, é isso o que nos aponta essa pesquisa. Esses jovens parecem indignar-se principalmente quando aquilo que consideram seus direitos é violado... Que razões haveria para explicar o fato de que nossos adolescentes permanecem pensando apenas em uma perspectiva mais centrada em si? Ora, a pergunta poderia ser feita de outra maneira: o que a escola tem feito para que nossos adolescentes possam evoluir do ponto de vista cognitivo e do ponto de vista afetivo (razão e afetividade, necessárias à moral) e assim terem uma perspectiva ética? A resposta a essa instigante pergunta teceremos nas implicações dessa pesquisa. Por enquanto, deixemos ainda essa dúvida permanecer e passemos à outra constatação de nossas investigações.

VALORES CONTIDOS EM CADA CATEGORIA DE INDIGNAÇÃO

Quais seriam os valores mais destacados por esses jovens? Para responder a essa questão vamos apresentar os conteúdos de cada categoria, assim como a frequência[9] com que apareceram. A Figura 1.2 ilustra o conteúdo desses valores contido na categoria A, a do individualismo.

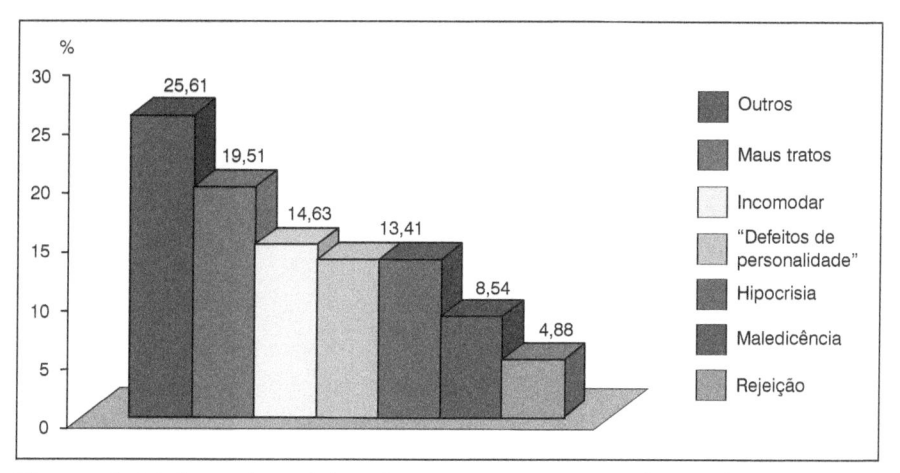

Figura 1.2 Valores dos sujeitos da categoria A: Características de certo individualismo.

Lembrando que os conteúdos são sempre relacionados a atos direcionados ao sujeito, das 35,33% respostas que foram consideradas individualistas, encontramos maus tratos, ou seja, ser alvo de provocação, de agressões verbais, de zombarias ou desrespeito, como a contravirtude predominante (19,5%). Nas palavras de um de nossos entrevistados "Me excluem, me discriminam, às vezes até com ações agressivas verbalmente." O segundo conteúdo mais citado foi o fato de ser irritado ou incomodado (14,63%). "Quando fazem brincadeiras sem graça comigo" é uma resposta característica dessa subcategoria. Constatou-se que 13,4% dos conteúdos apresentados nessa categoria referem-se à convivência com pessoas que apresentam "defeitos" como serem intrometidas, chatas, ignorantes, imaturas, egoístas, arrogantes ou mal-educadas e igual porcentagem refere-se a ser vítima de hipocrisia, isto é, de pessoas que mentem, que são falsas ou que traem a confiança. Como exemplos dessas últimas situações temos "Me criticam e me julgam o tempo todo, querem que eu seja uma pessoa que não sou"; e ainda "falam mentiras sobre mim".

Passemos a uma maior exploração do que revelam as respostas cujos conteúdos são de caráter restrito ou estereotipado, ou seja, quando os entrevistados revelam-se indignados em favor do direito de um outro bastante próximo em suas relações ou quando a indignação parece ser fruto de uma reprodução do modelo cultural em que está inserido. A Figura 1.3 ajuda-nos a constatar tais características.

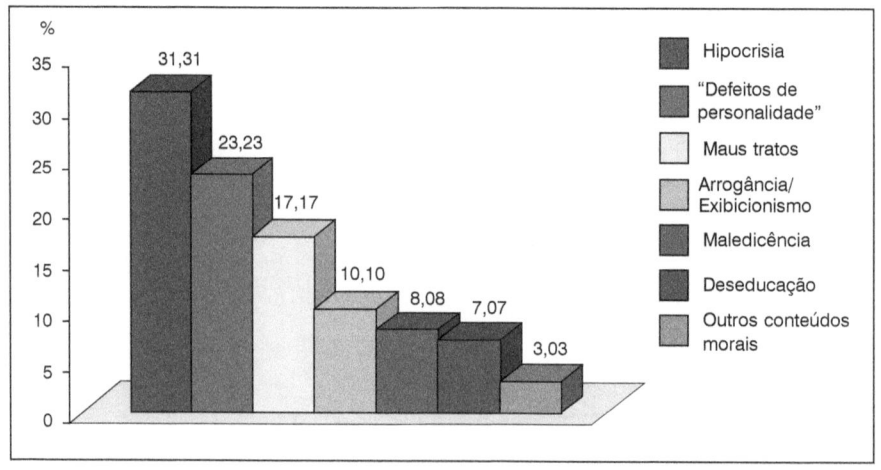

Figura 1.3 Valores da Categoria B: Características de um caráter moral restrito e estereotipado.

Das respostas (40,67%) que se referem a estereótipos sociais que são transmitidos socialmente e a atos que vitimizam pessoas do círculo de relações do sujeito, os conteúdos que mais apareceram foram hipocrisia, mentira ou falsidade (31,3%): "A falsidade é o que me deixa com mais raiva", é um exemplo dessas respostas. Os "defeitos de personalidade" (23,2%) ocupam um segundo posto: pessoas invasivas, invejosas, lamentadoras, bajuladoras, ciumentas, ingratas ou egoístas parecem ser alvo de indignação para alguns sujeitos. Em suas palavras: "Sim. Ser sem educação, querer mandar em tudo. Odeio pessoas assim, a educação sempre tem que existir em uma pessoa." Por fim, aparecem as subcategorias que destacam as pessoas conhecidas como vítimas de maus tratos ou de desrespeito (17,17%): "Brigar ou maltratar os colegas da classe" ou "xingar minha mãe ou meu pai" e a arrogância ou o exibicionismo (10,1%): "As meninas metidas" ou "aquelas pessoas que se acham as tais e as gostosas, dessas é que eu tenho raiva." De fato, os conteúdos desses valores destacam o caráter muito mais social das relações de convivência entre aqueles que são próximos.

Apesar de diferentes enquanto forma, constata-se que as duas primeiras categorias demonstraram indignar-se pela ausência de valores análogos, sendo os principais: boa educação e respeito, cuja ausência gera maus tratos (agressão verbal, zombarias, desrespeito); a autenticidade e o ser digno de confiança, ocorrendo *hipocrisia* (mentira, falsidade, quebra de confiança) e a amizade, cortesia, discrição, polidez e altruísmo cuja ausência gera *"defeitos de personalidade"* (intrometido, egoísta, rude, grosseiro, chato, invejoso, etc.).

A diferença entre ambas é que na categoria A, individualista, aparece também como alvo de indignação o fato de o sujeito ser vítima de pessoas que incomodam, irritam ou atrapalham. Esse conteúdo não é mencionado na categoria B. Todavia, nesta, há algo bastante peculiar: é muito presente a indignação diante da arrogância ou do exibicionismo. Talvez porque esse se vangloriar seja uma forma de pretender demonstrar superioridade com relação aos demais... Interessantemente, a humildade, contraposta a esses valores, seria uma virtude desejável. Esses meninos e meninas parecem dizer em alto e bom tom que a ostentação é um problema, mas apenas porque as pessoas querem garantir uma "boa imagem" diante dos outros. Os valores morais que deveriam constar nessa "boa imagem" não são lembrados por esses jovens. E quais seriam os valores éticos destacados em nossa amostra? Passemos, então, a uma análise do conteúdo de nossa terceira categoria com o auxílio da Figura 1.4.

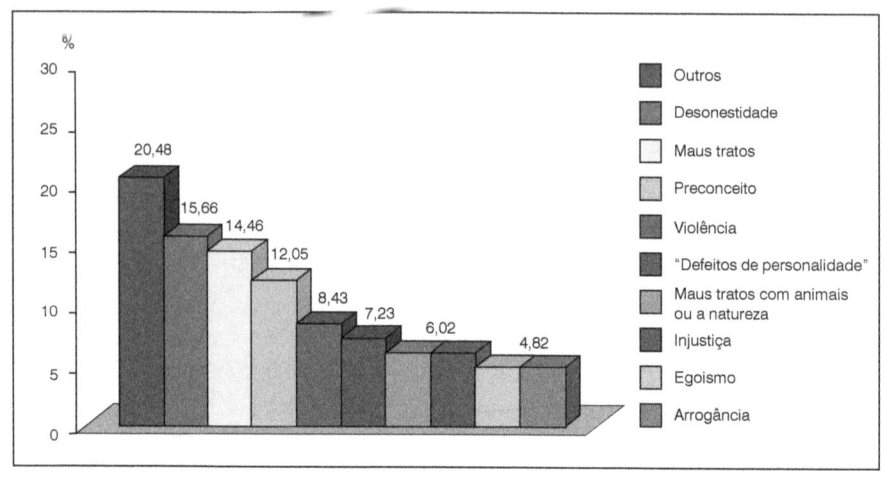

Figura 1.4 Valores da Categoria C: Características de um caráter moral e ético.

Vimos que somente 24% da amostra apresentou respostas consideradas de conteúdos morais e éticos. Destes, encontramos a honestidade, o ser digno de confiança e a veracidade como valores que mais apareceram (15,6%). Nas palavras de nossos entrevistados: "Vários tipos me deixam com raiva – pessoas falsas, pessoas preconceituosas, pessoas que só querem guerra (como o Bush) e pessoas com péssimo caráter." Logo em seguida, os entrevistados indicam sua indignação aos maus tratos a qualquer pessoa, tais como abusos, constrangimento, agressão verbal ou desrespeito (14,4%): "A falta de dignidade, de respeito com o próximo" ou "xingar os outros, pôr a culpa em pessoas inocentes, bater ou agredir pessoas menores e indefesas" são exemplos de indignações desses meninos e meninas. Observamos, ainda, o preconceito em seus múltiplos desdobramentos: o racismo, a exclusão e a discriminação, o terceiro mais citado (12%). Para os entrevistados, "a rejeição de uma pessoa ou a discriminação racial" é motivo de indignação ou ainda "uma coisa que as pessoas fazem que me deixa com raiva é discriminar o outro. Você não pode achar que uma pessoa é melhor que a outra. Todos precisam respeitar as diferenças."

Em síntese, nessa grande categoria do caráter ético, os conteúdos morais e éticos que mais apareceram foram relacionados à desonestidade ou à inverdade (ou o contrário, à honestidade e ao ser digno de confiança), aos maus tratos, ao desrespeito, às agressões verbal e física e ao preconceito ou discriminação (ou a seus opostos: à justiça, ao respeito, à igualdade, à dignidade e à não-violência).

Novamente, os resultados encontrados seguem a mesma direção daqueles destacados por La Taille (2006) em sua pesquisa com jovens da cidade de São Paulo. Nossos sujeitos insistem na necessidade da honestidade e da confiança e os participantes daquela investigação julgam que a desconfiança e a desonestidade parecem imperar sobre o domínio público ou, em outras palavras, os jovens dizem não confiar nas instituições de poder e nem mesmo em um outro que seja "anônimo".

Ainda que não fosse nosso objetivo central, os dados coletados entre estudantes de escolas públicas e particulares fizeram crescer em nós uma dúvida bastante interessante: haveria diferenças entre o que indigna adolescentes advindos de escolas públicas e adolescentes advindos de escolas particulares?

Para responder a essa questão, sem ter a pretensão de esgotar as inúmeras reflexões que essa comparação traz, apresentamos os principais resultados.

Com o auxílio da Figura 1.5, apresentamos as categorias encontradas nos dois grupos que formaram nossa amostra.

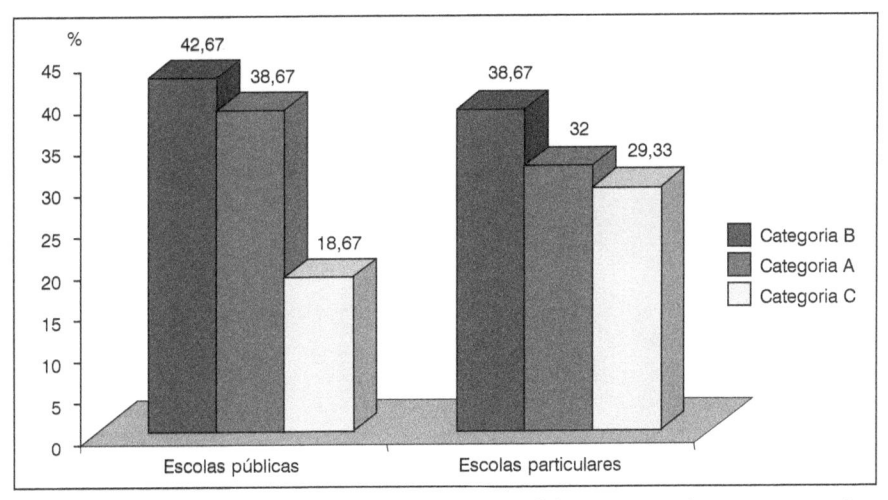

Figura 1.5 Respostas dos sujeitos das escolas pública e particular por categoria.

Notemos que, em ambos os tipos de ambientes, os estereótipos sociais foram encontrados em maioria: 29 respostas correspondentes a 38,67% entre estudantes de escolas particulares e 32 respostas correspondentes a 42,67% entre estudantes oriundos de escolas públicas. As respostas alusivas ao individualismo também se mantiveram semelhantes: 24 (32%) entre estudantes de escolas particulares e 29 (38,67%) entre estudantes de escolas públicas. Porém, é na terceira categoria que encontramos uma diferença expressiva: 22 respostas dos entrevistados de escolas particulares, ou seja, 29,33% da amostra desse ambiente apresentou indignação moral e 18,67%, que corresponde a 14 respostas, dos sujeitos de escolas públicas, se referiram ao caráter moral e ético.

Além dessa diferença encontrada entre as escolas públicas e particulares, quando nos detemos aos conteúdos desses valores, também encontramos diferenças bastante expressivas e que nos trazem algumas reflexões sobre o ensino público e particular.

Com o auxílio da Figura 1.6, podemos comparar os conteúdos dos valores salientados quando a indignação às injustiças está ainda autorreferenciada.

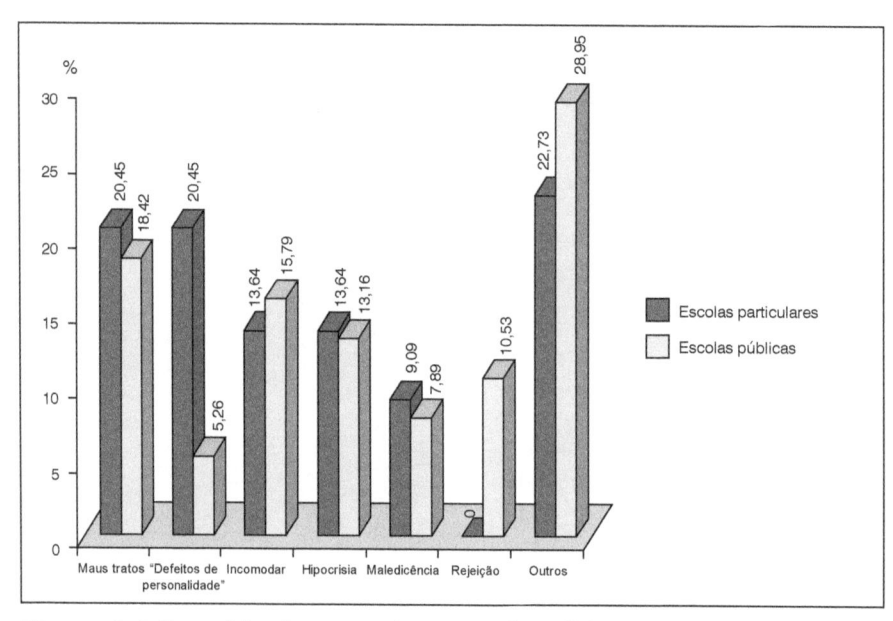

Figura 1.6 Conteúdos da categoria A – escolas pública e particular.

Se compararmos os percentuais encontrados, constataremos que há o predomínio de conteúdos relacionados aos maus tratos tanto na escola pública quanto na privada. Assim, esses jovens sentem-se indignados quando são ridicularizados, provocados, ofendidos ou desrespeitados. Outras semelhanças também são identificadas, como se indignar diante de atitudes relacionadas ao fato de ser incomodado ou irritado e, ainda, conteúdos relacionados à hipocrisia, como a falsidade e a quebra de confiança.

Outros dois conteúdos chamam-nos a atenção: o primeiro refere-se aos "defeitos de personalidade" que revelam um caráter arrogante ou má-educação por parte de quem age e causa indignação naqueles que se sentem desvalorizados. Nota-se que entre os estudantes de escolas particulares é mais comum encontrar essas respostas do que entre alunos de escolas públicas. No entanto, essa falta de valor é sentida particularmente por esses últimos quanto a serem rejeitados ou excluídos do convívio social: 10,53% das respostas entre os estudantes de escolas públicas sugerem isso. Nas palavras deles: "Quando querem mudar o meu jeito de ser e de pensar" ou "fingem que não estão me ouvindo, me vendo. E me deixam de lado" ou ainda "porque amo uma pessoa e ela não me ama. Por exemplo, meus primos e meus parentes, eles gostam só do meu irmão...", caracterizando uma falta de valor experimentada por esses adolescentes diante dos outros. Ainda que de forma precária, inferimos que na escola particular os estudantes encontram um pouco mais de abertura para o convívio entre pares do que na escola pública. Parece haver uma crença entre muitos professores de escolas públicas de que o autoritarismo de suas ações é a maneira mais efetiva de regular as relações que têm com os alunos e que, portanto, trabalhos ou conversas em grupo são "perda de tempo". No entanto, essas não são afirmações que podem ser comprovadas por nós.

Vejamos, com auxílio da Figura 1.7, os conteúdos dos valores expressados nas respostas que caracterizam a categoria B - um caráter restrito e estereotipado.

Interessantemente, tanto conteúdos relacionados à hipocrisia, como mentira e falsidade (33,93% em escola particular e 27,91% em escola pública), quanto aqueles que se referem aos "defeitos de personalidade", como ser invasivo, invejoso, ciumento ou egoísta (25% escola particular e 20,93% em escolas publicas), foram os mais mencionados em ambas as instituições, todavia com maior frequência na escola particular. Os maus-tratos aparecem de forma quase equânime nas duas escolas, assim como a maledicência. Entretanto, observa-se uma nítida diferença com relação à subcategoria "arrogância e exibicionismo" que predominou na instituição privada (14,28% entre estudantes de escolas particulares contra 4,65% entre estudantes de escolas públicas), talvez por ser mais presente no dia a dia dos jovens dessa instituição. Nas palavras de um desses estudantes "O que me dá raiva são as meninas metidas".

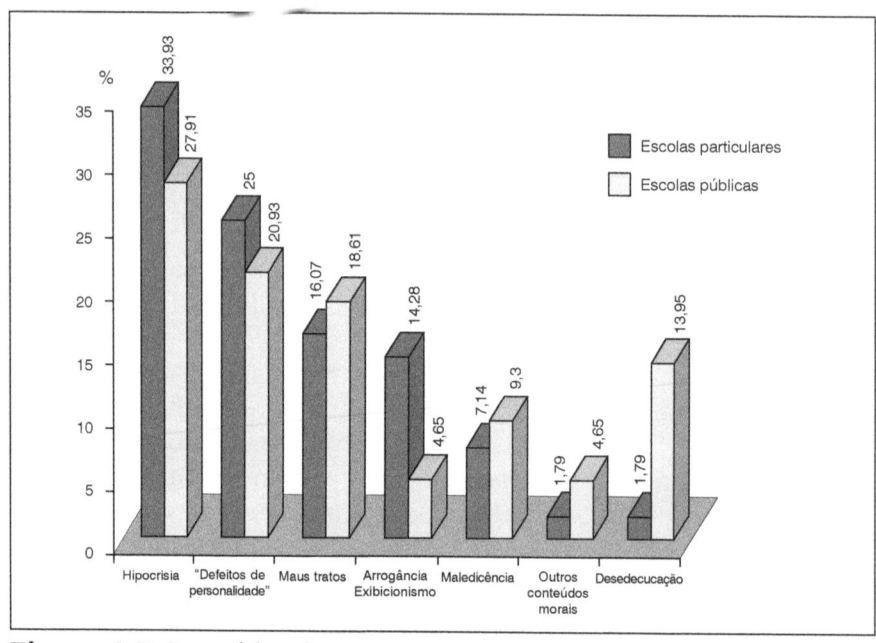

Figura 1.7 Conteúdos da categoria B – escolas pública e particular.

Por sua vez, o conteúdo "deseducação", se comparado nas duas amostras, é mais acentuado entre estudantes de escolas públicas: 1,79% entre os jovens de escolas particulares contra 13,95% entre os de escolas públicas. Encontramos, como exemplo, respostas do tipo: "Brincadeiras de mau gosto." No entanto, o que mais nos chama a atenção nessa subcategoria da deseducação é termos encontrado, somente entre estudantes de escolas públicas, respostas do tipo "O mau comportamento diante **de pessoas importantes**..." (grifo nosso) ou ainda "Responder **ao professor**, não prestar atenção **ao professor** quando este explica e na prova tirar nota baixa" (grifo nosso). Esses alunos parecem evidenciar fortemente a figura de uma autoridade atuando na escola. Para eles, em sua heteronomia, o problema não é o "desrespeito a uma pessoa (qualquer que seja)" e sim à "determinada" pessoa. Longe de pensar em um princípio para suas ações morais, tais alunos continuam a acreditar que a regra existe em função de uma autoridade.

Finalmente, passemos aos conteúdos dos valores emergidos das respostas inseridas na categoria C, que se refere ao caráter moral e ético da indignação. A figura 8 apresenta esses resultados.

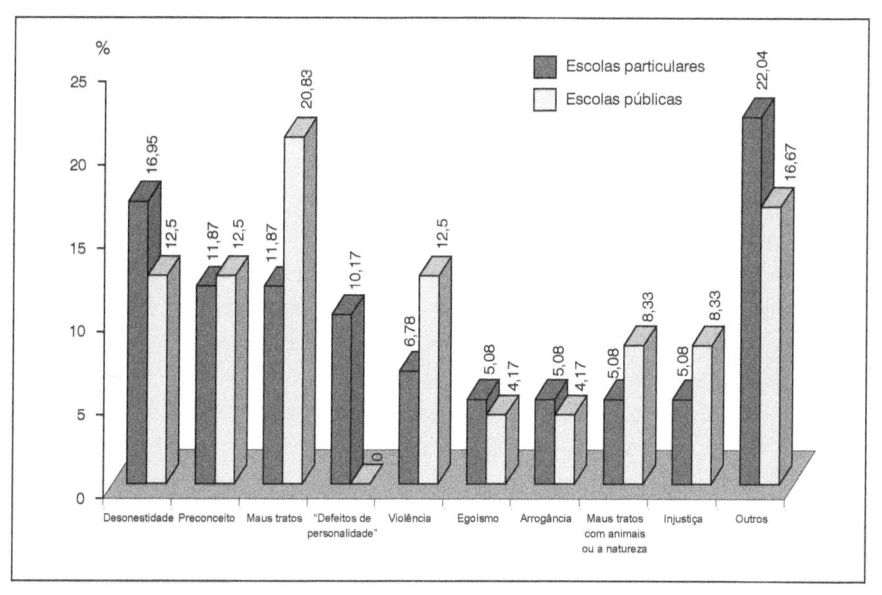

Figura 1.8 Conteúdos da categoria C – escolas pública e particular.

Em termos de porcentagem, analisando as respostas que mais apareceram, percebe-se uma semelhança nos conteúdos dos valores relacionados ao preconceito, como o racismo e a discriminação. Contudo, chamou-nos a atenção o fato de que, como nas categorias anteriores, o conteúdo que expressa "defeitos de personalidade" é mais encontrado entre adolescentes de escolas particulares: 10,17 % das respostas destes recaem sobre essa categoria, enquanto que nenhuma resposta dos alunos de escolas públicas mencionou os "defeitos de personalidade".

Vejamos que há outra diferença interessante: a desonestidade foi um conteúdo acentuado novamente entre os adolescentes de escolas particulares: foram 16,95% das respostas dadas na categoria C por estudantes de escolas particulares contra 12,5 % das mesmas respostas dadas por estudantes de escolas públicas. Por outro lado, encontramos uma incidência maior nas repostas relacionadas aos maus tratos (20,83% sendo o conteúdo que mais apareceu nessa amostra) e violência (12,5%) nas escolas públicas do que nas particulares (11,87% na primeira e 6,78% na segunda). Podemos considerar que essas duas subcategorias estão intrinsecamente relacionadas, pois são conteúdos similares. Inserimos em "maus tratos" respostas que se referiam mais a agressões verbais, como constrangimento, provocação, zombarias, insultos e desrespeito, e na subcategoria "violência", foram considerados conteúdos que apontam agressões físicas. Se somarmos ambas, teremos a presença de 33,33% das respostas dos jovens da escola pública contra 18,65% da particular. Respostas como "...a violência do mundo de hoje", "insultando, agredindo, xingando uns aos outros" e ainda "Quando vejo uma pessoa triste porque a outra bateu ou ameaçou aquela pessoa me dá raiva" são exemplos de indignações presentes entre estudantes de escolas públicas. Em síntese: enquanto os alunos de escolas particulares parecem preocupados com a desonestidade, os alunos de escolas públicas referem-se ao que talvez mais sofram: a deseducação como forma de violência e as agressões físicas ou verbais.

Vejamos que nos demais conteúdos, se tomarmos a porcentagem relativa ao número de respostas emitidas pelos sujeitos dos diferentes ambientes, não encontramos diferenças expressivas.

E AGORA, CRISE DE VALORES OU VALORES EM CRISE?

Nossos dados demonstram que à pergunta "há uma crise de valores?" a resposta seria negativa. Isso porque entendemos que uma crise de valores seria a ausência destes, uma espécie de anomia, em que o sujeito age somente de acordo com seus interesses e necessidades, não havendo o sentimento de obrigação para com as regras, leis da sociedade ou normas de conduta. Vamos então para outra dimensão desse tema: poderíamos afirmar por meio desses dados que há valores em crise? Se compreendermos que valores em crise seria a substituição dos conteúdos dos valores, ou seja, de morais, por valores estranhos ou até contrários à moralidade, a resposta a essa questão é afirmativa. Não que os valores morais não estejam também presentes, visto que praticamente uma quarta parte de nossos jovens apresentaram respostas que indicam possuí-los, mas constatamos que, para a maioria, há a mudança de domínio destes – do público para o privado – e também o predomínio de outros valores não-morais.

Retomemos agora a questão feita anteriormente sobre as razões existentes para explicar o fato de que nossos adolescentes permanecem estagnados em uma indignação apenas mais centrada em si. A resposta a essa pergunta remete-nos a duas considerações que podem ajudar-nos a pensar nas implicações pedagógicas dessa pesquisa.

A primeira delas: parece-nos que esses meninos e meninas ainda encontram-se, do ponto de vista afetivo, longe de integrar diferentes perspectivas e mesmo de incluir o outro em seu universo de valores. Se bem entendemos, a necessidade de atribuir um valor a si em detrimento ou sem considerar o outro é característica de uma moral ainda pouco desperta. Claro, não nos esquecemos que este mesmo homem, em qualquer idade, procurará por um valor positivo de si, como nos afirmaria Adler. No entanto, essa mesma busca, do ponto de vista de uma evolução afetiva, tende a compreender a necessidade de um valor de si e do outro.

Agora vejamos, é possível compreender que, como bem explicou Ricoeur, o respeito à dignidade do outro só é possível a partir de um autorrespeito: respeito-me quando sinto que tenho valor. E quando é que um adolescente pode se sentir valorizado? Quando o "valorizamos" com elogios, com recompensas? Temos insistido nessa diferença entre ser valorizado e se atribuir um valor. Claro que essa atribuição de valor só acontece aos olhos do outro, mas é preciso pensá-la a partir do próprio sujeito que age. Entendamos melhor: somente é possível atribuir um valor, devidamente apropriado, àquilo que conhecemos. De fato, só nos valorizamos quando nos autoconhecemos: quando é possível refletir sobre as nossas ações, quando somos convidados a pensar sobre nossos problemas, a buscar soluções para os diferentes problemas da vida e mesmo das matérias curriculares (que por sua vez, deveriam ser adequadas à própria vida!), quando nos é permitido manifestar o que sentimos diante de uma situação de incômodo, ter nossas ideias e sentimentos considerados... É assim que nos conhecemos. É, portanto, da mesma forma que nos tornamos valorizados, já que o que sentimos e pensamos é tão importante que se abrem espaços para que possamos dizê-los e coordená-los com os sentimentos e pensamentos dos outros em ações efetivas. Essa será a realidade de nossas escolas? Infelizmente, não. Nelas, nossos alunos são convidados a se calarem. São incitados a obedecer acriticamente e a exercitar a audição. Momentos em que podem falar sobre como se sentem, discutir os problemas que enfrentam, trocar perspectivas, resolver conflitos que lhes dizem respeito sem que sejam censurados, contidos ou punidos são realidades distantes...

A segunda consideração que gostaríamos de tecer sobre nossos resultados diz respeito a essa mesma integração de um valor à identidade de nossos sujeitos. Já vimos que, se tomarmos como exemplo a própria indignação moral para apontar uma contra-virtude como a injustiça ou a desonestidade, é preciso que nosso interlocutor tenha integrado à sua personalidade a virtude da justiça e da honestidade como hierarquicamente superiores em sua escala de valores. E o que significa integrar um valor à própria personalidade? Significa ansiar por ele, desejá-lo para si como algo que lhe faz bem, que se traduz como almejável. "Quero me ver e que os outros me vejam como generoso" desejaria alguém que se indigna com o egoísmo. "Quero me ver e que os outros me vejam como honesto" da mesma forma o faria quem se indigna com a desonestidade e assim por diante. Vimos que 24% de nossos sujeitos optaram por isso. O que faz com que esses jovens, ainda que poucos, façam essa opção, ou, em outras palavras, o que faz com que se integre à *personalidade* o adjetivo *ética*?

Diríamos que a primeira das necessidades é, de fato, sentir-se valor, como vimos em nossa consideração inicial – é saber "quem eu sou?" (já que se atribuir um valor é derivado de se autoconhecer). A segunda dessas necessidades é, em se sabendo quem sou, reconhecer "o que é sentido para minha vida", inserindo nesse sentido o si mesmo e o outro. É exatamente esse ponto que queremos tocar. Se queremos um sentido ético, ou seja, "ficar bem" por "fazer o bem a outro", é com conteúdos éticos que a escola precisará trabalhar. Agora vejamos, que espaço esses meninos e meninas têm em suas aulas rápidas de 45 minutos para resolverem um problema de relacionamento entre pares, se seus professores estão preocupados, principalmente, com o ensino de inúmeros conteúdos? Não nos colocamos contrários a essa necessidade, mas, convenhamos aqui, não é possível que esses adolescentes possam referir-se a conteúdos éticos sem que isso tenha sido trabalhado no contexto da educação. O fato é que, no modelo de educação que temos e na forma como organizamos as disciplinas, não há espaço para que os professores das séries finais do ensino fundamental (foco de nossa pesquisa) trabalhem com conteúdos dessa natureza. Assim, não encontramos na grade curricular do ensino básico um momento para que esses adolescentes exercitem a democracia que tanto queremos. E mais: não temos formação adequada para lidar com essas questões, pois, apesar de muito comentadas (geralmente com base no senso-comum), raramente são estudadas no currículo de cursos de formação de professores.

Lamentavelmente, em uma das salas em que aplicávamos a pesquisa, assistimos a uma cena em que a professora chamou a atenção de um aluno que não parava de falar com o companheiro, dizendo-lhe que iria chamar novamente sua mãe para que ela sentasse com ele e o controlasse, pois só assim ele teria "vergonha na cara", talvez se referindo ao fato de que esse adolescente iria sentir-se humilhado diante dos colegas ao ter sua mãe ao seu lado, situação que, pelo que entendemos, já havia acontecido. Quando tivemos um tempo, perguntamos à professora se naquela escola havia algum tipo de trabalho com assembleias[10] de classe. Infelizmente, a resposta dessa professora fora "Assembleia, o que é isso?".

Dessa forma, é essencial que haja reflexão sobre os valores, considerando que a moral é um objeto do conhecimento que se aprende racionalmente. Contudo, raramente a educação apresenta ao aluno a moral como objeto de estudo e reflexão. Portanto, considerando que a transmissão direta de conhecimentos é pouco eficaz para fazer com que os valores morais tornem-se centrais na personalidade, para a vivência democrática e cooperativa e para resolver problemas que requerem principalmente habilidades cognitivas, interpessoais e afetivas, faz-se necessário oferecer nas instituições educativas oportunidades frequentes para a realização de propostas de atividades sistematizadas que trabalhem os procedimentos da educação moral. Procedimentos estes que favoreçam a apropriação racional das normas e dos valores, o autoconhecimento e o conhecimento do outro, a identificação e a expressão dos sentimentos, a aprendizagem de formas mais justas e mais eficazes de resolver conflitos e, consequentemente, o desenvolvimento da autonomia[11].

Contudo, apesar de insistirmos na necessidade de se oferecer sistematicamente oportunidades para a aquisição da moral como um objeto do conhecimento, por meio da reflexão e dos procedimentos da educação moral, não podemos esquecer-nos da importância de se construir uma atmosfera sociomoral[12] cooperativa no contexto educativo. Reiteramos que para que possam ansiar por valores morais, nossos alunos precisam viver situações de respeito, de tolerância, de honestidade, de diálogo... Inúmeras pesquisas[13] indicam que as escolas influenciam de modo significativo na formação moral das crianças e jovens, quer queiram quer não queiram. Estas pesquisas têm confirmado que o desenvolvimento da moralidade está relacionado à qualidade das interações que se apresentam nos ambientes sociais nos quais o indivíduo interage, se cooperativos ou autoritários. É preciso que a criança possa ter experiências de vida social para aprender a viver em grupo e a escola é um local muito apropriado para essa vivência. A justiça, por exemplo, não se aprende com lições ou teorias sobre o assunto, mas experienciando relações em que regras sejam realmente necessárias e valham para todos, em que exista vivência de situações de justiça. A generosidade, outro exemplo, não se aprende com projetos sociais de "dar ao outro o que lhe falta", e sim com a experiência cotidiana de pensar sobre seus próprios sentimentos e poder ter trocas recíprocas com seus pares para poder, então, sensibilizar-se com a dor alheia. Reflitamos: que experiências nossas crianças e jovens têm hoje em que não haja diretamente a intervenção do adulto se nem os tão famosos "trabalhos em grupo" são praticados em nossas escolas? Presenciamos uma cena em uma das escolas visitadas que pode ilustrar esse fato: estávamos aguardando a autorização do diretor para a entrada nas salas em um dia de coleta de dados, quando vimos o mesmo garoto cuja mãe fora chamada na escola para acompanhá-lo nas aulas e seu amigo (com quem conversava durante a aplicação do questionário) sendo encaminhados à sala do diretor. Bem, não pudemos deixar de ouvir a conversa: o diretor expôs objetivamente que as mães de ambos estavam sendo chamadas pois ele, o diretor, tinha recebido muitas reclamações dos professores. Com a chegada de uma das mães, o diretor, de maneira extremamente objetiva, solicitou a esta que retirasse seu filho daquela escola. Motivo: acabar com a amizade entre ele e seu companheiro. Ele mesmo já teria encaminhado um pedido para as outras escolas que receberiam cada um dos meninos. Estaria resolvido o problema. Claro, o problema dos professores. Infelizmente, esses meninos não têm oportunidade de discutir seus problemas, de compreender a necessidade dos trabalhos em sala de aula e nem mesmo têm a possibilidade de serem amigos e conviverem em um mesmo ambiente, o que seria propício para a construção do valor da generosidade. Infelizmente, é assim que se resolve a maioria dos problemas: afastando-os. Como poderão construir o valor da justiça e da generosidade?

Constata-se que o ambiente sociomoral da maioria das escolas requer que os alunos sejam "bem comportados", tranquilos, submissos, passivos e obedientes em todos os aspectos, tanto nos relacionados à autonomia e à iniciativa quanto ao pensamento reflexivo (De Vries e Zan, 1998). Ressalta-se, porém, que uma educação pautada na submissão à autoridade e na obediência acrítica às regras sem a compreensão das necessidades ou dos princípios que as embasam principalmente por conformismo e pelo temor de situações constrangedoras ou de pu-nições, poderá modificar ações (externamente), mas dificilmente contribuirá para situar os valores em um lugar central no sistema das re-presentações de si da criança e do jovem, o que acarretaria atitudes coerentes com esses valores independentemente das pressões do meio externo.

Outro episódio parece deixar clara a ausência de um sentido ético para esses adolescentes, que mal podem falar de si ou daquilo que sentem. O exemplo a seguir ilustra bem a ausência do ambiente por nós destacado, bem como dos procedimentos de educação moral que poderiam ajudar na construção de uma personalidade ética: em certa escola, na sala da diretora, encontrava-se ela e uma garota adolescente que, chorando, revoltada, insistia aos berros que "não foi só eu..." ao que obtinha como resposta da diretora: "um dia de suspensão para cada um dos palavrões que você falou para sua professora". Depois de um tempo, entendemos a situação. Parece-nos que a garota havia proferido algumas palavras desagradáveis à professora e essa a mandara à direção. Na versão da garota, todos os alunos conversavam durante suas explicações, mas a única a ser chamada a atenção fora ela. Ao evocar exatamente sua indignação, a professora mandou-a para fora da classe. Mais indignada ainda, a garota proferiu as indesejáveis palavras... Certamente não nos colocamos a favor de que maus comportamentos fiquem impunes na escola, mas que haja correções em que aqueles que infrinjam uma regra desrespeitando alguém possam de fato refletir sobre suas ações e as corrigir com quem é de direito. Ora, não seria mais correto que tal garota tivesse que resolver o problema de ter desrespeitado sua professora com a própria professora? Ao mesmo tempo, quando ela insistentemente se defendia dizendo "não fui só eu", ela não estaria sendo vítima de uma injustiça que poderia ser alvo de discussão em uma assembleia sobre o problema dos professores em não conseguirem dar suas aulas e o problema dos alunos em não ouvirem (e por que não estavam voltados a tal ação?). Para piorar a situação já caótica (em que o castigo poderia livrá-la da condenação, depois de tantos dias em casa, e ela estaria livre para cometer o mesmo "crime"), ouvimos da própria diretora: "o problema é que a professora ouviu". Esse exemplo também nos leva a refletir sobre o desenvolvimento moral dos próprios adultos responsáveis pela educação de nossas crianças e jovens. Constata-se, não raro, que muitos educadores ainda possuem altos níveis de heteronomia, pois foram vítimas em sua própria formação de práticas autoritárias, reproduzindo-as. Refletindo sobre essa situação tão presente em nosso cotidiano, La Taille (1996, p. 156) questiona:

> De fato, como homens heterônomos podem educar crianças que deverão se tornar autônomas? Como educadores encravados em seu cotidiano podem levar as crianças a vislumbrar um mundo diferente? Formar homens iguais àqueles que já existem é mais fácil que formar homens diferentes, de certa forma "superiores".

Se formar para a autonomia é tarefa de quem educa, à luz dos resultados que encontramos em nossas pesquisas, não estamos em condições confortáveis. Tais resultados denunciam o quanto nossos meninos e meninas precisam ainda progredir em matéria de se indignar pela falta de valores morais. Para Sime (1999), é preciso superar a indiferença diante das violações dos direitos humanos que se multiplicam em nossas sociedades. Cabe-nos a tarefa de desenvolver a consciência de que tais violações não são fenômenos naturais, mas sim realidades construídas historicamente. É preciso, portanto, que tenhamos coragem para nos questionar sobre suas causas e, também, sobre nossa conivência. Conforme o autor, é preciso que seja superada a tendência à insensibilidade, à passividade e à impotência, favorecida nos âmbitos pessoal e social, pela multiplicação contínua das formas de violação dos direitos humanos. Ele acredita que é de responsabilidade da educação promover essa sensibilidade, essa capacidade de reagir ao que ocorre com os anônimos deste país, com as vítimas sem nome nem sobrenome famoso. "Esta pedagogia da indignação deve estimular a denúncia enérgica e a solidariedade (ibid)."

Resta-nos, à guisa de conclusão, resumir nossas reflexões com duas "palavras" que nos parecem importantes: a primeira delas para a psicologia moral e a segunda, para a educação na escola. Quanto à primeira: várias pesquisas têm sido organizadas sobre a temática dos valores na escola e, sobretudo, sobre a questão da justiça, objeto diretamente ligado ao tema da indignação. As investigações de Menin (2005a, 2005b, 2007) sobre as representações de (in)justiça por jovens estudantes de escolas publicas e particulares não nos parecem distantes dos dados que temos também encontrado. O fato é que a intenção desta investigação é evidenciar a presença dos afetos na constituição de um julgamento moral e, por isso, partimos do sentimento de indignação. A segunda, para não nos tornarmos repetitivos, dadas as reflexões que fizemos sobre o papel da escola, é a confirmação de que, mesmo com tamanhas dificuldades que a escola enfrenta para contribuir com a formação de personalidades éticas, é ela ainda o espaço por excelência das relações e, portanto, da possibilidade de relações éticas. Onde nossos sujeitos passam boa parte de seu dia? Onde convivem com outros tão iguais, mas ao mesmo tempo tão diferentes? Onde nossos alunos poderão encontrar adultos que se indignem quando há injustiças, que se rejubilem quando há generosidade? Onde nossos alunos poderão encontrar quem admirar por serem honestos, justos, generosos? Infelizmente, se nos faltam esses adultos em nosso meio, resta que na escola, urgentemente, esses sejam encontrados.

NOTAS

1 O vocábulo "objeto" está sendo empregado no sentido piagetiano. Segundo Ramozzi-Chiarottino (1997, p.115), quando Piaget fala em objeto do conhecimento "refere-se a tudo o que pode ser conhecido pelo homem e não a objetos

materiais como entendem alguns... Assim, o objeto do conhecimento do ser humano é tudo aquilo com que ele interage material e simbolicamente: coisas, natureza, pessoas, cultura, história, valores".

2 Na moral heterônoma os valores não se conservam, sendo regulados pela pressão do meio, isto é, o sujeito modifica o comportamento moral em diferentes contextos. Assim, há uma relação de submissão ao poder, sendo considerado certo obedecer às ordens das pessoas que detêm a autoridade ou agir da mesma forma que se comportam as pessoas de sua comunidade. O sujeito heterônomo necessita de constantes comprovações de que a moral é também respeitada pelas demais pessoas para que a possa legitimar. Ele elege como conteúdos da sua moral os valores dominantes do meio social em que vive, havendo, portanto, uma aceitação de regras que lhe são exteriores, não-elaboradas pela consciência.

Na autonomia moral, o sentimento de aceitação ou de obrigação para com as normas é interno (autorregulação), sendo fundamentado na equidade e nas relações de reciprocidade. Segundo La Taille (2006), o sujeito autônomo vê a si próprio como um representante da humanidade e não apenas de determinado grupo social, concebendo a moral como regras e princípios que regem as relações entre todos os seres humanos, sejam eles pertencentes ou não à sua comunidade. Na pessoa autônoma há a conservação dos valores, ou seja, "apesar das mudanças de contextos e da presença de pressões sociais, ela permanece, na prática, fiel a seus valores e a seus princípios de ação" (La Taille, 2001, p. 16).

3 Não tivemos como objetivo a distinção de gênero nesta investigação.

4 Foram considerados "outros" aqueles conteúdos que apareceram somente uma ou duas vezes.

5 Foram considerados "outros" aqueles conteúdos que apareceram somente uma ou duas vezes. Apesar de em algumas respostas categorizadas como tendo um "caráter moral restrito e estereotipado" já aparecerem alguns conteúdos considerados morais, como se indignar com a injustiça ou com a exclusão. Constatou-se que estes conteúdos estavam relacionados às pessoas próximas ao sujeito ou ainda, ao analisarmos os outros conteúdos apresentados nessas respostas, observamos a predominância de estereótipos.

6 A subcategoria "outros" integra os conteúdos que apareceram somente uma ou duas vezes.

7 Foi denominada "injustiça igualitária" o sentimento de indignação diante de situações de agressão física dirigidas a uma pessoa menor ou mais indefesa, ou seja, não está sendo questionada pelos sujeitos a agressão por si mesma, mas sim, a desigualdade na situação.

8 A definição de Ricouer para ética: a busca por uma vida boa "com e para" o outro em instituições justas (Ricoeur, 1993).

9 A frequência com que aparece cada conteúdo é bem maior do que o número de respostas, visto que, em uma mesma resposta classificada em determinada categoria, aparecem conteúdos distintos.

10 Segundo Puig (2000, p. 86), as assembleias são "o momento institucional da palavra e do diálogo. Momento em que o coletivo se reúne para refletir, tomar consciência de si mesmo e transformar o que seus membros consideram oportuno, de forma a melhorar os trabalhos e a convivência". É, portanto, um espaço para o exercício da cidadania onde as regras são elaboradas e reelaboradas constantemente, em que se discutem os conflitos e se negociam soluções, vivenciando a democracia e validando o respeito mútuo como princípio norteador das relações interpessoais. As assembleias de classe tratam de temáticas envolvendo especificamente determinada classe, tendo como objetivo regular e regulamentar a convivência e as relações interpessoais, assim como a resolução de conflitos por meio do diálogo. A periodicidade geralmente é semanal, em encontros de uma hora, ou quinzenal, com os mais velhos, com a duração de 90 minutos a 120 minutos. Esses momentos são inclusos no horário. São conduzidos inicialmente por um adulto, como o professor polivalen-te, o professor-conselheiro ou orientador, e, posteriormente, pelos próprios alunos-coordenadores (representantes eleitos que se revezam), sob orientação do adulto.
11 Para saber mais sobre os procedimentos da educação moral, expressão de sentimentos, assembleias e resolução de conflitos consultar: Vinha (2000, 2003); Moreno e Sastre (2002), Puig (2000, 2004), Tognetta (2003), Tognetta e Vinha (2007).
12 Devries e Zan (1998, p. 17) definem um ambiente sociomoral como "toda a rede de relações interpessoais que forma a experiência escolar da criança. Essa experiência inclui o relacionamento da criança com o professor, com as outras crianças, com os estudos e com as regras".
13 Bagat, 1986; Araújo, 1993; DeVries e Zan, 1995; Vinha, 2000 e 2003; Tognetta, 2003.

REFERÊNCIAS

ARAÚJO, U. F. *Um estudo da relação entre o ambiente cooperativo e o julgamento moral na criança*. Dissertação (Mestrado) –Faculdade de Educação, Unicamp, Campinas, 1993.
ARISTÓTELES. *Ética a Nicômaco*. São Paulo: Summus, 1996.
BAGAT, M. P. Annotazzioni e riflessioni sull'autonomia morale. *Attualitá in Psicologia*, Roma, v. 1, n. 2, p. 49-56, 1986.
COMTE-SPONVILLE, A. *Pequeno tratado das grandes virtudes*. São Paulo: Martins Fontes, 1999.
DEVRIES, R.; ZAN, B. *A ética na educação infantil*. Porto Alegre: Artmed, 1998.
DEVRIES, R.; ZAN, B. Creating a constructivist classroom atmosphere. *Young Children*, p. 4-13, Nov. 1995.
LA TAILLE, Y. de. Autonomia e identidade. *Revista Criança*, Brasília, DF, dez. 2001.
LA TAILLE, Y. de. *Moral e ética*: dimensões intelectuais e afetivas. Porto Alegre: Artmed, 2006.

MENIN, M. S. S. Injustiças de todo dia: representações na escola. In: SILVA, D. J.; LIBÓRIO, R. M. C. (Org.). *Valores, preconceito e práticas educativas*. São Paulo: Casa do Psicólogo, 2005a.

_____. Injustiça e escola: representações de alunos e implicações pedagógicas. In: TOGNETTA, L. R. P. *Virtudes e educação*: o desafio da modernidade. Campinas: Mercado de Letras, 2007.

_____. *Representações sociais de lei, crime e injustiça em adolescentes*. Campinas: Fapesp, 2005b.

MORENO, M.; SASTRE, G. *Resolução de conflitos e aprendizagem emocional*. Campinas: Moderna, 2002.

PIAGET, J. El psicoanálisis y sus relaciones con la psicología del niño. In: DELAHANTY, G. PERRËS (Comp.). *Piaget y el psicoanálisis*. México: Universidade Autonoma Metropolitana, 1994. p. 181-290. Originalmente publicado em 1920.

_____. *O juízo moral na criança*. São Paulo: Summus, 1994. Originalmente publicado em 1932.

PUIG, J. *Democracia e participação escolar*. São Paulo: Moderna, 2000.

_____. *Práticas morais:* uma abordagem sociocultural da educação moral. São Paulo: Moderna, 2004.

RAMOZZI-CHIAROTTINO, Z. Organismo, lógica e sociedade no modelo piagetiano do conhecimento. In: FREITAG, B. (Org.). *Piaget:* 100 anos. São Paulo: Cortez, 1997.

RICOEUR, P. Le "soi" digne d'estime et de respect. In: AUDARD, C. *Le respect:* de l'estime a la deference: une question de limite. Paris: Autrement, 1993. p. 88-99.

_____. *Soi-même comme un autre*. Paris: du Seuil, 1990.

SIME, L. Derechos humanos y educación. In: EDUCAR en derechos humanos: reflexiones a partir de la experiencia. Peru: Comisión Rpiscopal de Acción Social, 1999.

SMITH, A. *Teoria dos sentimentos morais*. São Paulo: Martins Fontes, 1999.

TAYLOR, C. *Les sources du moi*. Paris: du Seuil, 1998.

TOGNETTA, L. R. P. *A construção da solidariedade e a educação do sentimento na escola:* uma proposta de trabalho com as virtudes numa visão construtivista. Campinas: Mercado de Letras, 2003.

_____. *Sentimentos e virtudes:* um estudo sobre a generosidade ligada às representações de si. Tese (Doutorado) – Instituto de Psicologia, USP, São Paulo, 2006.

TOGNETTA, L. R. P.; VINHA, T. P. *Quando a escola é democrática:* um olhar sobre a prática das regras e assembléias na escola. Campinas: Mercado de Letras, 2007.

TUGENDHAT, E. *Lições sobre ética*. Petrópolis: Vozes, 1999.

TURIEL, E. *The development of social knowledge:* morality and convention. Cambridge: Cambridge University, 1986.

VINHA, T. P. *O educador e a moralidade infantil numa visão construtivista*. Campinas: Mercado de Letras, 2000.

_____. *Os conflitos interpessoais na relação educativa*. Tese (Doutorado) – Faculdade de Educação, Unicamp, Campinas, 2003.

WILLIAMS, B. L'*Ethique et les limites de la philosophie*. Paris: Gallimard, 1990.

2
As virtudes segundo os jovens

Yves de La Taille

Virtudes! Tema clássico da moralidade e do civismo. E também tema recorrente da antiga educação moral que, baseada no "verbo docente", cantava as glórias de algumas delas e denunciava os terríveis riscos pessoais e sociais de seus opostos, os vícios. Lê-se, por exemplo, no livro *Petite Histoire de l'enseignement de la morale à l'école* de Michel Jeury e Jean-Daniel Baltassat, que uma atividade proposta às crianças era a de conjugar em vários tempos e modos frases do tipo "Eu preferiria me matar a faltar com o meu nome", ou "Seja bom. Seja forte. Não seja maldoso. Tenha confiança. Não tenha medo. Escute, não se mexa! Acorde! Acabe sua lição. Não se queixe" (Jeury; Baltassat; 2000, p.73). Como se vê, virtudes como honra, coragem, bondade, confiança, perseverança, tranquilidade, força, e outras mais eram, sem demais nuances, apresentadas como qualidade boas e necessárias ao adulto digno desse nome. Quanto aos vícios, eles eram evidentemente definidos como aspectos pessoais contrários às virtudes. Porém, enquanto a lista das virtudes era extensa, a lista dos vícios era menor, pois imaginava-se que alguns eram a causa dos demais, como ênfase na "preguiça", *mãe de todos os vícios*, como se dizia, e também no alcoolismo. Eis uma mensagem endereçada outrora aos futuros cidadãos:

> Todas essas pessoas (os alcoólatras), mais ou menos doentes de corpo e de alma, são numerosas. Pelo sufrágio ou pelo tumulto, elas intervêm poderosamente nos assuntos públicos. É delas que saem periodicamente a anarquia ou a ditadura (Jeurye; Baltassat, 2000, p.92).

Interessantemente, cremos ser possível dizer que, atualmente, tanto na sociedade como um todo, quanto na educação em particular, fala-se mais em "vícios" do que em virtudes, embora raramente se empregue tal vocábulo. Permanece-se falando em alcoolismo, e se fala muito em consumo de drogas, em tabagismo, em desrespeito, em incivilidade, em assédio sexual, em violência, em *bullying*, em indisciplina, em falta de limites, etc. E quando se fala em virtudes, a justiça costuma ser a única lembrada. Ou seja, enquanto, no passado, a lista dos objetivos morais e cívicos era maior que a dos problemas a serem superados, atualmente ocorre o contrário: fala-se mais em mazelas do convívio humano do que em qualidades que deveriam norteá-lo.[1] Enquanto alguns poucos vícios eram vistos como causa dos demais e as virtudes como leque de qualidades, hoje, são os "vícios" que são arrolados lado a lado, enquanto uma virtude, a justiça, seria a matriz de todas as outras.

Várias são as razões prováveis para tal situação. Uma delas pode ser a contemporânea busca de felicidade, busca essa desvinculada de imperativos de ordem moral, quando não contrária a eles. "A cultura da obrigação moral deixou o lugar àquela da gestão de si mesmo" escreveu Lipovetsky (1992, p.105), que, em outro lugar, diagnosticou que o imperativo pós-moderno é "consumir sem esperar, viajar, divertir-se, não renunciar a nada" (2004, p.85). Em um cenário social assim descrito, não devemos surpreender-nos que pouco se fale de virtudes, e que também se inflacione a lista de problemas, pois são numerosos os recifes, reais ou imaginários, sobre os quais vem chocar-se a busca de uma felicidade essencialmente individualista e hedonista. Outra razão é de ordem histórica. Enquanto a filosofia moral de Aristóteles contemplava várias virtudes e que a teologia cristã fazia a mesma coisa (virtudes teologais e cardinais), a partir da obra de Kant, fala-se *na* virtude, no singular: poucos imperativos categóricos, e não variados traços de caráter, dão fundamento à moral. Não tratar outrem e si mesmo apenas como meio, mas sempre como fim, eis a meta da moral, eis o que é ser virtuoso. Na área da psicologia moral, a influência kantiana é conhecida e reconhecida, e devemos a Kohlberg (1981) a eleição da virtude justiça como central e única organizadora do universo moral e de seu desenvolvimento.

Todavia, alguns sinais parecem mostrar que o tema das virtudes talvez esteja renascendo (na verdade, nunca "morreu"). Na área da filosofia moral, o legado kantiano questionado por autores como MacIntyre (1981), Tugendhat (1988), e Taylor (1988) e outros, que voltam a falar, ainda que timidamente, das virtudes. Ainda na filosofia, sabe-se o sucesso de vendas que obteve Comte-Sponville com seu *Pequeno tratado das grandes virtudes*

(1995). Sucesso de vendas também é o *Livro das virtudes*, compilação de excertos literários, lendas e passagens bíblicas feita por Bennett (1995, 1996), que contemplam traços de excelência como a coragem, a compaixão, a amizade, etc. Na área da psicologia, devemos a Gilligan (1982) a tese que reabilita a generosidade, à qual ela dá o nome de *ética do cuidado*, que, segundo a pesquisadora norte-americana, representaria complemento moral essencial a uma *ética da justiça*. Finalmente, notemos que o tema das virtudes tem reaparecido em um campo que poderia lhe parecer totalmente estranho: a política. Como se sabe, o *marketing* político tem cada vez mais se afastado da apresentação de programas de governo para dar ênfase à personalidade dos candidatos, à sua vida privada, a seus gostos pessoais, a seus amores, etc. Ora, nesse contexto político, cada vez mais identificado com o *show business* do que com clássica disputa partidária, os candidatos procuram convencer os eleitores de que possuem, não tanto o programa de governo certo (que, aliás, quando o têm, abandonam sem maiores cerimônias), mas sim qualidades de caráter que os credenciariam aos cargos que almejam. Um sublinhará a sua honestidade, outro o fato de ser trabalhador (não como origem social, mas como qualidade pessoal), outro ainda não se cansará de dizer que é humilde, e mais outro assegurará o eleitor de que é firme e corajoso, etc.[2]

Isto posto, meu propósito não é o de analisar sócio ou filosoficamente a maior ou menor presença do tema das virtudes entre nós, mas sim o de apresentar uma pesquisa de psicologia na qual pedimos a jovens que se posicionassem a respeito de alguns de seus aspectos. Quais as virtudes mais importantes? Serão os homens mais dotados de certas virtudes do que as mulheres, e vice-versa? Quem serão as pessoas públicas mais admiradas? Serão as virtudes traços de caráter inatos ou essencialmente aprendidos? Eis algumas das questões que, por intermédio de um questionário a ser respondido por escrito e individualmente, fizemos a 448 alunos do ensino médio (com idades entre 15 e 18 anos, 211 de escola pública, 237 de escola particular, 225 moças e 223 rapazes[3]).

Vamos imediatamente aos dados e às suas interpretações, que iremos dividir em alguns itens, começando pelo que podemos chamar de *ranking das virtudes*.

RANKING DAS VIRTUDES

Elaboramos uma lista de dez virtudes, entre as quais cinco costumam ser concebidas como morais por se referirem ao trato que se reserva a outrem (justiça, gratidão, fidelidade, generosidade e tolerância) e cinco de caráter não necessariamente moral por não sempre envolver o bem-estar alheio (honra, coragem, polidez, prudência e humildade). Pedimos a nossos sujeitos que ordenassem essas dez virtudes, da mais importante a menos importante.

Como era de se esperar, houve variação de opção entre os diferentes sujeitos da pesquisa. Porém, os dados apontam para três virtudes mais valorizadas pela maioria deles, na ordem: humildade, justiça e fidelidade. Note-se que essa mesma ordem de valoração encontra-se tanto nos meninos quanto nas meninas e também tanto nos alunos da escola privada quanto nos da escola pública.

Três outras virtudes ocupam, para a maioria dos meninos e das meninas, e também para a maioria dos alunos de ensino privado e público, as últimas posições: polidez, tolerância, e prudência.

Façamos agora alguns comentários, começando por sublinhar o fato de termos encontrado, não uma unanimidade, é claro, mas uma concentração das escolhas para algumas virtudes vistas como mais ou menos importantes.

O fato de a *justiça* aparecer entre as três virtudes mais lembradas como as mais importantes não deve surpreender. Aristóteles dizia que ela é boa em si mesma (diferentemente das demais que dependem do contexto), Adam Smith (1999) destacava que uma sociedade sem generosidade é "triste", mas que outra privada de justiça é simplesmente insustentável. Piaget havia notado o quanto as crianças, mesmo as heterônomas, mostram precoce sensibilidade a questões que envolvem a justiça. Kohlberg (1981) mostrou ser ela o eixo do desenvolvimento moral e Turiel (1993), que crianças pequenas já diferenciam o domínio moral dos demais (convencional e pessoal), sendo o referido domínio inspirado por ideais de justiça. Quanto a nós, além de termos identificado no sentimento de indignação uma das bases afetivas precoces para o desenvolvimento do senso de justiça, em outra pesquisa, com mais de 5 mil jovens do ensino médio (a qual nos referiremos daqui para frente como pesquisa APE), também verificamos que a referida virtude é mais valorada que outras, como tolerância, responsabilidade e competência profissional (La Taille, 2006). Em suma, a presente investigação mostra que essa virtude incontornável permanece gozando do prestígio que lhe é devido.

Mas o que dizer da humildade e da fidelidade, primeira e terceira colocadas respectivamente?

No que tange à *humildade*, não é a única vez que verificamos certo apreço dos jovens por ela. Na pesquisa APE, os alunos do ensino médio colocam-na, com 30%, atrás apenas da honestidade (51%) como virtude mais importante para o convívio social, e bem na frente de três outras, a coragem (2%), a generosidade (4,5%) e a lealdade (12%). E na sua investigação sobre o universo moral de jovens internos da já extinta Fundação para o Bem-Estar do Menor (Febem), Natália Nogushi (Nogushi e La Taille, 2008) também teve a oportunidade de verificar que seus sujeitos a consideravam necessária.

A razão que costuma ocorrer em primeiro lugar para explicar a presença da humildade entre as virtudes mais valoradas é a influência da religião católica, que coloca o seu contrário, o orgulho (ou soberba), como um dos sete pecados capitais. Porém, não cremos ser essa uma boa explicação. Fosse boa, deveríamos observar em outros itens das pesquisas citadas grande apreço atribuído à Igreja e a seus representantes, mas não é isso que se observa, longe disso. Na pesquisa APE, os jovens julgam que os religiosos são menos importantes para o progresso social do que médicos, cientistas, professores, políticos, juízes e economistas. Apenas 55% deles dizem confiar nas instituições religiosas e também apenas 48% julgam ser por elas influenciados. Tais dados não apontam para uma forte presença da religião em suas vidas. Na presente pesquisa, nada perguntamos diretamente sobre religião a nossos sujeitos, todavia, como voltaremos a comentar, entre as personalidades que dizem admirar, aparecem, com poucos votos, apenas cinco pessoas ligadas à religião (Padre Marcelo Rossi, o papa, Madre Thereza de Calcutá, Sônia Hernandes e Estevam Hernandes[5]). Em suma, embora sem negar a influência inevitável desse fundamento cultural que é a religião Cristã em geral e a religião Católica em particular, não acreditamos que seja ele o maior responsável por essa espécie de *revival* da humildade, virtude que costuma ser considerada como *démodée*. Em compensação, há duas outras explicações que, cremos, merecem ser consideradas, nem que seja para realizarmos novas investigações.

A primeira nos foi sugerida pelos meninos internos da ex-Febem entrevistados por Nogushi: é preciso ser humilde (entendido como procurar não se impor), não falar muito de si, não contar vantagens, "chegar bem de mansinho", como diz um deles, para *evitar conflitos interindividuais*. Não se trata, portanto, de uma sabedoria ética, de um "esforço pelo qual o 'eu' procura liberar-se das ilusões que ele faz sobre si próprio e pelas quais ele se dissolve" (Comte-Sponville, 1995, p.197), mas sim de uma sabedoria moral para um convívio minimamente harmonioso. Ser humilde seria uma forma de prudência e também de respeito por outrem por não procurar subjugá-lo com a própria soberba.

Tal interpretação, se correta, faz sentido para meninos obrigados a experimentar um convívio promíscuo e necessariamente tenso, para o qual, aliás, eles criam, entre eles mesmos, um grande número de regras (ver Nogushi e La Taille, 2008). Todavia, não é nesse tipo de convívio enclausurado que é vivido pelos sujeitos da presente pesquisa e da "pesquisa APE". Ora, mesmo assim, eles colocam a humildade entre as virtudes mais importantes. Para eles (o que também deve valer para os meninos internos) devemos lançar mão de uma segunda explicação que, como já veremos, associa-se à primeira: vivemos uma cultura que pode muito bem ser chamada de "cultura da vaidade".

Dar um constante espetáculo de si, destacar-se por intermédio de sinais que conferem prestígio, associar a si próprio marcas que testemunhariam que se é um vencedor (roupas, carros, etc.), celebrar o culto a celebridades, a ídolos e imitar seu modo de vida, falar de si em *blogs*, no celular ou na televisão, eis alguns traços inequívocos da sociedade atual na qual, como escreve Freire Costa, vale a norma "apareça ou pereça, pois fora das manchetes e passarelas, não há salvação" (2004, p.172). Rioufol (2000, p.12) dá o seguinte conselho irônico: "Você asfixiou sua velha mãe que agonizava? Escreva-o, ora bolas. Publique um livro, vá à televisão". Nesse cenário, ser humilde, procurar passar despercebido, não é boa estratégia, pois se corre o risco de parecer ser um "perdedor", um dos adjetivos mais abominados atualmente (que, por essa razão, transformou-se em insulto, notadamente no idioma inglês: "*you are a loser*"), ou de fato sê-lo. Mas, então, porque nossos sujeitos falam dela? Não seria de se esperar que a desprezassem?

Esperá-lo seria esquecer uma dimensão inerente à "cultura da vaidade" (La Taille, 2009): o lugar problemático de outrem. Se o "vaidoso" conseguir despertar e alimentar a admiração alheia, o contrato implícito da relação estará cumprido e a harmonia poderá prevalecer. Mas se tal não acontecer, a relação irá se tornar tensa, e até impossível, pois o vaidoso, diferentemente do orgulhoso, que tem a si mesmo em alta conta sem pedir aos demais que concordem com ele, precisa de visibilidade social, precisa se destacar, enfim, *precisa do juízo positivo alheio*. Ora, tal heteronomia torna, como antes escrito, o lugar de outrem problemático. Outrem é, por exemplo, implicitamente convidado a violar a esfera da intimidade. Comenta Freire Costa a respeito das marcas exteriores de visibilidade associadas ao corpo que "dado que a identidade é exposta, de pronto na superfície corporal, o outro se tornou um observador incômodo e invasivo de nossos possíveis desvios bio-indentitários e não um parceiro de ideais comuns" (2004, p.199). De forma mais geral, se outrem não "entra no jogo" do vaidoso, a relação torna-se conflitiva, já que, como assevera Harkot-de-La-Taille "o outro, de par e juiz, passa a adversário" (2004, p.95). E assim resume o problema Wieviorka: *"a negação da subjetividade do outro é colocada ao serviço da afirmação de si"* (2005, p.266).

Aceitas essas considerações, podemos propor a hipótese de que a humildade goza do prestígio que nossas pesquisas atestam não porque vivemos em uma "cultura da humildade", mas justamente porque vivemos em uma cultura que é o seu contrário: a humildade apareceria como o antídoto necessário à fogueira de vaidade a que se assiste hoje (na qual, na verdade, poucas são as pessoas que se dão bem) e às tensões interpessoais decorrentes. Logo, assim como o pensam os meninos internos da Febem, um pouco de humildade é necessário a um convívio humano minimamente harmonioso. Como não lhes dar razão?

Outro dado da presente pesquisa tende a mostrar que nossa análise é plausível. Perguntados sobre as virtudes que *mais faltam nas pessoas atualmente*, aparecem como as mais lembradas a humildade e a justiça, justamente as duas primeiras do *ranking das virtudes*. Valoriza-se mais o que se julga faltar do que o que se julga presente.

Mesma ponderação pode ser feita quanto à *fidelidade*, terceira colocada na lista das virtudes mais valorizadas, e que, como aconteceu para a humildade e para a justiça, também é vista, pelos nossos sujeitos, como rara nas pessoas atualmente. Ora, tal raridade é exatamente uma das teses mais conhecidas daquele que talvez seja o mais perspicaz analista da chamada pós-modernidade: Zygmunt Bauman. Segundo ele, vivemos em um mundo no qual "esquecer, mais do que aprender, é a condição de contínua adaptação" (1998, p.36), no qual cada um se comporta como "turista" cuja "façanha (é a) de não pertencer ao lugar que se pode estar visitando: é dele o milagre de estar dentro e fora do lugar no mesmo tempo" (2003, p. 114). E se pergunta Bauman: "como pode alguém investir em uma realização de vida inteira, se hoje os valores são obrigados a se desvalorizar e, amanhã, a se dilatar?" (1998, p.112). Tal falta de "investimento" vale tanto para a elaboração de planos de vida quanto para as relações interpessoais, para as quais Bauman cunhou a famosa expressão *"amor líquido"*. Escreve ele a respeito: "As relações humanas estão verdadeiramente frágeis e, em uma situação de mudanças constantes, não podemos esperar que permaneçam incólumes" (2006, p.116).

Ora, sendo a fidelidade a *virtude de memória* (Comte-Sponville, 1995), devido as mesmas razões pelas quais analisamos a presença da humildade entre as virtudes mais lembradas, cremos que nossos sujeitos, também conscientes da efemeridade do mundo atual (coerente, aliás, com a vaidade, cuja origem etimológica vem de "vazio") e também da "liquidez" das relações humanas, elegem a fidelidade como virtude cuja falta leva a sofrimentos, ou pelo menos, a relações ambíguas com outrem. Escreve Bauman: "de um lado, em um mundo instável cheio de surpresas desagradáveis, cada um tem grande necessidade de um parceiro leal e dedicado. De outro lado, no entanto, cada um fica assustado com a ideia de se engajar (sem falar de se engajar de forma incondicional) em uma lealdade e uma devoção desse tipo" (2006, p.117).

Falta falarmos rapidamente das três "últimas colocadas" de nosso *ranking*, começando pela *polidez*, a antepenúltima. Lembremos de que o fato de certas virtudes encontrarem-se na parte de baixo do *ranking* não implica que sejam desprezadas pelos sujeitos. Implica apenas que outras são consideradas mais importantes. Assim sendo, cremos não dever estranhar o oitavo lugar reservado à polidez. Embora ela represente uma espécie de "marco zero" da moralidade, por se traduzir por sinais mínimos de que outrem existe e merece consideração (e ocupar espaço relevante na moralidade infantil – ver La Taille, 2001) é difícil julgar que ela tenha mais valor que virtudes como a gratidão, a generosidade e a justiça, por intermédio das quais as pessoas tecem entre si relações sociais mais profundas e estáveis, e até mesmo que tenha mais valor que a coragem (quinta colocada), que pressupõe uma superação de si próprio (do medo). Em suma, a polidez é virtude, mas *pequena virtude*, como diz Comte-Sponville, e nossos sujeitos parecem concordar com o filósofo francês.

Análise parecida pode ser feita a respeito da *prudência*, virtude antes pragmática que moral. Acrescente-se que no mundo atual, visto como instável e competitivo, tomar riscos além de valorizado parece ser inevitável, como mostra o prestígio gozado pelos esportes ditos radicais. E diferentemente da humildade e da lealdade, vistas como antídoto às tensões sociais que uma "cultura da vaidade" e do "amor líquido" inevitavelmente trazem, ser prudente não traria em si nenhuma vantagem especial, nem para si próprio, nem para o convívio.

Se não é surpreendente que a polidez e a prudência encontrem-se no fim de nosso *ranking*, o mesmo talvez não se possa dizer da *tolerância*. Essa virtude, originalmente relacionada ao convívio entre religiões, permanece sendo objeto de muitos discursos que pregam o reconhecimento e o respeito pela chamada alteridade. Ora, algo faz como que os jovens não lhe atribuam o valor que alguns desejariam que atribuíssem, pois, como também o atestou a pesquisa APE, de quatro qualidades – justiça, responsabilidade, competência profissional e tolerância - essa última ficou atrás das demais (com apenas 6%) no que diz respeito à sua importância para a sociedade (justiça ficou com 44,5%, responsabilidade com 35% e competência profissional com 14%). Voltemos a sublinhá-lo: preterir uma virtude em relação a outras não implica não lhe dar valor. Logo, não podemos dizer que a tolerância seja desprezada. Mas o fato de ela ficar atrás de qualidades como competência profissional e ficar ao lado da prudência e da polidez chama a atenção.

Esse fato talvez se deva ao estatuto ambíguo atual dessa virtude. Afinal, o que é ser tolerante? É aceitar *toda e qualquer* alteridade, a despeito das características morais dessa alteridade? É aceitar outrem incondicionalmente? Mas como escreve com razão Spaeman:

> É preciso compreender que a tolerância não é, em nenhum caso, a consequência natural do relativismo moral, como frequentemente se diz. A tolerância tem como fundamento uma convicção moral muito determinada para a qual se exige a universalidade. Ao contrário, o relativista moral pode se perguntar: "por que deveria eu ser tolerante?" Minha moral me permite a violência e a intolerância (1994, p.23).

Como veremos mais adiante, nossos sujeitos parecem concordar com esse autor, pois, em sua grande maioria, condenam a prática da mutilação sexual feminina adotada por certa religião. O baixo prestígio da tolerância será devido à sua frequente associação com a indiferença? À sua oposição com o acolhimento de outrem (ver Cortella e La Taille, 2005). Ou será decorrência de que, em muitos casos, fala-se em tolerância, quando se deveria falar em justiça, como no caso dos preconceitos relacionados a negros, a mulheres, a deficientes, etc.? Com efeito, não raras vezes o preconceituoso, ao negar valor a certas pessoas e, decorrentemente, ao mentir (consciente ou inconscientemente) sobre suas qualidades e ao lhes negar direitos, é antes injusto que intolerante. Ou podemos dizer que sua intolerância, criticável em si, leva a um erro maior e às vezes fatal, a injustiça. Mas, seja qual for a razão, o fato é que a tolerância parece não gozar, junto aos jovens, do grande prestígio que alguns gostariam que ela gozasse. Seria interessante aprofundar essa questão com novas pesquisas e reflexões.

PERSONALIDADES ADMIRÁVEIS E DESPREZADAS

Damos a seguinte tarefa a nossos sujeitos: *cite três pessoas famosas que você acha que merecem admiração e indique, para cada uma delas, uma das virtudes já citadas que faz com que você as considere admiráveis.*

Como era de se esperar, inúmeras "personalidades" foram lembradas. Elas vão de Che Guevara a Romário (jogador de futebol), de Bill Gates a Madre Thereza da Calcutá, do papa a Silvio Santos, passando por Zico, Princesa Diana, Jô Soares, Maguila (boxeador), Ratinho (apresentador de televisão), Madona, Hebe Camargo, e outras figuras mais. A única pessoa que tanto os alunos de escola privada quanto os da escola pública elegeram com mais de 10% dos votos foi Ayrton Senna.

Três aspectos de nossos dados devem ser sublinhados.

O primeiro refere-se às virtudes associadas às três personagens que encabeçam a lista dos alunos dos diferentes estabelecimentos. Na escola pública, Ayrton Senna (com 12% dos votos), é visto como humilde (50% para as meninas, 42% para os meninos) e como generoso (40% para as meninas e 24% para os meninos), sendo que as outras virtudes a ele associadas recebem bem menos citações (com exceção da coragem para os meninos, com 22%). A segunda colocada, a apresentadora de programas infantis Xuxa (com 8%), também é antes vista como generosa (40% para as meninas e 62% para os meninos) e humilde (35% para as meninas e 12% para os meninos) que justa, polida ou grata. Mesma coisa acontece para o terceiro colocado, Betinho (apenas 4,6% das escolhas, com 50% das meninas e dos meninos que pensam que é generoso, e 21% das meninas e 50% dos meninos que julgam que é humilde). Mesmo quadro reencontra-se nos sujeitos da escola privada. O primeiro colocado, Renato Aragão (13%), é visto como generoso por 68% das meninas e 70% dos meninos e humilde por 26% das meninas e 16% dos meninos. Ayrton Senna, segundo colocado (12%) é visto como humilde (28% para as meninas e 31% para os meninos) e generoso (27% para as meninas e 29% para os meninos). Finalmente, Betinho, terceiro colocado (7,4%), também é associado à generosidade (56% para as meninas e 61% para os meninos) e à humildade (28% para as meninas e 30% para os meninos). Note-se, ainda, que a coragem é sempre a terceira virtude mais lembrada para essas quatro personalidades.

Que elas sejam vistas como generosas certamente se deve ao fato de terem sido escolhidas por realizarem programas de caridade ou solidariedade. Todavia, quanto à humildade, não há prova de possuirem essa virtude, com exceção do irmão do Henfil. Talvez se trate de idealização: sendo a humildade valorizada, a quem se admira atribui-se de antemão tal virtude, nem que seja para não cair em contradição.

Mas vejamos agora um segundo aspecto de nossos dados, aspecto esse que vale para todos os nomes escolhidos. Fizemos o cálculo de quantas vezes cada virtude foi citada. Ora, a generosidade e a humildade foram as mais lembradas. Entre os alunos da escola pública, a humildade foi lembrada em 35% dos exemplos e a generosidade em 20%. Na escola privada, o quadro se inverte, a generosidade ficando com 38% e a humildade com 23%. Mas se deve frisar que, em ambas as escolas, essas duas virtudes são bem mais lembradas que as demais. A justiça, por exemplo, foi citada apenas por 5% dos alunos da escola pública e 4% daqueles da escola privada.

Mas como explicar essa pequena porcentagem atribuída à justiça, sendo ela a segunda de nosso *ranking das virtudes*? Será que os alunos não conseguem pensar em pessoas justas? Será que elas não existem entre as pessoas famosas?

O terceiro aspecto dos dados permite responder a essa pergunta. Afinal, em que categoria encontram-se as pessoas famosas lembradas? Ora, essencialmente entre as chamadas "celebridades", aquelas que aparecem na mídia, com destaque especial para cantores (51 citações), esportistas (32 citações) e atores (21 citações). Filósofos e pensadores? Foram citados apenas sete vezes. Personagens históricos? Apenas cinco vezes. Tal desequilíbrio talvez se deva à formulação de nossa pergunta, na qual se encontra o adjetivo "famoso". Talvez, mas se note que isso não impediu alguns sujeitos de citarem Che Guevara, Betinho (que era tudo menos um *show man)*, Madre Thereza de Calcutá, Nelson Mandela, Gandhi e outras pessoas de peso histórico incontestável. Logo, é prudente dizer que, para além de uma possível influência de nosso método, não se deve negligenciar outra influência, a da mídia, com grande destaque para a televisão. Como escreve Jurandir Freire Costa: "o lugar da autoridade foi tomado pela celebridade" (2004, p.169). E tais celebridades costumam participar da vida política e moral por intermédio da caridade, daí a forte associação entre elas e a generosidade.

E como ficam aqueles que deveriam lutar incessantemente pela justiça: os políticos? Eles quase não aparecem entre as pessoas admiráveis, no entanto eles têm a sua vez quando os sujeitos devem realizar a próxima tarefa: *cite três pessoas famosas que você acha que merecem desprezo e indique, para cada uma delas, a falta de uma das virtudes já citadas que faz com que você as considere desprezíveis.*

Novamente, o leque de pessoas escolhidas foi amplo, sendo citadas algumas das mesmas que apareceram na lista dos "admiráveis" (por exemplo, Xuxa, Ratinho, Silvio Santos, o Papa, e outros mais). Na escola pública, dois políticos encabeçam a lista: Fernando Henrique Cardoso (Presidente da República na época da pesquisa, com 14,5% dos votos) e Celso

Pitta (prefeito de São Paulo, na mesma época, com 10,5%). Na escola privada, Pitta é pouco lembrado (4%), Fernando Henrique Cardoso aparece com 7,5% dos votos, seguido de Fernando Collor de Mello (7%). Fica em primeiro lugar Xuxa (14%) e em segundo Ratinho (8%).

As duas virtudes que, pela sua falta, foram as mais associadas às pessoas 'desprezíveis' foram a humildade (29% na escola pública e 25% na escola particular) e, em segundo lugar, a justiça (13% na escola particular e 11% na escola privada). Cantores (22 vezes), esportistas (21) e atores (15) permaneceram entre os mais citados, mas tiveram de ceder o primeiro lugar aos políticos (44 citações), fato que explica a presença da justiça entre as virtudes que, segundo os alunos, brilham pela sua ausência nos homens que dirigem o país. Na pesquisa APE, encontramos resultado parecido, sendo os partidos políticos, o Congresso Nacional e o Poder Judiciário as instituições que, de longe, menos merecem confiança dos alunos do ensino médio (a ampla maioria confia pouco ou não confia).

Replicássemos, hoje, as mesmas perguntas sobre pessoas "admiráveis" e "desprezíveis", talvez um novo jogador de futebol tomasse o lugar de Senna, um cantor ou um ator na moda o lugar daqueles citados em 2000 e um político se sucederia a outro. Porém, é bem provável que, nas linhas gerais, o quadro permanecesse o mesmo. As chamadas "celebridades" permaneceriam ocupando lugar de destaque entre as pessoas "famosas", sugerindo um horizonte limitado para o leque de "modelos" que os jovens conhecem e valorizam.[6] A caridade, e não a justiça, permaneceria ordenando a moral pública. E os políticos permaneceriam bem representativos das pessoas julgadas desprezíveis, fato que, a despeito da despreocupação da maioria deles, corrói aos poucos a democracia e prepara o terreno para fundamentalismos e fanatismos de toda sorte.

VIRTUDE E GÊNERO

Virtude e gênero, eis uma associação familiar à nossa cultura. Por exemplo, a coragem, não raramente associada à virilidade, costuma ser vista como apanágio dos homens, fato que explica haver poucas 'heroínas' entre os valentes defensores da justiça que se encontram na literatura e no cinema. Em compensação, a fidelidade – em geral entendida no contexto conjugal – seria qualidade feminina, sendo os homens, aliás, suspeitos de lhe dar um valor todo relativo. A honra, entendida como "zelo pela reputação" seria essencialmente preocupação dos homens (vide os chamados "crimes de honra"), enquanto a generosidade seria traço psicológico feminino por excelência, como afirma Gilligan. Mas o que acham disso tudo nossos sujeitos? Será que houve alguma evolução em relação a associações entre gênero e virtudes? Será que meninos e meninas concordam entre si a respeito da atribuição de virtudes a homens e mulheres? E será que jovens do ensino público e do ensino particular fazem as mesmas avaliações?

Para sabê-lo, retomamos as dez virtudes do *ranking*, e, para cada uma delas, pedimos aos sujeitos que assinalassem se são os homens os mais virtuosos, se são as mulheres, ou se homens e mulheres são igualmente dotados da referida virtude.

Como não pretendemos, aqui, analisar todas as nuances dos dados que obtivemos, colocamos abaixo as tabelas para que o leitor tenha uma visão geral dos resultados e, se quiser, possa realizar outras análises.

Tabela 2.1

	Coragem				Gratidão			
	Meninos		Meninas		Meninos		Meninas	
	Escola particular	Escola pública	Escola particular	Escola pública	Escola particular	Escola pública	Escola particular	Escola pública
Homens	73,9%	47,6%	34,7%	32,1%	9,2%	11,7%	32,1%	3,7%
Mulheres	2,5%	3,9%	10,2%	25%	43,7%	40,8%	25%	61,1%
Igualmente	24,5%	48,5%	55,1%	42,9%	47,1%	47,6%	42,9%	35,2%

Tabela 2.2

	Fidelidade				Humildade			
	Meninos		Meninas		Meninos		Meninas	
	Escola particular	Escola pública	Escola particular	Escola pública	Escola particular	Escola pública	Escola particular	Escola pública
Homens	10,9%	13,6%	3,4%	1,8%	17,6%	26,2%	2,5%	5,5%
Mulheres	54,6%	48,5%	70,3%	63,1%	17,6%	14,6%	25,4%	29%
Igualmente	34,5%	37,9%	26,3%	35,1%	64,7%	59,2%	72,1%	65,5%

Tabela 2.3

	Generosidade				Justiça			
	Meninos		Meninas		Meninos		Meninas	
	Escola particular	Escola pública	Escola particular	Escola pública	Escola particular	Escola pública	Escola particular	Escola pública
Homens	14,3%	12,6%	5,9%	10%	37%	28,1%	13,6%	21,3%
Mulheres	39,5%	35,9%	36,4%	31,8%	16,8%	14,6%	11%	20,4%
Igualmente	46,2%	51,5%	57,6%	58,2%	46,2%	57,3%	75,4%	58,3%

Tabela 2.4

	Honra				Prudência			
	Meninos		Meninas		Meninos		Meninas	
	Escola particular	Escola pública	Escola particular	Escola pública	Escola particular	Escola pública	Escola particular	Escola pública
Homens	57,1%	47,1%	31,4%	24,5%	19,3%	15,2%	12,7%	14,2%
Mulheres	4,2%	7,7%	5,9%	30%	38,7%	32,3%	32,2%	26,4%
Igualmente	38,7%	45,2%	62,7%	45,5%	42%	52,5%	55,1%	59,4%

Tabela 2.5

	Polidez				Tolerância			
	Meninos		Meninas		Meninos		Meninas	
	Escola particular	Escola pública	Escola particular	Escola pública	Escola particular	Escola pública	Escola particular	Escola pública
Homens	10,%	8,4%	3,4%	3,6%	13,4%	20,6%	8,5%	10,2%
Mulheres	34,5%	33,3%	35,6%	44,6%	51,3%	45,1%	53,4%	61,1%
Igualmente	55,5%	58,3%	61%	51,9%	35,3%	34,3%	38,1%	28,7%

Quanto a nós, vamos sublinhar alguns tópicos que nos parecem relevantes.

O primeiro deles é o fato de que, enquanto há diferenças de avaliação entre meninos e meninas a respeito de algumas virtudes, não se encontra diferença relevante entre meninas do ensino público e meninas do ensino particular, e se encontra apenas uma entre os meninos dos dois tipos de estabelecimento. Mas essa única diferença, que se refere à *coragem*, é importante: meninos do ensino particular, na sua ampla maioria, julgam os homens *mais corajosos que as mulheres* (74%), mas seus colegas do ensino público deles discordam, pois são próximos os números daqueles que atribuem mais coragem aos homens (47%) e daqueles que pensam serem ambos os gêneros igualmente dotados dessa virtude (48%). Isto posto, é provável que certas pessoas estranhem esse dado, notadamente por atribuir ao público masculino da classe social desfavorecida economicamente (em geral mais presente na escola pública) uma grande valorização da virilidade, virilidade esta, como comentado anteriormente, costumeiramente associada à coragem. Ora, nossos dados apontam para a direção inversa. Seriam os meninos da classe média e média alta que associariam coragem e virilidade, do contrário não se veria realmente que outra razão levaria 74% deles a julgar os homens mais corajosos. Em compensação, seus colegas do ensino público parecem ter uma imagem diferente das mulheres, decorrente, cremos, do lugar que elas não raro ocupam na economia e no sustento da família. Sabe-se que muitas famílias pobres dependem essencialmente do trabalho e da presença feminina para sobreviver (frequentemente o homem está simplesmente ausente). A chamada "dupla jornada" de trabalho é muito mais a realidade das mulheres pobres que a das mulheres de famílias abastadas, as quais contratam empregadas (justamente entre as mais pobres). Acrescente-se a isso as difíceis, longas e às vezes perigosas condições do trajeto que elas devem fazer seis ou até sete dias por semana para ir do trabalho a suas casas e vice-versa. Certamente, é preciso ser corajoso para enfrentar e sustentar tal realidade. Mas, obviamente, não se trata da coragem "viril", relacionada à luta ou a aspectos essencialmente físicos; trata-se, antes, de uma coragem essencialmente psicológica, que os meninos mais pobres mostram saber reconhecer. Se nossa análise for correta, haveria todo um trabalho pedagógico a ser feito com os alunos de classes abastadas para sofisticar o que entendem por coragem. Sua quase unanimidade em atribuir essa virtude exclusivamente a homens é um pouco inquietante. E eles poderão, para tanto, ser ajudados pela maioria de suas colegas de sala de aula, pois, assim como a maioria das meninas do ensino público, elas negam aos homens a primazia da coragem.

Aliás, elas negam a primazia dos homens *para todas as virtudes*! É o segundo tópico a ser sublinhado.

Meninos de escola privada, em sua maioria, reservam duas virtudes ao sexo masculino: a coragem, como vimos (74%), e a *honra* (57%). Seus colegas do ensino público mostram-se mais "democráticos", pois, como também vimos, eles se dividem na hora de atribuir a coragem a eles mesmos ou pensar que as mulheres os igualam nesse quesito, e também praticamente se dividem quando se trata da honra: 47% a atribuem mais a homens e 45% a ambos os sexos. Porém, a maioria dos meninos dos dois estabelecimentos de ensino concorda em atribuir a *fidelidade* (54% para meninos do ensino particular e 48% para seus colegas do ensino público) e a *tolerância* (51% e 45%, respectivamente) às meninas. E a maioria das meninas dos dois estabelecimentos concorda com eles a respeito dessas duas virtudes e associa ao sexo feminino mais uma: a *gratidão*. As meninas não somente concordam como também inflacionam um pouco os números: 70% (escola particular) e 63% (escola pública) veem-se mais fiéis que os homens, 53% (particular) e 61% (público) veem-se como mais tolerantes. E quanto à gratidão, 61% das meninas das duas escolas julgam ser virtude mais feminina que masculina. E nem a *honra* elas "deixam" a seus colegas:

62% das meninas do ensino particular julgam homens e mulheres igualmente dotados dessa virtude, e, entre as meninas do ensino público, encontram-se mais sujeitos que julgam ser mais atributo feminino (30%) que masculino (24,5%), e o restante (45,5%) a reparte entre os dois sexos.

Em suma, encontramos, para algumas virtudes – coragem, honra, fidelidade, tolerância e gratidão – algumas diferenças de julgamento devido ao gênero. Em primeiro lugar, enquanto os meninos tendem a se ver como mais dotados de coragem (escola particular) e honra (ambas as escolas) que as meninas, às quais eles atribuem mais tolerância e fidelidade, as meninas negam aos meninos qualquer "supremacia", mas não a negam para si próprias, pois se veem como mais fiéis, mais tolerantes e também mais gratas.

Como interpretar esse dado? Pode-se dizer que os meninos mostraram-se "conservadores", associando gênero e virtude. Mas o mesmo se pode dizer das meninas, pois elas também fizeram tal associação, notadamente da mesma forma que seus colegas o fizeram para a fidelidade e a tolerância. O menos esperado foi justamente o fato de elas por assim dizer não "equilibrarem" a associação entre gênero e virtude, não atribuindo nenhuma em especial ao sexo masculino. Nesse ponto, não foram conservadoras. Mas, por que não o foram? Boa leitura psicológica do caráter dos homens? Necessidade de autoafirmação em um mundo que, apesar de avanços indubitáveis, ainda contém fortes traços do que as feministas chamam de 'falocracia'? Nossos dados, por si sós, não nos permitem responder.

Mas o que eles nos permitem saber é que tanto meninos quanto meninas atribuem ao sexo feminino virtudes relacionadas ao que Gilligan (1982) chama de *conexão* com outrem. Com efeito, ser polido, justo, prudente, humilde, não implica prezar uma relação íntima com alguém, valorizar laços especiais com outrem, acolher o outro na sua singularidade. Ora, ser fiel, grato e tolerante traz tais implicações. Se fizermos a hipótese de que pensando em fidelidade nossos sujeitos a interpretaram como referida a alguém (e não a ideias), ser fiel, nesse caso, pressupõe privilegiar uma relação humana a outras, e a fazer de tudo para mantê-la. Da mesma forma, ser grato a alguém pressupõe valorizar o que uma relação humana tem de singular e especial, e reforçá-la. Quanto à tolerância, se entendida como relevar diferenças individuais, eis mais uma virtude necessária para quem privilegia a manutenção de uma relação interindividual a seu abandono por motivos ideológicos ou pela pequena capacidade de "suportar" idiossincrasias alheias. Em resumo, a maior capacidade atribuída ao sexo feminino de valorizar as conexões entre pessoas, eis o que nos parece ter sido o critério de nossos sujeitos para associar gênero e virtude.

E a generosidade, que também pressupõe a conexão a que nos referimos? Para ela, embora a maioria dos meninos e das meninas não a tenha "reservado" para um sexo ou para outro, os dados mostram claramente que a maioria dos sujeitos que resolveram optar por associá-la a um sexo, o fez em relação ao sexo feminino: 46% dos meninos da escola particular pensam ser mulheres e homens igualmente generosos, mas apenas 14% pensam ser virtude mais masculina enquanto 40% julgam ser mais feminina. Dado parecido encontra-se entre os meninos da escola pública: empate entre sexos, 51%, meninos mais generosos apenas 13% e meninas mais generosas, 36%. As meninas responderam como os seus colegas. Apenas 6% daquelas que estudam na escola particular atribuem mais generosidade aos homens, 36% às mulheres, e 58% a atribuem a ambos os sexos. Na escola pública temos 10% de atribuição de generosidade a homens, mas 32% de atribuição dessa virtude a mulheres (para homens e mulheres igualmente: 58%). Em suma, embora o "empate" entre os sexos tenha prevalecido, em torno de 35% de nossa amostra pensa ser a generosidade atributo mais feminino, mas não chegam a 10% aqueles que a imaginam ser essencialmente masculina, fato que é coerente com a análise que antes fizemos: virtudes relacionadas à "conexão" entre pessoas são femininas ou repartidas entre sexos. Nunca são o apanágio da masculinidade.

Em compensação, a eles se associa mais a justiça. Ou, mais exatamente, *os meninos, quando pensam que um dos sexos é mais justo que outro, em sua maioria escolhem o sexo masculino*. As meninas discordam. Vejamos.

Assim como aconteceu com a generosidade, a maioria dos nossos sujeitos julgou que não há como separar homens e mulheres quando se trata de ser justo. Mas entre os meninos que resolveram optar entre os sexos, sempre há mais atribuição dessa virtude para os homens. Meninos da escola particular: opção pelos homens 37%, pelas mulheres, 17% (igual, 46%). Meninos da escola pública: opção pelos homens 28%, pelas mulheres 15% (igual, 57%). Porém, as meninas não pensam assim e, decididamente, não julgam os homens superiores em nenhuma qualidade de caráter. Meninas da escola particular: opção pelos homens, 14%, pelas mulheres, 11% (igual, 75%). Meninas da escola pública: opção pelos homens, 21%, pelas mulheres, 20% (igual, 59%).

Ou seja, em linhas gerais, enquanto a maioria de nossos sujeitos de sexo masculino aceita *grosso modo* uma divisão de gênero entre uma "ética da justiça" (para eles) e uma 'ética do cuidado' (para elas), a maioria dos nossos sujeitos de sexo feminino nega a seus colegas homens uma delas (ética do cuidado) e reivindica ambas para si. Talvez elas tenham razão.

JUÍZOS

Finalizaremos nosso texto apresentando rapidamente o juízo que nossos sujeitos fizeram a respeito de cinco afirmações, atinentes a virtudes, que lhes submetemos. Duas delas se referem a avaliações morais, as três outras, a aspectos relacionados à educação e ao desenvolvimento morais.

1) Em alguns países, em nome da religião, são feitas mutilações sexuais nas meninas. Em nome da tolerância às diferenças culturais, devemos aceitar essa prática.

Os dados são claros: em média, 88% de nossos sujeitos disseram discordar da afirmação acima transcrita, sem diferenças relevantes entre meninos e meninas e nem entre alunos de uma escola ou outra. Do ponto de vista de uma moral inspirada, como o quer Kohlberg, por princípios universais de justiça, o resultado é alentador. A grande maioria das meninas e dos meninos parece concordar com Spaemann, antes citado. Veremos agora que concordam com Adam Smith e outros.

2) Hoje, as pessoas generosas são mais importantes que as pessoas justas.

Em média, 70% dizem discordar da afirmação que acabamos de transcrever. Note-se que não há diferença significativa entre as respostas das meninas (71% de discordância) e as dos meninos (69%). A justiça prevalece.

Vejamos agora como pensam educação e desenvolvimento morais.

3) A tendência a ser virtuoso é um traço de caráter que nasce com a pessoa.

Em média, 66,5% da amostra diz discordar da afirmação acima. Não se nota diferença entre meninos e meninas, mas sim entre alunos de escola particular em relação a seus colegas do ensino público, conforme se verifica na tabela a seguir:

Tabela 2.5

	Meninas / escola particular	Meninas / escola pública	Meninos / escola particular	Meninos / escola pública
Concordo	28,0%	42,0%	27,7%	36,3%
Penso diferente	**72,0%**	**58,0%**	**72,3%**	**63,7%**

Encontra-se em negrito a resposta mais fornecida pelos sujeitos.

Embora optem majoritariamente pela hipótese não-inatista, maior número de sujeitos da escola pública inclina-se por essa hipótese se comparados aos da escola particular. Como o que é inato não se negocia, há, por parte deles, maior rigidez na avaliação de como alguém pode ser virtuoso. Porém, a mesma rigidez não se faz presente nos juízos referentes à próxima afirmação.

4) Uma educação rígida durante a infância é necessária ao desenvolvimento das virtudes.

Novamente, a maioria dos sujeitos discordou dessa afirmação (62% em média). Embora os sujeitos de escola pública inclinem-se um pouco mais que seus colegas da escola particular em defender uma educação rígida, a diferença não significativa: 40% para a escola pública e 38% para a escola particular. Mas cremos que não deve passar despercebido o fato de haver mais de um terço da amostra que julga ser necessária uma educação rígida, educação esta que, provavelmente, eles não recebem atualmente por parte dos adultos.

Finalizemos nossa apresentação verificando justamente como os nossos sujeitos comparam jovens e idosos.

5) As pessoas idosas costumam ser mais virtuosas que os jovens.

O leitor terá percebido que a afirmação acima é "clássica", pois, como pensava Aristóteles (1965), as virtudes se cultivam e apenas os mais velhos poderiam ter a pretensão de possuir, ainda que de forma lacunar, algumas delas. E não raramente os adultos pensam que a educação moral pressupõe a apresentação, às novas gerações, de bons modelos que eles próprios acreditam encarnar. Se acreditarmos em nossos dados, os jovens são bem mais circunspectos que seus pais nesse tema, pois 40% deles discordam da afirmação segundo a qual a idade influencia o ser virtuoso. É verdade que a maioria (60%) concorda em atribuir aos mais velhos qualidades que lhes fazem falta. Porém, convenhamos, esse número não é alto o bastante para nos fazer crer que os jovens nutrem muita admiração pelos mais velhos.

Afinal, como os jovens julgam os adultos? É o que estamos atualmente pesquisando na esperança de poder, nos próximos anos, socializar alguns dados relevantes.

CONCLUSÕES

Façamos um resumo do que apresentamos.
- *Em um ranking de dez virtudes (justiça, gratidão, fidelidade, generosidade, tolerância, honra, coragem, polidez, prudência e humildade), humildade, justiça e fidelidade ocuparam as três primeiras posições.*
- *O fato de a justiça ser escolhida não deve surpreender, pois tal primazia encontra-se na história da filosofia moral.*
- *A humildade e a fidelidade podem ter sido escolhidas porque vistas respectivamente como "antídotos" a uma "cultura da vaidade" e a tempos de "amor líquido".*
- *Polidez, prudência e tolerância ocuparam os três últimos lugares do ranking.*
- *O fato de a tolerância ser pouco lembrada pode se dar em razão de ter estatuto ambíguo (acolhimento de outrem ou indiferença?) e também em razão de ela, às vezes, ser evocada em temas que mais dizem respeito à justiça social.*
- *Entre as personalidades mais admiradas, encontram-se, sobretudo, pessoas ligadas à mídia e a obras de caridade e solidariedade.*
- *A justiça praticamente não é citada no item admiração.*
- *Em compensação, a justiça é a mais citada como virtude que faz falta às "personalidades" consideradas desprezíveis, entre as quais os políticos são os mais lembrados.*
- *A maioria dos meninos associa, privilegiadamente, algumas virtudes ao gênero masculino (coragem para os sujeitos de escola particular e honra para os sujeitos das escolas particular e pública), e outras ao gênero feminino (fidelidade e tolerância).*
- *A maioria das meninas não associa, privilegiadamente, nenhuma virtude ao gênero masculino, mas o faz para o gênero feminino (gratidão, fidelidade e tolerância).*

- *As associações feitas pelos meninos e meninas entre virtude e gênero parece seguir o critério da "conexão com outrem", fato que também explica o fato de a generosidade, quando não atribuída a ambos os sexos, ser privilegiadamente associada às mulheres.*
- *Quando não a atribuem a ambos os gêneros, os meninos pensam ser a justiça mais masculina que feminina, opção que não se encontra entre as meninas.*
- *A quase totalidade dos sujeitos não tolera moralmente a mutilação sexual de meninas (rito religioso praticado por algumas culturas).*
- *A maioria dos sujeitos julga ser justo mais importante que ser generoso.*
- *Embora a maioria dos sujeitos não julgue ser a virtude traço inato das pessoas, encontram-se mais sujeitos inclinados a aceitar essa tese entre os alunos da escola pública que da particular.*
- *Em ambos os estabelecimentos de ensino, a maioria dos alunos não pensa ser necessária uma educação rígida para o desenvolvimento das virtudes, mas deve ser sublinhado que um terço dos sujeitos acredita na necessidade de tal tipo de pedagogia.*
- *Apenas em torno de 60% dos sujeitos pensam que idosos são mais virtuosos que jovens.*

Então, "crise de valores" ou "valores em crise"? A rigor, as duas alternativas. E também nenhum das duas.

Quando nossos sujeitos avaliam que, entre as "personalidades" reconhecidas como admiráveis, a virtude "justiça" brilha pela sua ausência – sendo que essa mesma virtude é por eles considerada como uma das mais importantes – parece que temos, na visão deles, uma lacuna moral. E quando eles afirmam, como os seus colegas da "pesquisa APE", que os políticos destacam-se entre as pessoas "desprezíveis" notadamente porque lhes falta a virtude "justiça", temos um mesmo quadro de sentimento de penúria moral. Mais ainda: quando, apesar de valorizar a justiça, a maioria dos sujeitos mostra admirar celebridades presentes na mídia, e não pessoas outras de percurso ético e político dignos de nota (citadas por poucos sujeitos), podemos lamentar o fato e pensar que os jovens carecem de referências morais dignas deste nome. "Crise de valores", portanto.

Em compensação, em outros itens da pesquisa, parece mais valer o diagnóstico de "valores em crise", valores em mutação.

É o caso da eleição da virtude "humildade" entre as mais valorizadas. Se nossa análise for correta, não se trata de reminiscência religiosa cristã, mas sim da afirmação de que, numa "cultura da vaidade", a humildade é vista como antídoto à soberba que mina as relações sociais e até as torna agressivas e violentas. Na atualidade, ser humilde seria condição do respeito por outrem.

Outro exemplo de "valores em crise" está nas associações feitas entre virtude e gênero. Enquanto os meninos, notadamente da escola particular, mostraram-se mais conservadores, o mesmo não se pode dizer das meninas, que reivindicam para si seja o lugar de "mais virtuosas", seja o lugar de igualdade em relação aos homens.

Outro exemplo ainda se encontra na opinião da maioria dos sujeitos de que a moralidade de alguém não depende de uma "índole" inata e de que a educação moral não deve ser rígida, contrariando ideias fortes em um passado recente.

Finalmente, há um dado que leva a pensar que "nada mudou", pois uma tese tradicional na filosofia moral reencontra-se em nossa pesquisa: a incontornável presença da virtude "justiça" entre as mais valorizadas e sua prevalência, como o pregava Adam Smith (1999), em relação à generosidade.

NOTAS

1 Daí notadamente a grande demanda dos serviços de profissionais da saúde nas escolas para "resolver" problemas de vão de dificuldades de aprendizagem a dificuldades de sociabilidade. "Psicologizam-se' ou 'psiquiatrizam-se' temas educacionais, pois se dá maior ênfase aos problemas do que às virtudes.
2 Note-se que a forte presença da vida privada na vida política acarreta o risco de moralização dessa última: características pessoais, como ser sóbrio, fiel cônjuge, não fumar, levantar cedo, etc., qualidades essas que em nada credenciam alguém para dirigir um país, acabam ocupando o essencial da cena política. Ser "bom pai", "boa mãe", "bom marido", "boa esposa", "fiel amigo", "generosa companheira", tornam-se exigências morais por parte da mídia e do eleitorado. Lembremos do impacto que teve a declaração de um jornalista americano a respeito do suposto hábito de beber do Presidente Luiz Inácio Lula da Silva! Consta na história que Hiltler somente bebia água...
3 Pesquisa realizada com a colaboração de Claudia Bárbara Domingues, Flávia Abu Jamra, Flavia da Penha Fiorini e Denise Bacic Kravosac, financiada pela Fapesp no ano de 2000.
4 APE são as iniciais de um instrumento que Elizabeth Harkot-de-La-Taille e eu construímos para avaliar valores (Avaliação do Plano Ético – ver La Taille, 2006).

5 Na época, não havia acusações contra os Hernandes, fundadores da Igreja Apostólica Renascer em Cristo.

7 No início de 2008, almocei em um restaurante parisiense e reparei que os garçons vestiam camisa na qual se estampava a foto de Che-Guevara. Perguntei a um deles, bem jovem, a razão dessa estranha presença. Seria algum apreço político revolucionário por parte dos donos do estabelecimento? Respondeu-me que a foto do Che devia-se ao fato de haver no restaurante um 'Bar Cubano'. Comentei então que Che era Argentino, e não cubano, que tinha ido a 'ilha' juntar-se a Fidel Castro, que havia retornado à América do Sul, que havia sido assassinado na Colômbia, etc., e, para meu segundo espanto, o garçom me disse que nada sabia de tudo o que eu estava lhe dizendo. Para ele, Che era apenas uma celebridade a mais, um ícone de origens desconhecidas e certamente um rosto adequado para figurar em um "bar cubano", que, diga-se de passagem, pelo seu alto luxo, em nada lembrava o socialismo pregado pelo "comandante máximo". Mas eis um aspecto inquietante do mundo atual: tudo se mistura em um sincretismo suspeito, e ninguém parece estranhar a presença de um ícone máximo do comunismo em um lugar onde se gastam euros às mancheias.

REFERÊNCIAS

ARISTOTE. *Etique de Nicomade*. Paris: Flamarion, 1965.
BAUMAN, Z. *Amor líquido:* sobre a fragilidade dos laços humanos. Rio de Janeiro: Zahar, 2004.
_____. Entretien avez Zygmunt Bauman. In: MOLÉNAT, X. (Org.). *L'invidu contemporain*. Auxerre: Sciences Humaines, 2006.
_____. *La vie en miettes*: expérience postmoderne et moralité. Rodez: Le Rouerge/Chambon, 2003.
_____. *O mal-estar da pós-modernidade*. Rio de Janeiro: Zahar, 1998.
BENNET, W. *Livro das virtudes*. Rio de Janeiro: Nova Fronteira, 1995. v. 1.
_____. *Livro das virtudes*. Rio de Janeiro: Nova Fronteira, 1996. v. 2.
COMTE-SPONVILLE, A. *Petit traité des grandes vertus*. Paris: PUF, 1995.
CORTELLA, M. S.; LA TAILLE, Y. de. *Labirintos da moral*. Campinas: Papirus, 2005.
COSTA, J. F. *O vestígio e a aura*: corpo e consumismo na moral do espetáculo. Rio de Janeiro: Garamond, 2004.
GILLIGAN, C. *Uma voz diferente*. Rio de Janeiro: Rosa dos Tempos, 1982.
HARKOT-DE-LA-TAILLE, E.; LA TAILLE, Y. A construção moral e ética de si mesmo. In: SOUZA, M. T. C. de (Org.). *Os sentidos de construção*: o si mesmo e o mundo. São Paulo: Casa do Psicólogo, 2004.
JEURY, M.; BALTASSAT, J.-D. *Petite histoire de l'enseignement de la morale à l'école*. Paris: Robert Laffont, 2000.
KOHLBERG, L. *Essays on moral development*. S. Francisco: Harper & Row, 1981.

LA TAILLE, Yves de. Desenvolvimento moral: a polidez segundo as crianças. *Cadernos de Pesquisa da Fundação Carlos Chagas*, n. 114, p. 89-119, 2001.

_____. *Formação moral*: do tédio ao respeito de si. Porto Alegre: Artmed, 2009.

_____. *Moral e ética*: dimensões intelectuais e afetivas. Porto Alegre: Artmed, 2006.

LIPOVETSKY, Gilles. *Le crépscule du devoir.* Paris: Gallimard, 1992.

_____. *Les temps hypermodernes.* Paris: Grasset, 2004.

MACINTYRE, A. *After virtue*: a study in moral theory. London: University of Notre Dame, 1981.

NOGUSHI, N.; LA TAILLE, Y de. Universo moral de jovens interno da Febem. *Cadernos de Pesquisa,* v. 38, n. 133, p. 11-40, 2008.

RIOUFOL, I. *La tyranie de l'impudeur.* Paris: Anne-Carrière, 2000.

SMITH, A. *Théorie des sentiments moraux.* Paris: PUF, 1999.

SPAEMANN, R. *Notions fondamentales de morale.* Paris: Flamarion, 1994.

TAYLOR, C. *Les sources du moi.* Paris: Seuil, 1998.

TURIEL, E. *The development of social knowledge, morality and conventions.* Cambridge: Cambridge University, 1993.

TUGENDHAT, E. *Conférences sur l'étique.* Paris: PUF, 1998.

WIEVIOKA, M. *La violence.* Paris: Hachette, 2005.

3
Adolescência, personalidade e projeto de vida solidário

Denise D'Aurea-Tardeli

A missão da educação é transmitir conhecimentos integrados em uma cultura por meio de uma perspectiva ética, fato que leva a *educar em valores*, não quaisquer valores, mas sim, valores éticos, isto é, aqueles que formam o caráter e permitem promover um mundo mais justo. Isso não é tarefa fácil, já que esses valores vinculam-se a representações sociais e manifestações afetivas que os constituem, bem como a conteúdos de natureza moral.

Tomamos aqui as explicações de Piaget (1954) que dizem que os valores referem-se a uma troca afetiva do sujeito com os objetos, entendendo objeto como as coisas e as pessoas do mundo exterior. Sendo assim, os valores são construídos com base nas interações que o sujeito faz com a realidade. Segundo Araújo (2007, em Arantes, p. 20), "nessa concepção (...) os valores nem estão pré-determinados nem são simples internalizações (de fora para dentro), mas resultantes das ações do sujeito sobre o mundo objetivo e subjetivo em que ele vive".

Para seguirmos nessa direção, é preciso aceitar, como ponto de partida, que estamos vivendo um profundo processo de transformação social. São mudanças históricas que se compatibilizam com os valores e com a moral que acompanham a globalização financeira desregrada, os novos desenvolvimentos no campo da tecnologia, da eletrônica e a neoliberalização da economia mundial. Estes processos, somados ao chamado pós-modernismo – expressão cultural da erosão dos próprios valores da

Modernidade e de seu valor central, o Humanismo – ficam mais evidentes a partir das duas últimas décadas do século XX, ao surgir novos saberes, hábitos e comportamentos, assim como novas representações e simbolizações do individual, do coletivo e do social que afetaram e continuam afetando de maneira assombrosa todas as esferas da vida cotidiana dos indivíduos, na medida em que exigem novas identidades e novos valores. E como estes últimos são históricos, é natural que se alterem e se modifiquem, mas o que desconcerta a todos, são as tendências derivadas das modificações estruturais que desarticulam os vínculos comunitários e acabam por unir os indivíduos somente pelo vínculo impessoal do mercado – *vivemos uma crise de valores*.

Nesse contexto, os ideais e metas difundidos pela educação e perseguidos pela sociedade têm sido, entre outros: o respeito aos direitos dos povos, a promoção e a emancipação individual e social, a equidade, a solidariedade, o estímulo à participação coletiva, etc. Esse processo é responsável por gerar novos valores, distintos em sua maioria, e contrapostos em relação aos existentes que se tornam sem sentido, obsoletos, que põem em dúvida grande parte do conjunto de valores em que fomos socializados. Essa realidade – *valores em crise* – gera a sensação de insegurança, de perda de sentido do passado e de perspectiva de futuro, de *vazio existencial*. Mas podemos visualizar esses valores em crise como possibilidade que se apresenta para novas formas de orientação moral. Para Puig (2007, em Arantes, p. 162), essa situação ainda sim, é uma crise de valores e que, segundo ele, pode ser positiva.

> São momentos de dificuldade e incerteza, mas também são tempos abertos a novas possibilidades que nos convidam à criatividade e à mudança. Uma crise é uma oportunidade (...) Todos juntos podemos derrotar a desesperança e aproveitar as oportunidades para construir formas de vida mais justas e que nos tornem mais felizes.

Uma crise não é somente a repressão do velho. Por ser um processo dialético, é simultaneamente o desenvolvimento e a emergência de um novo conjunto de estruturas que caracterizará a nova sequência cultural. Como afirma Puig (2007 em Arantes), a crise de valores pode ser entendida como uma perplexidade, ou seja, paira uma dúvida sobre quais valores defender. "Este sentido profundo e duro da ideia de crise de valores aparece quando ficam indefinidas as crenças que dão respostas e segurança aos dilemas de valor" (Puig 2007, em Arantes, p. 161). Nessa perspectiva, somos, queiramos ou não, artífices do mundo do futuro e que só pela nossa *praxis* poderá ser mais justo, igualitário e democrático na diversidade. Essas concepções apontam para a necessidade de se considerar a democracia como algo mais que mera demanda política, como assinalou Berger (1996, p. 16), "a democracia é também uma demanda moral (...) por decidir quais critérios se diz que uma ação é boa ou má".

Já que a ética tem se alimentado sempre da insatisfação, da distância entre *o que é* e *o que deveria ser* ou que gostaríamos que fosse, podemos dizer que os valores morais estão sempre em crise. E neste sentido, teremos a crise de valores como insatisfação, designando a não-implementação de certos valores que acreditamos imprescindíveis à sociedade, ou melhor, "quando há uma distância excessiva entre os valores defendidos e os valores que imperam na realidade" (Puig 2007, em Arantes, p. 161).

Fazemos aqui uma observação: a banalização do uso da categoria de "crise" para se referir a todas as dimensões da vida social, tem provocado uma espécie de saturação negativa dos ideais básicos que definem a formação do cidadão, durante o século XX e início do século XXI, e que se encontram hoje, significativamente debilitados. A ideia de cidadania associada à nação perdeu o seu significado.

Essa crise, na função de homogeneização cultural reflete-se na erosão da capacidade socializadora, não somente das instituições escolares, mas também do conjunto de instituições classicamente responsáveis por essa função. Nesse sentido, um dos problemas mais sérios que enfrenta atualmente a formação do cidadão é o que poderia ser chamado de *déficit de socialização* (Tedesco, 1996), para caracterizar a sociedade atual. Vivemos um período no qual as instituições educativas tradicionais – família e escola – estão perdendo a capacidade para transmitir valores e pautas culturais. Em poucas palavras, estamos assistindo a um processo mediante o qual os conteúdos da formação cultural básica e da socialização primária são transmitidos sem a dimensão afetiva, como eram no passado. Os adultos significativos, antes importantes enquanto modelos para a formação das novas gerações, estão diferentes – eles próprios produtos de paradigmas culturais em mudança – e não sabemos ainda quais efeitos provocarão, a longo prazo, essas transformações.

As mudanças sociais têm delineado as bases das identidades tradicionais, sejam do tipo profissional – desaparecimento dos ofícios, mudanças constantes nas posições de trabalho e necessidade de atualização profissional permanente –, do tipo geográfico – migrações e mobilidade espacial frequente – ou do tipo político – esvaziamento das clássicas posições de "esquerda" ou "direita".

A mudança é tão profunda e acelerada que dá lugar ao que alguns analistas sociais descrevem como um fenômeno de *perda da continuidade histórica*. A crise de identidade e a ausência do sentido de continuidade histórica explicam a aparição do fenômeno de *falta de sentido*. Essa quebra de conceitos reflete-se na dificuldade para objetivar, para representar de alguma maneira o futuro, o que permitiria a adesão de princípios que transcendem a mera necessidade econômica. A perda de finalidades faz desaparecer a promessa social e política de um *futuro melhor*.

Além disso, a *perda de sentido* tem consequências muito importantes para a educação – entendida aqui como um processo de socialização – já que deixa os educadores sem pontos de referência. Segundo Tedesco (1996), há três consequências importantes desse fenômeno:
a) Reduz o futuro e as perspectivas de trajetória, tanto individual quanto social a um só critério dominante: o econômico. Há uma quebra da possibilidade de coesão social, em que cada um possa encontrar o seu lugar. Esse empobrecimento do projeto futuro provoca uma baixa capacidade de adesão, rompe todos os vínculos sociais e se converte em um projeto *antissocial*, que elimina a centralidade dos vínculos políticos e das lealdades cidadãs.
b) Coloca a transmissão das identidades, tanto culturais quanto profissionais ou políticas em termos regressivos. Há dificuldades para transmitir o patrimônio cultural do passado em função de uma linha de continuidade histórica com projeção de futuro.
c) Fortalecimento da desconfiança frente a toda a ideia de transformação. A transmissão é julgada como conservadora e a transformação como destruidora.

Sem dúvida, a peculiaridade desse momento histórico é que as fontes tradicionais do processo de desenvolvimento das identidades têm desaparecido e que as novas caracterizam-se pela ausência de pontos fixos de referência. A identidade, portanto, *deve ser construída*. Esse é o conceito mais importante para o processo educativo diante das mudanças sociais atuais, considerando-se uma crise de valores e os valores em crise.

PROJETO DE VIDA E IDENTIDADE MORAL

Viver é ter um projeto de vida. O projeto poderá ser mais ou menos ético, mas não deixar de sê-lo. Assim, ter direito à vida significa também ter direito a construir o projeto de vida orientado à felicidade. Apesar das necessidades não serem as mesmas para todos, fato que leva a diferentes possibilidades, o importante é garantir que as pessoas possam viver em igualdade de condições que é o objetivo básico da justiça. "Felicidade e justiça são as duas tarefas morais necessárias para assegurar uma *vida boa*" (Puig, 2007, em Arantes, p. 67). A fase da adolescência é o período em que os jovens são cobrados a delinearem seus projetos de vida, tarefa que não é nada fácil. Vejamos algumas argumentações do porquê disso.

O direito à vida é insuficiente se não se acrescenta o valor "dignidade" e por meio dele, chega-se a outro conceito: o de "qualidade de vida". Tomamos neste estudo a ideia de qualidade de vida como a possibilidade de contar com um *bom* projeto (Camps, 2000), já que viver é construir projetos.

> (...) viver de modo que nenhuma vida seja prejudicada nem colocada em perigo. Viver assegurando a sobrevivência física e a reprodução social, cultural e espiritual da própria vida. E, por último, viver garantindo no presente e no futuro uma otimização sustentável da vida. Viver, em suma, defendendo uma vida digna (...) (Puig 2007, em Arantes, p. 67)

A qualidade de vida surge das reflexões em torno de como vivemos e como gostaríamos de viver e de quando começa de fato, a condição humana. Se concordarmos que na pós-modernidade a pessoa deve-se a si mesma, ou seja, não é pré-determinada e nem se prende a condições externas a ela, veremos que isso a deixa aberta a possibilidades e definições e confirma a ideia da *construção da personalidade*. Isso nos deixa uma condição: a de decidirmos de que maneira queremos viver. (Puig, 2007, em Arantes). Pretendemos discorrer uma pouco mais sobre esta questão.

Em primeiro lugar, a construção da identidade supõe estabelecer, tanto no plano social quanto no individual, uma determinada articulação entre um núcleo sólido e um conjunto frágil de valores e regras de conduta, entre o local e o universal. A crise da modernidade parece ter reduzido ao mínimo as distâncias entre o privado e o público.

Em segundo lugar, a construção da identidade supõe a identificação do "diferente", ou seja, a identificação de uma fronteira. O ideal da tolerância e da compreensão supõe nem tanto o desaparecimento das fronteiras, mas sim, o desaparecimento da concepção de outro como um desigual, deixando de considerar este outro como um inimigo. A globalização faz ruir os vínculos tradicionais de solidariedade e isso gera novas formas de exclusão, de solidão e de marginalidade. De uma perspectiva educativa, o problema consiste em como promover uma identidade nacional que se articule de forma coerente com o respeito aos outros e aos diferentes.

Sabemos que definir o sujeito moral não é uma tarefa simples. Mas temos que iniciar de algum ponto, e para tal, apresentaremos cinco aspectos que parecem representar uma taxonomia fundamentada em uma linguagem da psicologia na explicação da identidade. São eles: *conduta, caráter, valores, razão e emoção*.

A conduta

Para Berkowitz (1985), a finalidade da educação moral é a conduta, finalidade esta que sempre recai na juventude. Um aspecto central do sujeito moral é o modo como ele se comporta frente aos outros. Teóricos importantes estudaram essa questão: Aristóteles (1996) deduziu que as condutas podem ser corretas ou equivocadas por direito próprio. Kohlberg (1976) argumentou que uma conduta pode ser julgada unicamente pelas intenções de seu autor. Piaget (1994) estudou esse assunto em crianças e constatou que a consideração de intenções é uma atitude moral mais amadurecida que as que se baseiam simplesmente nas consequências de uma ação. Não queremos e nem pretendemos esgotar esse tema, mas o argumento razoável para refletir seria o fato de um sujeito com boas intenções, mas que nunca age baseado nelas, não é plenamente um sujeito moral.

O caráter

As raízes da palavra caráter procedem do grego e significam "marcar" (Abbagiano, 1999). Neste estudo integramos o conceito à personalidade, ou melhor, como uma tendência única e permanente de um indivíduo que o faz agir de uma determinada maneira e não de outra. Na definição de Lickona (1991), são "disposições estáveis para responder a situações de modo moral, manifestadas em modelos observáveis de amabilidade, honestidade, responsabilidade e respeito generalizado pelos demais" (p. 68). Fazemos aqui uma observação sobre a diferença entre *caráter moral* e outros aspectos do caráter. Seria inadequado definir a totalidade do caráter de uma pessoa como um assunto exclusivo da moralidade, mas retomando Aristóteles (1987), o traço de caráter moral é aquele que possibilita as virtudes, tendo como argumento básico que a conduta moral precisa ser aprendida, praticada e internalizada como um caráter ou como uma virtude. Nessa argumentação aristotélica, vemos a ligação entre conduta e caráter.

Os valores

Aqui também é necessária a observação sobre as diferenças entre valores morais e não-morais. Turiel (1983) apresentou uma análise sobre isso, distinguindo três âmbitos de conhecimento social: o moral, o socioconvencional e o que passou a ser conhecido como pessoal. O conhecimento social de âmbito moral distingue-se por sua universalidade e potencial intrínseco para agir. Os costumes e as normas sociais que se reconhecem específicas para cada contexto ou grupo social determinado e são modificáveis se a autoridade presente assim o decide, não são assuntos da moralidade, mas sim questões socioconvencionais. E as que se consideram não-suscetíveis à legislação, que pertencem mais ao âmbito dos desejos e gostos próprios, são consideradas pessoais. É claro que os adolescentes, por exemplo, podem experimentar ao mesmo tempo questões relativas aos três níveis de valores, mas evidenciamos aqui os elementos que são importantes para a anatomia do sujeito moral; definimos um valor como uma preferência relativamente constante para uma conduta ou para um estado de ser, e que ainda podem ser ou não centrais em nosso desenvolvimento. Se o traço de caráter é uma tendência a agir de um determinado modo, o valor é uma tendência a crer no certo e no errado, no central ou no periférico de ação. Assim, também podemos estabelecer uma íntima relação entre conduta, caráter e valor.

A razão

Um problema que surge ao propormos uma anatomia moral com a conduta, o caráter e os valores é a ausência de uma autoridade moral, segundo Berkowitz (1985). Cedo ou tarde, um sujeito altamente moral, com valores morais claros e adequados e um caráter moral desenvolvido, enfrentará uma situação moralmente ambígua ou paradoxal. Avaliar, então, sobre qual valor basear-se ou selecionar, pressupõe a importância de um quarto elemento: a razão. Podemos explicá-la como a capacidade de raciocinar sobre questões morais, de poder chegar a conclusões e tomar decisões de âmbito moral.

Um sujeito moral maduro deve ser capaz de refletir sobre um problema moral e emitir um juízo moral racional a respeito. Aristóteles (1996) salientou que a virtude principal que dava coerência às demais era o raciocínio prático, ou seja, a capacidade de julgar corretamente. Nos estudos de Piaget e Kohlberg, podemos entender que valores ou normas sociais estão sujeitos à interpretação e que as fases de raciocínio lógico são fundamentais para análises mais justas e coerentes. Berkowitz e Gibbs (1983, p. 15) explicam:

> Kohlberg não defende um ensino literal da constituição, mas sim a vê como a representação do princípio moral da justiça e reivindica que será mediante o ensino da mesma que as escolas poderão transmitir legitimamente os valores de consenso da sociedade. Posto que a justiça, entendida de uma perspectiva da teoria do desenvolvimento moral, não é um valor determinado que é transmitido corretamente ou imposto a nossos filhos, mas sim, é o processo de valoração básica que sustenta a capacidade de cada pessoa para emitir juízos morais.

A emoção

A última peça da formação do sujeito moral é o afeto moral. Os motivos pelos quais as pessoas agem ou deveriam agir é assunto fundamental para a ética mundial, assim como a energia que permite com que os indivíduos façam seus juízos e reflexões. A sensibilidade à dor alheia é o ponto central da teoria de Hoffman (1987) sobre a socialização moral e serve de base para nossos estudos. Tanto Piaget (1981) quanto Kohlberg (1976, em Lickona) reconheceram a missão fundamental da emoção no desenvolvimento da razão, encarada como fonte de energia motivacional. Para esse estudo, a emoção é da ordem da índole prossocial[1], solidária, que representa algum tipo de reação afetiva diante da aflição dos demais, e neste caso engloba a empatia e a simpatia.

A formação do sujeito moral contaria, então, com esses cinco aspectos. Reforçamos a ideia de que esses elementos não são simplesmente dimensões independentes que se sobrepõem, mas uma pessoa moral precisa contar com todos integrados e construí-los em equilíbrio e harmonia, para que "trabalhem" em conjunto.

Assim, a formação para o exercício responsável da cidadania e a redefinição do vínculo entre cidadania e comunidade – fundamental em uma ação educativa – está destinada a promover uma identidade ligada positivamente com os *valores de paz e tolerância*. Em um processo de democratização da sociedade, a tendência é depositar maior poder de decisão nos cidadãos e isso, sem dúvida, implica a existência de um alto nível de responsabilidade individual. O tema da responsabilidade constitui-se, portanto, central nas reflexões sobre o futuro e a formação ética converte-se, em decorrência, em um requisito central no desenvolvimento da identidade. Formar para a responsabilidade supõe aprender e aceitar que temos uma história, valores e objetivos comuns e a socialização – tradicionalmente encarada como um aspecto conservador da educação – pode e deve ser recuperada por sua capacidade de desenvolver sentimentos de solidariedade e de coesão frente às tendências destruidoras da lógica capitalista.

Outro ponto que afeta diretamente as atitudes juvenis é a capacidade de escolha e que vem tomando um lugar cada vez mais precoce no processo de formação da personalidade. Os jovens atuais são convocados a escolher, a tomar decisões que antes eram definidas pelas autoridades externas. Surge com isso um paradoxo: viver em uma situação de exigências de maiores níveis de responsabilidades em idades menores e, ao mesmo tempo, de prolongamento do período de dependência dos adultos. É um conflito que não vemos manifestações de um "querer" resolver, já que há um sentido positivo nas cobranças por responsabilidade, mas que se convertem em outra tarefa importante para a educação: ensinar a fazer escolhas no caminho da paz e da democracia – o desafio é para a toda a sociedade e não somente para a escola. O desenvolvimento da capacidade de selecionar e fazer escolhas supõe uma pedagogia muito diferente da vigente em nossos sistemas escolares, qual seja, o trabalho em equipe, o desenvolvimento da capacidade de escutar e, principalmente, a solidariedade ativa entre todos os membros de um determinado grupo.

SOLIDARIEDADE NA FORMAÇÃO DA PERSONALIDADE MORAL

O valor "solidariedade" constitui uma versão secularizada da "fraternidade", valor defendido pela Revolução Francesa. O valor "solidariedade" apresenta-se em dois tipos de realidade: pessoal e social. A primeira realidade está na relação que existe entre as pessoas que participam com o mesmo interesse em determinada causa, já que do esforço de todas elas depende o êxito de um objetivo comum. A segunda está na atitude de uma pessoa que se interessa por outras e se esforça por empreendimentos ou assuntos das mesmas. No primeiro caso, a solidariedade é um *valor indispensável* para a subsistência individual e de todo um grupo. No segundo caso isso não ocorre, mas, sem dúvida, não se pode viver bem diante da indiferença e do sofrimento alheio, e viver bem é o que todos querem.

Os grandes problemas sociais que existem atualmente têm caráter planetário e dimensões universais. Repercutem em todas as direções. Suas consequências e sequelas – fome, guerra, desastres ecológicos, terrorismo, marginalizações – chegam a todos os cantos do planeta e unem todos os homens. Essa consciência de interdependência leva à exigência ética do valor "solidariedade".

A justiça é o valor que, de certo modo, constitui a materialização de todos os demais valores. É a justiça, como indica Camps (1990, p. 27), a condição necessária, ainda que não suficiente, da felicidade, o último fim da vida moral: "onde não habita a justiça, nem sequer como ideal ou como busca da dignidade do homem, é tudo uma especulação".

O desenvolvimento integral dos homens e dos povos é fruto não somente da justiça, mas também da solidariedade. A justiça e a solidariedade são valores complementares. A justiça necessita do complemento da solidariedade, seja qual for o nível de desenvolvimento ou realização que se tenha alcançado, e isso porque a justiça, apesar de sua importância, é sempre imperfeita (Camps, 1990).

A autora aponta as seguintes razões para essa afirmação:
- A justiça deve atender às necessidades e interesses gerais e toma corpo na lei, isto é, na uniformidade e no castigo. A justiça distribui e retribui, mas não atinge a todos e nem a todas as situações desejáveis.
- A justiça nunca é total, nem chega a se realizar plenamente. Necessita ser compensada com sentimentos de ajuda, amizade, colaboração e reconhecimento do outro.

Continuando as explicações, a solidariedade não é simplesmente um sentimento de compaixão para os males e sofrimentos dos demais. É muito mais do que isso; é a determinação de se comprometer com o bem comum de todos e de cada um, que parte do convencimento de que todos nós devemos ser responsáveis por todos. Para Camps (1994, p. 12), a solidariedade consiste em "um sentimento de comunidade, de afeto para com o necessitado, de obrigações compartilhadas de necessidades comuns. Tudo levando à participação ativa no reconhecimento de ajuda ao outro".

COMPONENTES DA SOLIDARIEDADE

Para Bierhoff e Küpper (1999), três são os ingredientes essenciais da solidariedade: compaixão, reconhecimento e universalização. O primeiro componente que configura a ação solidária é a compaixão. Antes de ser uma prática ou uma atividade, a solidariedade é um sentimento que determina o modo de ser da realidade humana e social, a perspectiva e o horizonte. Consiste em viver o mundo do outro, ver a realidade de forma sempre empática. No interior da ação solidária existe um sentimento fundamental que poderíamos caracterizar como um sentir-se afetado, como uma reação ante ao sofrimento das vítimas. Dessa maneira, a solidariedade possui o estatuto de sentimento e se firma no núcleo da própria pessoa.

Destacamos que, nem toda compaixão gera solidariedade, mas somente aquela que reconhece o outro como outro; aquela que se realiza como um exercício de reconhecimento. A estrutura originária da solidariedade pertence à qualidade do reconhecimento que nasce da dialética entre alteridade e comunhão. A ação solidária implica acolher ao outro radicalmente por ser quem é. Por causa da solidariedade, descentramos-nos e nos direcionamos ao outro, e ao encontrá-lo, acabamos por encontrar a nós mesmos neste outro. O exercício da solidariedade tem sempre um componente reflexivo: encontrar é encontrar-se, ajudar é ser ajudado. Mas esse encontro entre identidades e diferenças só é possível por meio da generosidade, da gratuidade e da gratidão. Dessa forma, ser solidário não é somente proceder com compaixão, mas também reconhecer o outro como uma pessoa que possui capacidades e potencialidades em si mesma.

Quando a compaixão como sentimento e reconhecimento como atitude adquirem a qualidade da universalização, é então que se constitui verdadeiramente a solidariedade. Somente a ação que avança na direção da universalização gera solidariedade. O reconhecimento da alteridade cria um verdadeiro "nós" sem fronteiras e é esse o lugar próprio da ação solidária. A relação dinâmica entre o reconhecimento do particular e a abertura ao universal é o espaço apropriado da solidariedade. (Ortega, Minguez e Gil, 1996).

EXIGÊNCIAS ÉTICAS DA SOLIDARIEDADE

A solidariedade envolve um sério compromisso pelo bem individual e coletivo. Inicia-se reconhecendo o outro e o aceitando como pessoa, respeitando sua dignidade e igualdade. Trata-se de aceitar com lealdade que todo homem é ser humano, que todo povo é um povo, que o patrimônio da humanidade é um patrimônio comum.

A solidariedade implica lutar para superar as diferenças, sejam elas ideológicas, raciais, econômicas, religiosas. Trata-se de um compromisso sincero em favor da superação da discriminação, da exploração e da opressão de pessoas e grupos.

A exigência ética da solidariedade conclama que todos pertençam a uma única humanidade e, assim, superarem atitudes individualistas, egocêntricas e cristalizadas, afim de sentirem como suas injustiças e as violações dos direitos humanos em qualquer parte do planeta, de sofrerem na própria pele os sofrimentos dos outros, de tomarem consciência das situações intoleráveis da fome, da miséria, da solidão e do abandono, de sentirem a ameaça que é a destruição do patrimônio de todos.

A convicção de que fazemos parte da mesma humanidade conduz-nos à ideia de que o próximo não é simplesmente um próximo qualquer e que há a exigência de participar ativamente na construção de uma sociedade mais justa, no progresso e no desenvolvimento integral das pessoas, na defesa do equilíbrio ecológico e na luta pela paz.

Nesse sentido, somos conscientes de que cada vez mais há vozes que se somam na exigência de uma sociedade com uma nova ordem social, uma nova cultura que não aliene as pessoas, mas que as conduza à plena realização. Essa convivência é a base das exigências éticas que implicam e demandam uma série de reformas de grande alcance que possibilitem a superação de rivalidades políticas e econômicas e que renunciem ao desejo de exploração. Sobretudo, supõem uma vontade direcionada à orientação do "bem comum".

É importante ressaltar que todas essas reformas somente se realizarão se ocorrer uma profunda e efetiva mudança nas atitudes pessoais e sociais. A sociedade não só precisa de reformas estruturais, como também de uma transformação das pessoas de tal modo que vá formando-se um grande movimento cultural, passando de uma cultura do *ter* para uma cultura do *ser*, de uma ética do interesse a uma ética da gratuidade e generosidade.

A ética da solidariedade vivida no cotidiano leva-nos também a questionar a forma como concebemos a satisfação das necessidades. Na sociedade atual, a febre consumista chega ao extremo de incutir nas pessoas a ideia de que alcançar felicidade é só uma questão de produzir e de desfrutar bens ilimitados. É um estilo de vida ancorado no trinômio ter-produzir-consumir que se caracteriza pela "tirania do possuir coisas" e pela ideia de que é preciso ganhar a qualquer preço, necessariamente gerando não-solidariedade e violência.

Superar uma cultura consumista é superar uma cultura não-solidária. A *insolidariedade* cresce com o impulso pelo ter, enquanto a ética da solidariedade centra-se no ser. Superar uma cultura *insolidária* implica respeitar a qualidade e a hierarquia dos bens, subordinando-os ao amadurecimento e ao enriquecimento do ser.

UM NOVO MODELO DE SOLIDARIEDADE – UMA INVESTIGAÇÃO

É necessário elevar o nível moral de nossa sociedade. Não podemos resignar-nos, considerando normal o imoral, nem relegar a ética à vida privada. Não se pode aceitar que os aspectos centrais da sociedade funcionem à margem do posicionamento ético. Para avançar nessa direção, é preciso criar redes de solidariedade, ou seja, superar as diferenças e ter suficiente humildade para reconhecer que a solução para as questões sociais é uma busca conjunta. Essa rede de comunicação da sociedade civil deve encontrar viabilidade para colocar em funcionamento alternativas solidárias. Finalmente, é necessário criar espaços de debate, diálogo e educação para analisar o dinamismo de transformação da realidade e da crise de valores.

Se há crise social e de valores, como será possível o exercício da cidadania? Para aprofundarmos essa discussão realizamos uma investigação com 770 adolescentes de quatro escolas paulistas de ensino médio – duas da rede pública e duas da rede particular – na idade de 16 a 18 anos, de classe média e média-alta. Essa pode ser considerada uma amostra representativa de heteronomia e de internalização de valores morais a partir de procedimentos de imposição ou imitação e ausência de modelos de autonomia e criatividade, de criticidade e consciência moral. Isso porque as escolas a que pertencem não desenvolvem nenhum projeto de intervenção social, nem apresentam o tema da ética como transversal ao currículo.

O objetivo da pesquisa foi verificar porque alguns jovens escolarizados manifestam solidariedade e outros não, tendo como hipótese a manifestação da virtude "solidariedade" relacionando-se à construção de um projeto de vida ético, um plano de vida inserido no desenvolvimento de uma personalidade moral. Os adolescentes responderam a um prontuário composto, na primeira parte, por três histórias do PROM – *Prosocial Reasoning Objective Mesure*[2] – e na segunda, registraram um depoimento de que forma gostariam que suas vidas estivessem daqui há dez anos. A seguir, apresentaremos os dados coletados, seguidos de argumentação teórica.

A noção de pessoa implica e compreende tanto a noção de indivíduo quanto a de comunidade, segundo estudos atuais na área da psicologia social. Tomaremos aqui a concepção de indivíduo e de comunidade como duas categorias fundamentais que se mantêm em tensão constante, obrigando a pessoa a buscar a superação. Raeff (2000) considera a pessoa como uma existência capaz de se desprender de si mesma e de se descentrar para chegar a ser disponível aos outros. A pessoa, portanto, não é o indivíduo nem o universal, mas sim, o aspecto que produz determinada tensão entre o individual e o universal. Para ampliar essas explicações, podemos dizer que a individualidade da pessoa é o que corrobora seu domínio, sua sociabilidade; o que realiza sua expansão. Essas duas tendências estão tão ligadas entre si que a pessoa tende a se doar para a sociedade sem perder sua individualidade e a se dominar sem deixar de ser social.

O desenvolvimento da pessoa não significa destruir sua individualidade, mas sim organizá-la com vistas a um conjunto que se compõe de individualidades e se aperfeiçoar graças às originalidades concorrentes. A pessoa desenvolve-se na medida em que é consciente da dimensão comunitária em que se insere como papel individual. (Raeff, 2000).

Sustentamos a ideia de Díaz (1981) de que a pessoa é um ser de relação, um ser incompleto que possui, desde o início, as bases de sua subsistência e de sua autonomia, mas que só se desenvolve e se realiza multiplicando suas relações com outras pessoas. A pessoa é, portanto, uma parte da comunidade a que pertence como membro, constituída e definida por esse pertencimento.

Em nosso estudo, essa ideia confirma-se, já que *77,55% da amostra apresentou em suas projeções futuras a ideia de conexão com o outro*, quando foram solicitados a escrever como desejariam que suas vidas estivessem daqui há dez anos. E somente 22,45% apresentou interesses materiais em seus projetos de vida. Há uma pequena diferença nos percentuais dos segmentos de escolas, sendo que os jovens de escolas particulares mostram-se mais conectados ao outro que os de escolas públicas. Observamos, ainda, que houve uma distinção considerável entre os gêneros: *as meninas têm uma tendência maior à conexão que os meninos*.

Os jovens apresentaram, contudo, intenção de incluir o outro em suas vidas, mas um outro conhecido por eles, fato que não chega a se caracterizar como uma manifestação moral, já que as tendências estão relacionadas ao *âmbito privado*. As categorias que apreendemos da conexão com outro foram: manter a família atual no futuro, manter os amigos atuais, ter um relacionamento afetivo significativo, *constituir uma família com filhos – maior índice* – (37,27%), ser independente, o que pode relacionar-se à negação do outro e estabelecer conexões de ordem moral que envolvem a solidariedade – projeto de vida solidário – (27,45% dos 77,55% registrados anteriormente)[3].

Por esses índices, observa-se que há manifestação incipiente da solidariedade nos projetos de vida dos adolescentes, sendo que o outro como alguém desconhecido é muito pouco incluído, talvez por insegurança, medo ou desconfiança. Se ocorreu de forma intensa a conexão com o outro, o que é interpretado como positivo pois aponta tendências humanistas em detrimento das materialistas, pode deixar de sê-lo, se considerarmos que esse outro é confortavelmente caracterizado com alguém das relações conhecidas dos jovens. Por outro lado, os altos índices para a intenção de constituir a própria família revelam introjeções durante o processo de crescimento e de desenvolvimento dos entrevistados que ficaram arraigadas à formação de suas identidades. A família, qualquer que seja sua constituição, é o núcleo primordial que representa a primeira vivência do contato com o mundo. "(...) Do interjogo entre a família real e os sentimentos, impulsos e desejos da criança (tendo em vista os mecanismos de introjeção e projeção), ela constrói uma família dentro de si, que são seus objetos internos (...)". (Lima, 1997, p. 222).

A estrutura fundamental da pessoa mostra que a existência humana é co-existência. Os homens não se fazem sozinhos no mundo, mas existem com outros sujeitos, na relação com esses outros (Bizberg, 1989). E não basta afirmar que a pessoa torna-se alguém somente com sua relação com os outros, é preciso que essas relações sejam autênticas e éticas. Uma relação autêntica é uma relação sujeito a sujeito influenciando-se mutuamente, e uma relação é ética quando não se considera o outro como um objeto, quando se julga ou se considera o outro como um meio e não um fim em si mesmo.

Em nosso estudo, *42,29% dos jovens apresentaram a manifestação da prossocialidade* de forma mais amadurecida ou internalizada, segundo os resultados do PROM. Há manifestações de prossocialidade no geral, mas em níveis menos amadurecidos, que se referem às outras categorias do teste.

Uma observação: esse resultado, porém, não é absoluto. Há uma redução do índice de *manifestação prossocial internalizada absoluta*, já que essa categoria mais amadurecida ou internalizada apresenta prossociabilidade híbrida, ou seja, a internalização ocorre junto com outras tendências, evidenciando entre outros, o nível de prossocialidade orientada à necessidade – considerado pelo teste menos amadurecido. Há uma pequena diferença para menos nos índices de respostas de escolas públicas em relação aos de escolas particulares para a categoria prossocial mais amadurecida: *a internalizada absoluta*. E também se observou que os meninos das escolas particulares demonstraram índices menores que as meninas da mesma rede, diferentemente para as escolas públicas, onde as meninas mostraram-se menos prossociais que os meninos.

O homem só pode realizar-se autêntica e eticamente como ser humano quando se relaciona "pessoalmente" com outras pessoas. Tratar o outro como pessoa é praticar o respeito, a responsabilidade e a solidariedade nas relações interpessoais. É deixar-se ser o mesmo, pensar, opinar, decidir. O sujeito "personaliza" se quando compreende, aceita, confia, acolhe, sintoniza e quando efetivamente dialoga com autenticidade.

Essa concepção da pessoa leva-nos a uma direção dupla: analisar a solidariedade atual para se detectar o tipo de homem que se está formando e colaborar com o advento de um novo homem e de uma sociedade renovada. Um homem deste século deverá ser um homem comprometido com a democracia atual. Se têm atitudes democráticas deve esforçar-se para desenvolver atitudes de tolerância com respeito à dignidade e ao bem comum.

A democracia consiste em reconhecer, fundamentalmente, o protagonismo da liberdade; uma liberdade que será solidária. A função desse protagonismo é impedir a desapropriação de responsabilidades individuais por uma delegação excessiva nos mecanismos estatais, mas ao mesmo tempo ser democrata é ser uma pessoa totalmente solidária. Ser democrata é pensar e atuar não em termos de interesse pessoal ou partidário, mas em termos da justiça e da busca do bem comum.

Na pesquisa, infelizmente, essas ideias ainda estão distantes das manifestações dos adolescentes, pois a intenção de apresentar um plano de vida solidário futuro foi incipiente: somente 27,45% do total da amostra. Consideramos como enquadradas em um plano solidário respostas como: retribuir aos pais o que estes lhe deram, buscar justiça, ser útil à humanidade, participar de causas sociais, fazer atividades voluntárias, contribuir com o país, ser uma pessoa melhor e ter uma vida honesta – respostas que não apresentaram índices percentuais significativos.

Apareceu ainda em grande parte das respostas dessa mesma categoria, o desejo de alcançar a felicidade e de ajudar pessoas. Consideramos a ideia da felicidade dentro da categoria plano solidário de vida, pois suspeitamos que os jovens, ao manifestarem intenção para essa perspectiva, poderiam simbolicamente resgatar o sentido aristotélico de uma vida feliz e, portanto, apresentar um valor moral. Para Aristóteles (1973), a felicidade é "certa atividade da alma, realizada em conformidade com a virtude" (p. 286). Uma vida boa é, nessa concepção, feliz e justa, própria dos homens livres. E isso, de certa forma, associa-se à intenção de ajudar pessoas – que aparece também em grande qualidade nas respostas – já que o ato de ajudar pode ser sinônimo da virtude "generosidade". "As virtudes estão relacionadas às percepções que fazemos de nós mesmos e sustentam a ideia de excelência (...)" (D'Aurea-Tardelli, 2006, p. 52) e, portanto, é de ordem moral.

O homem pós-moderno – ético – deverá orientar sua vida para a solidariedade, sensibilidade e empatia para com os outros, em uma contínua preocupação por aqueles que estão em condições de risco social e político. Esse homem deverá viver em uma constante dialética entre solidariedade e justiça; portanto, não poderá sentir-se indiferente. O homem solidário só será solidário se verdadeiramente lutar pela implantação da justiça e dos direitos humanos.

CONCLUSÃO

Iniciamos este texto falando de educação em valores e não é demais reforçar a ideia de que os valores e a moral são aprendidos e se internalizam por meio de sua vivência repetida. Então, qual será a tarefa da escola no que se refere à formação de valores morais? Atrevemo-nos a responder: seria estabelecer de maneira clara um quadro de valores e de estratégias para estimular, fortalecer e propiciar aos alunos a seleção de qualidades e atitudes morais próprias das esferas privada e pública para que, assim, no futuro, possam ser sujeitos integrantes da sociedade civil, conscientes de seus deveres e de suas responsabilidades tanto para delegar e exercer o controle na realização dos interesses individuais e coletivos quanto para respeitar e vigiar o cumprimento dos pactos estabelecidos entre todos.

Com a pesquisa apresentada anteriormente, procuramos apresentar bases teóricas para afirmar que é impossível formar em valores se não temos uma educação de qualidade, assim como é impossível empreender um processo de formação em valores que não favoreça o desenvolvimento do juízo moral. Para encerrar, sintetizamos estas ideias:
- A educação em valores deveria ser a preocupação essencial do ensino básico.
- A educação em valores não se obtém por prescrição. Ao contrário, tem que propiciar ao sujeito processos de autodescobrimento, hábitos de reflexão e disponibilidade para a discussão e para o diálogo, de forma que cada um possa, à sua maneira, assimilar os valores fundamentais.
- Toda neutralidade valoral é falsa. A fonte principal da educação em valores é a oportunidade de vivenciar espaços de inter-relação, e o mais importante: a oportunidade de encontrar ambiente necessário de respeito e de estimulação que favoreça o permanente processo individual de experiência – reflexão decisão – ações indispensáveis para assegurar que crianças e adolescentes construam valores que orientem suas vidas.

- A necessidade de assumir um compromisso constante com a construção do conhecimento sobre os processos de formação em valores, do desenvolvimento da personalidade moral e com a pesquisa para que as teorias não sejam verdades absolutas, mas como pontos de partida para a crítica.

Finalizo com as palavras de Piaget que afirmou em 1931 (Piaget, 1998) a urgência da chegada de um "espírito novo". Segundo ele,

> nada mais é que um método de reciprocidade intelectual e moral que permite a cada um, sem sair de seu ponto de vista, compreender o ponto de vista dos outros. É uma norma ou um grupo de normas que leva cada um a se situar numa perspectiva de conjunto e a transformar por isso mesmo seu egocentrismo em objetividade. Esse espírito novo implica uma pedagogia (...). (em Parrat e Tryphon, 1998, p. 76-77).

NOTAS

1 O enfoque do desenvolvimento do comportamento prossocial relacionado à moralidade refere-se à maneira como as pessoas cooperam e coordenam suas atividades para melhorar seu bem-estar e ainda, às maneiras de resolver os conflitos entre interesses individuais. Destaca-se, aqui, a importância do afeto, especificamente, a empatia.

2 O PROM é um instrumento objetivo para a entrevista semiestruturada, que avalia o nível de prossocialidade, desenvolvido por Nancy Eisenberg em 1982 e validado para o Brasil por Silvia Köller e colaboradores em 1998. Os níveis de prossocialidade avaliados com o teste são: tendência hedonista orientada à necessidade e à aprovação, estereotipada e internalizada (mais amadurecida). Maiores referências em: EISENBERG, N.; STRAYER, J. (Org.). *Empathy and its development*. New York: Cambridge University, 1992.

3 Apareceu uma ligeira diferença para menos nos percentuais das escolas particulares – constituir família e plano de vida solidário – em relação aos percentuais das escolas públicas.

REFERÊNCIAS

ABBAGNANO, N. *Dicionário de filosofia*. São Paulo: Martins Fontes, 1999.
ARANTES, V. A. (Org.). *Educação e valores*. São Paulo: Summus, 2007.
ARISTÓTELES. *Ética a Nicômaco*. São Paulo: Summus, 1996.

ARISTÓTELES. São Paulo: Abril Cultural, 1973. p. 249-436. (Os Pensadores).
BERKOWITZ, M. W. The role of discussion in moral education. In: BERKOWITZ, M. W.; OSER, F. (Org.). *Moral education*: theory and application. Hilldale: L. Erlbaum, 1985. p. 197-218.
BERKOWITZ, M. W.; GIBBS, J. C. Measuring the developmental features of moral discussion. *Merrill-Palmer Quaterly*, n. 29, p. 399-410, 1983.
BERGER, J. El alma y al estafador. In: LA JORNADA. México: Nueva Época, n° 74, 1996.
BIERHOFF, H. W.; KÜPPER, B. Social psychology of solidarity. In: BAYERTZ, K.; *Solidarity*. Dordrecht: Kluwer Academic, 1999. p. 133-156.
BIZBERG, I. Individuo, sujeto y identidad. In: ESTUDOS sociológicos. México: El Colégio de México, 1989. v. 21.
CAMPS, V. *Los valores de la educación*. Madrid: Anaya, 2000.
_____. *Virtudes publicas*. Madrid: Espasa – Calpe, 1990.
D´AUREA-TARDELI, D. *A manifestação da solidariedade em adolescentes – um estudo sobre a personalidade moral*. Tese (Doutorado) – IPUSP, São Paulo, 2006.
DÍAZ, C. *El puesto del hombre em la filosofia contemporanea*. Madrid: Narcea, 1981.
HOFFMAN, M. L. The contribution of empathy to justice and moral judgement. In: PIAGET, J. *Intelligence and affectivity:* their relationship during child development. Palo Alto/ CA: Annual Reviews, 1987.
KOHLBERG, L. Moral stages and moralization: the cognitive-development approach. In: LICKONA, T. (Org.). *Moral development and behavior*: theory, research and social issues. New York: Holt Rinehart and Winston, 1976. p. 31-53.
LAÍN ENTRALGO, P. *Idea del hombre*. Madrid: Circulo de Lectores, 1996.
LICKONA, T. *Educating for character*: how our schools can teach respect and responsibility. New York: Bantam, 1991.
LIMA, C. B. Desenvolvimento e atualização. In: TRINCA, W. (Org.). *Formas de investigação clínica em Psicologia*. São Paulo: Vetor, 1997. cap. 10, p. 217-251.
ORTEGA, P.; MÍNGUEZ, R.; GIL, R. *Valores y educación*. Barcelona: Ariel, 1996.
PIAGET, J. *Les relations entre l´affectivité et l´intelligence dans le développement mental de l'enfant*. Curso ministrado na Universidade de Sorbonne, 1954.
_____. O espírito d solidariedade e a colaboração internacional. In: PARRAT, S.; TRYPHON, A. (Org.). *Jean Piaget*: sobre a pedagogia: textos inéditos. São Paulo: Casa do Psicólogo, p. 59-78, 1998.
_____. *O juízo moral na criança*. São Paulo: Summus, 1994.
RAEFF, C. *Individuals in relationships*: cultural values, children´s social interactions and development of an American individualistic self. Indiana: University of Pensylvania, 2000.
TEDESCO, J. C. La educación y los nuevos desafios de la formación del ciudadano. *Nueva Sociedade*, n. 146, p. 74-89, 1996.
TURIEL, E. *The development of social knowledge*: morality and convention. New York: Cambridge University, 1983.

4

O civismo em discussão: juventude e contemporaneidade de valores

Júlio Rique Neto

INTRODUÇÃO

O debate sobre valores apresentado neste trabalho reflete a preocupação com a possibilidade de que os interesses pessoais e privados, motivados por um individualismo exacerbado, estejam avançando na área dos interesses públicos e sociais. Em outras palavras, as pessoas não estariam mais demonstrando o interesse de participar da sociedade em benefício do coletivo, mas sim em benefício próprio. Sendo assim, pergunta-se: estaríamos vivendo uma crise de valores ou estariam os valores em crise? *Crise de valores* é a idéia de que certos valores sociais e morais estão doentes e em vias de extinção. Por outro lado, *valores em crise* indicam que certos valores sociais e morais estão em um processo de reconstrução na sua definição e/ou forma de expressão, para se adequarem ao momento histórico. Nesse contexto de dúvida, entre estado de crise e de transição, encontram-se os valores cívicos. A questão é: estariam os valores do civismo em extinção ou sofrendo uma transição na sua definição e forma?

A caracterização mais atual sobre *valores cívicos* ou *civismo* pode ser encontrada em Howard (2008a):

> As virtudes cívicas são traços ou valores considerados essenciais para o funcionamento e para o bem-estar da comunidade. Que a virtude cívica é positiva, por definição, é uma verdade. O que não é tautológico é saber se ela é uma única virtude (singular) ou corresponde a virtudes (plural) e, se

são várias, qual delas devemos incluir na lista. Ainda considerando que as virtudes cívicas são várias, saber se existem virtudes primárias das quais outras se originam permanece uma questão de debate (p. 83, tradução nossa).

Verifica-se, assim, que o civismo é definido pela sua finalidade. Se o civismo é uma virtude única ou se se aplica a vários valores, depende de escolhas teóricas em um debate ideológico, conforme mostra a revisão da literatura a seguir.

Foi feita uma revisão da literatura nas áreas da psicologia do desenvolvimento moral, educação e socialização política. Na área da educação, utilizou-se o banco de dados ERIC – *Education Resources Information Center*. Digitando-se as palavras "Educação Cívica (*Civic Education*)", a busca mostrou 3.517 artigos, enquanto que, com as palavras "Valor do Civismo (*Civic Value*)", o resultado resumiu-se a 179 artigos, já incluídos na busca anterior. Na área de psicologia do desenvolvimento, usou-se o banco de dados Scielo – *Scientific Electronic Library Online*. A busca por "Educação Cívica" mostrou nove artigos, enquanto nenhum artigo apareceu quando a busca utilizou as palavras "Valor do Civismo". Na área da socialização política, a revisão utilizou publicações de autores (Turiel, 2002; Nucci, 2001; Torney-Purta, 1990) que efetuam amplas discussões sobre civismo e socialização política na educação de jovens.

De modo geral, a revisão da literatura indicou que os termos moral, civismo e ética são usados como sinônimos, indicando uma origem comum nos costumes culturais (Amaral, 2007). O entendimento é que os costumes originam os valores, os princípios e as regras de comportamento em cada cultura. De acordo com a Secretaria de Educação Fundamental – SEF (Brasil, 1998, p. 49), "esses princípios e regras geram direitos, obrigações e deveres cívicos para com a organização social". Assim, o civismo aparece sempre com uma conotação moral e/ou religiosa, em discussões políticas (ex., Amaral, 2007; Craddock, 2007; Cunha, 2007; Menin, 2002), éticas e da educação para a cidadania (ex., La Taille; Harkot-de-La-Taille, 2006; Bento, 2001; Brasil, 1998). O civismo aparece no pensamento político quando implica *práticas e estratégias de ação participativa dos cidadãos, na construção dos costumes sociais*, ou seja, ações cívicas. Na ética, o civismo aparece como uma reflexão que implica o questionamento dos valores encontrados *nas instituições mediadoras da relação entre o público e o privado* (a família, a escola, o Estado, os órgãos federais, estaduais e municipais, etc.). Na educação, ele aparece relacionado a um novo conceito, o de *cidadania*. Em todas as reflexões políticas, éticas e/ou educacionais, a literatura não usa mais a palavra *civismo* textualmente, mas se refere ao conhecimento de instituições sociais, dos valores adotados pelas instituições com relação à sociedade, das práticas e estratégias de ação participativa dos cidadãos, na construção dos costumes culturais e como reflexão sobre cidadania. Cabe perguntar qual é a causa dessa mudança e se ela representa uma transformação no significado do valor.

Uma das causas para essa mudança de terminologia pode estar ligada a uma orientação para o distanciamento de uma época ditatorial no Brasil. Amaral (2007) cita o Decreto-Lei nº 869, de 12 de setembro de 1969, que instituiu a disciplina Educação Moral e Cívica nas escolas de todos os graus e modalidades dos sistemas de ensino do pais. Menin (2002, p. 95) lembra a época em que as escolas ensinavam Educação Moral e Cívica e Estudos dos Problemas Brasileiros de forma demagógica, doutrinária e artificial. A disciplina tornou-se "alvo de desprezo, a ponto do termo Educação Moral tornar-se algo pejorativo no Brasil e em outros países que passaram por processos semelhantes". O Decreto-Lei nº 869 foi revogado após a promulgação da Lei nº 8.663, de 14 de Junho de 1993 (Amaral, 2007, p. 352). Com a promulgação da Lei de Diretrizes e Bases da Educação Nacional nº 9.294/96 e a criação dos Parâmetros Curriculares Nacionais, por meio da Secretaria de Educação Fundamental, em 1998, o tema retorna à cena educacional brasileira com um consenso sobre a importância da ética, da moral e do civismo para o país.

O retorno do tema do civismo nas leis ocorre em meio a uma percepção da atual juventude que parece ser hedonista e não-envolvida politicamente com o governo do país (La Taille; Harkot-de-La-Taille, 2006). Ao considerar que o conhecimento da organização política do país é importante para a democracia e verificar que o valor que motiva esse conhecimento não é mais ensinado nas escolas por meio de disciplinas específicas, as pessoas começam a sentir a falta da Educação Moral e Cívica no currículo, e perguntam como, atualmente, os jovens estão compreendendo a democracia. Uma possibilidade é que estejam erroneamente entendendo a democracia como algo gratuito ou garantido pelo Estado para a obtenção de seus interesses e desejos privados.

É nesse momento que encontramos, na educação, o debate político, de âmbito internacional, entre duas vertentes distintas em ideologias, princípios e práticas pedagógicas. Uma das vertentes é conservadora e ligada à doutrinação. Educadores e políticos acreditam que as escolas devem facilitar o conhecimento e a internalização de virtudes básicas. A escola deve utilizar práticas que esclareçam e facilitem as crianças, os adolescentes e os adultos, no sentido de escolherem as virtudes indicadas pela sociedade e se tornarem, por exemplo, pessoas tolerantes e responsáveis. Nessa perspectiva, por intermédio do conhecimento sobre as formas de governo e as instituições sociais, são reforçados a obediência, o respeito e as obrigações mais que os direitos. É uma postura que defende a cidadania como uma virtude cívica única e impõe obrigações.

Essa visão é muito bem difundida por meio de diversas fontes (Lickona, 1991; Ryan; Lickona, 1992). Contemporaneamente, em nome de uma possível *crise de valores*, está havendo uma pressão política para o retorno dessa vertente doutrinária na educação. Nos Estados Unidos, o Josephson Institute of Ethics promove programas educacionais que colocam a cidadania entre o chamado "Seis Sustentações Básicas para o Caráter". Segundo esses programas, a cidadania significa cumprir com os deveres de cidadão e com as responsabilidades para com a comunidade, o Estado e a nação (Character Counts Coalition, 1993). No Brasil, Amaral (2007) fez uma revisão de 13 proposições apresentadas por congressistas, entre os anos de 1997 e 2006, para a reinclusão das disciplinas de Educação Moral e Cívica e Estudo dos Problemas Brasileiros no currículo educacional brasileiro. De acordo com os congressistas, a inclusão da moral, da ética e da cidadania como temas transversais na educação, não é suficiente para suprir a necessidade de confrontar "os valores inadequados transmitidos através da mídia" (p. 366) e o fato de que (entre outros exemplos),

> ... a violência, as drogas e o vandalismo são um triste reflexo da desestruturação familiar, da vulgaridade dos meios de comunicação de massa e da constatação de que o ter tornou-se mais importante que o ser (...) a falta de referenciais éticos e a consagração da impunidade concorrem para o desajuste das famílias e a marginalização das crianças, adolescentes e jovens (p. 356).

Até o presente momento, os 13 projetos de lei propostos encontram-se arquivados, mas retornam sempre que surge uma oportunidade política. Segundo Amaral (2007, p. 367),

> esses políticos acreditam haver um consenso e um grande acordo estabelecido com relação aos valores que devem ser resgatados, em relação ao conceito de ética ou de família como algo permanente, imutável e partilhado por todos.

De acordo com Amaral, ainda, falta problematizar a questão sobre civismo de forma adequada. Assim como muitos brasileiros que acreditam que existe um momento de *crise de valores* no mundo, os políticos aos quais ele se refere estão propondo que os atuais problemas sociais podem ser combatidos por uma disciplina específica sobre moral e civismo, ao invés de se procurar promover a democracia e a liberdade.

No outro lado do debate, encontra-se a vertente educacional chamada de "Educação para o Desenvolvimento", a qual defende que valores como o civismo são construídos a partir das interações sociais entre os indivíduos. Esse processo de construção abrange suas experiências próprias, por meio de assimilações e acomodações que dependem do grau de desafio e do apoio encontrado nas instituições sociais e nos ambientes pedagógicos. Essa visão defende práticas pedagógicas liberais, baseadas no ideal de democracia, por intermédio de discussões sobre valores e conflitos sociais reais ou hipotéticos (Turiel, 2002; Nucci, 2001; Rique; Camino, 1997; Power; Higgins; Kohlberg, 1989). Nessa perspectiva, o civismo não é uma virtude única, mas uma categoria de valores relacionados ao conhecimento das formas de governo, das convenções sociais, das leis, dos direitos e deveres e ao valor maior da justiça. O que é justo é bom para uma sociedade. Em outras palavras, a organização social de uma nação passa por leis justas e pelo respeito às leis e aos direitos dos seus cidadãos. Assim, o pensamento moral de justiça e o conhecimento das convenções sociais são valores primários, que originam reflexões éticas sobre civismo que podem ser aplicadas por programas voltados para a formação da cidadania.

Mullins (2008, p. 79, tradução nossa) define *cidadania* da seguinte forma:

> A definição contemporânea prevalente sobre cidadão e cidadania é o *status* de pertencer a uma nação... com todos os direitos (o direito ao voto é citado sempre como um direito fundamental) e responsabilidades (ex., obedecer às leis e servir em júri, quando chamado e selecionado).

Aqui, como se pode verificar, a definição de cidadania é operacionalizada de forma mais objetiva quando se refere a direitos e deveres perante uma nação. Por outro lado, Campbell (2008, p. 81, tradução nossa) define *participação cívica* como:

> A participação cívica se refere a atividades como votar, ser membro de associações voluntárias, trabalhar em campanhas políticas e ser voluntário

em grupos de caridade. Alguns autores ainda consideram que estar atento às questões sociais pertence à participação cívica. Desde que a participação cívica pode potencialmente incluir uma variedade de atividades e de temas, qualquer discussão sobre este conceito requer uma atenção cuidadosa quanto ao significado dos termos que o constituem.

Sendo assim, uma educação para a cidadania estaria voltada não para uma virtude específica, mas para uma heterogeneidade de atividades e valores distribuídos transversalmente no currículo escolar. No entanto, Turiel (2002) informa que a área de Educação para o Desenvolvimento ainda precisa aprofundar as análises sobre as motivações e a qualidade do pensamento moral e social, quando a pessoa está referindo-se a ações e participações em associações cívicas.

Os trabalhos de Torney-Purta (1990) destacam esse decréscimo de interesse pelo pensamento cívico. Apesar da área sempre colocar ênfase em ações como votar, protestar e cooperar com a sociedade, esses comportamentos cívicos dos jovens têm declinado desde a Segunda Grande Guerra. Uma exceção foi a participação ativa dos jovens nos anos 1960, período da contracultura, da cultura da paz e do amor em oposição à Guerra do Vietnam. No tocante a esse período, os estudos de Kohlberg (1981, 1984) revelaram uma relação positiva entre os atos de protesto (contra a Guerra do Vietnam) e a moral dos direitos humanos. A novidade dos estudos de Kohlberg foi demonstrar que não é a obediência irrestrita aos valores ou a desobediência civil que indica civismo. Para o referido autor, os fatores que motivam as ações são, primeiramente, o respeito às leis e às convenções sociais e, em segundo lugar, a educação moral, com base nos direitos e na justiça. O pensamento e a ética da justiça permitem à pessoa perceber se certos valores dominantes estariam levando a sociedade em direção ao desenvolvimento ou à crise. Se os valores dominantes indicam prosperidade, existe cooperação social. Se os valores dominantes estão em crise, existem protestos civis. É importante entender ainda que, em períodos de *valores em crise*, os protestos não são necessariamente para destituir todas as leis ou os valores dominantes, mas para educar a parcela da população que possa estar apoiando esses valores, contra as injustiças que estão sendo cometidas em nome deles.

Em conclusão, existem duas considerações sobre civismo. Uma dessas visões é conservadora, com o civismo sendo citado em programas de educação para cidadania, como uma virtude única e de obediência civil. Para os seguidores dessa visão, é possível assumir que existe uma *crise de valores*, pois, para eles, falta a virtude única da moral e do civismo na educação e na sociedade. Por outro lado, existe uma visão liberal, apoiada pela psicologia cognitiva e pela psicologia do desenvolvimento, que defende, primeiramente, que o civismo é uma reflexão ética sobre costumes e cidadania. Em segundo lugar, essa reflexão implica o conhecimento das instituições mediadoras da relação entre o público e o privado e o pensamento político relacionado a práticas e estratégias de ação participativa dos cidadãos na construção dos costumes sociais. Em terceiro lugar, as ações cívicas mais reportadas pela literatura especializada da área são comportamentos de cooperação, de protesto e do voto como um instrumento de participação social. Sendo assim, os seguidores dessa perspectiva consideram que a mudança que vem ocorrendo é mais que uma simples troca terminológica de Educação Moral e Cívica para Educação para a Cidadania, configurando, na verdade, uma transformação de valor e de significado. Para os seguidores dessa linha, pode-se concluir, quanto ao civismo, que devemos falar, mais adequadamente, de valores em crise. O texto segue, a apartir de agora, com esse ponto de vista.

COMO OS JOVENS DEFINEM E EXPRESSAM O CIVISMO E A CIDADANIA CONTEMPORANEAMENTE?

Moreira, Rique, Pontes e Rodrigues (2007) fizeram um estudo para verifi-car como os jovens compreendem o civismo e a cidadania. O estudo contou com 77 participantes, sendo 62 estudantes secundaristas e 15 estudantes universitários (graduandos e pós-graduandos), na cidade de João Pessoa, na Paraíba. Os estudantes secundaristas eram 26 mulheres e 36 homens, com uma média de 18 anos de idade (a idade variava entre 16 e 22 anos). Os estudantes universitários eram 5 homens e 10 mulheres, com média de idade de 27 anos (a idade variava entre 20 e 45 anos).

Todos os participantes responderam a dois instrumentos, que foram administrados em sala de aula. Um dos instrumentos era uma entrevista semiestruturada sobre civismo e cidadania. Apesar da entrevista completa possuir seis perguntas, no referido trabalho foram usadas apenas três delas, relacionadas ao conceito de civismo e cidadania: (1) Como você define o conceito de civismo?; (2) Como você define o que é ser cidadão?; e (3) Será que para ser um cidadão é preciso saber comportar-se civicamente? Sim ou não. Por quê?

O outro instrumento era uma escala sobre cidadania. Esse instrumento era composto por dois itens objetivos e de concordância, em uma escala de 5 pontos (1 – Não concordo até 5 – Concordo totalmente), sobre afirmações divergentes a respeito da cidadania. O Item A defende uma postura de participação constante do cidadão na sociedade, enquanto o Item B defende que a obtenção dos direitos e interesses é uma responsabilidade do Estado:

> Item A: No Brasil, *nós* devemos ter uma *constante participação cívica de luta* para que nossos interesses e direitos sejam atingidos e mantidos.
> Item B: No Brasil, *nós não* precisamos participar civicamente, porque acreditamos que devemos ser atendidos pelos governos nas exigências de nossos interesses e direitos.

As entrevistas foram analisadas em um grupo de cinco pessoas, entre estudantes de iniciação cientifica e o autor deste trabalho. Foi realizado um levantamento de frequências e uma análise de conteúdo semântico das respostas. As respostas foram consideradas como de bom conhecimento, quando eram bem elaboradas, mostrando abstração de pensamento e conhecimento não só dos direitos e deveres, mas também da necessidade de participação na organização da sociedade. Foram consideradas respostas de Conhecimento Precário aquelas que eram incompletas e de pouca elaboração semântica.

O ENTENDIMENTO DOS JOVENS PESSOENSES SOBRE CIVISMO E CIDADANIA

Na amostra de estudantes secundaristas, quanto ao primeiro item da entrevista (Como você define o conceito de civismo?), os resultados da análise de conteúdo mostraram que 55% dos participantes responderam no sentido de nunca terem ouvido falar sobre civismo ou deixaram a resposta em branco. Os 45% que responderam a questão variavam na organização das respostas, demonstrando Bom Conhecimento ou Conhecimento Precário sobre o civismo. Exemplos de estudantes secundaristas que conseguiram elaborar bem uma definição de civismo, são:

> *Civismo é uma educação que emprega o cidadão como símbolo da sociedade civilizada. Um cidadão é aquele que sabe exercer seu papel de ser humano com muita responsabilidade dentro da sociedade. Que*

cumpre seus deveres e faz uso correto dos seus direitos (ID 139, 17 anos, mulher).

É o modo de exercer os deveres que cada cidadão tem, seja votando, participando de reuniões políticas ou protestando (de maneira a fazer valer seus direitos) (ID 123, 17 anos, homem).

Exemplos de definições de civismo, dadas pelos estudantes secundaristas e consideradas de conhecimento precário, são as seguintes:

Civismo é uma forma de ensino na qual ensina a você a ser um cidadão (ID 121, 18 anos, mulher).

Educação cívica ensina a pessoa a ser um cidadão (ID 122, 17 anos, homem).

Nesses exemplos, pode-se notar que, mesmo nas respostas de conhecimento precário, existem referências ao conceito de cidadania.

Ainda considerando a amostra de estudantes secundaristas, quanto ao item 2 da entrevista (Como você define o que é ser cidadão?), os resultados mostraram que 93% dos estudantes mostram Bom Conhecimento do conceito de cidadania. Quanto ao item 2a da entrevista (Será que para ser um cidadão é preciso saber comportar-se civicamente?), 63% deles dizem que sim e mostram uma relação entre cidadania e comportamento cívico, como mostram os seguintes exemplos:

[Item 2] *É aquele que sabe exercer seu papel de ser humano com muita responsabilidade dentro da sociedade. Que cumpre seus deveres e faz uso correto dos seus direitos.* [Item 2.a] *Sim, pois todo cidadão deve ter conhecimento dos seus comportamentos cívicos e fazer uso deles (usá-los)* (ID 139, 17 anos, mulher).

[Item 2] *Cidadão é estar sempre participando dos problemas da cidade, é não deixar de votar. É respeitar as leis.* [Item 2ª.] *Sim, temos que ter limites nos nossos atos e ser responsáveis* (ID138, 20 anos, mulher).

[Item 2] *Ser cidadão é cumprir com seus deveres, agir na sociedade de forma que a mesma esteja interligada com os fatos ocorridos ou que se sucedem. Na medida em que reivindica seus direitos determinados pela lei governamental da nação.* [Item 2.a] *Sim, porque é muito importante conhecermos os nossos deveres e direitos como cidadão, aquele que ao ser conhecedor leva na pratica a cidadania* (ID 154, 17 anos, mulher).

Nos 35,5% que responderam, na questão 2.a da entrevista, que para ser um cidadão não é preciso saber comportar-se civicamente, a análise das justificativas mostra uma ênfase apenas nos deveres que a pessoa tem para com a nação. Por exemplo:

[Item 2.a]. *Não. Porque o cidadão é responsável pelos seus deveres com o país* (ID 117, 22 anos, mulher).

[Item 2.a]. *Não, mas como todo cidadão, precisamos ter 1/3 dos nossos deveres cumpridos* (ID 114, 18 anos, mulher).

Os participantes universitários e pós-graduandos mostraram um conhecimento do civismo e da cidadania com boa elaboração formal das respostas oferecidas aos itens 1, 2 e 2.a da entrevista. Esse resultado está dentro do esperado, em função da idade e da experiência acadêmica dos participantes. Por exemplo:

[Item 1]. *Civismo é uma educação voltada para o conhecimento e para o respeito que as pessoas devem ter pelos símbolos, pelas leis, pela estrutura governamental, pelas tradições sociais e morais de seu país.*

[Item 2]. *Uma pessoa que possa exercer plenamente seus direitos e seus deveres civis e políticos. Mas, para que isso ocorra, é necessário que ela possa viver com dignidade, que tenha condições de se desenvolver profissionalmente, que seja consciente das limitações e problemas de seu país quando estes alijam a si e aos outros.*

[Item 2.a]. *Sim. É necessário para a organização de um país seguir normas sociais, morais e legais que estabeleçam limites e diretrizes para uma convivência social* (ID 205, 20 anos, homem).

[Item 1]. *O civismo diz respeito aos deveres do cidadão para com sua Pátria.*

[Item 2]. *Ser cidadão é cumprir com todos os seus deveres para com a sua cidade, seu estado e seu país, dentre eles a participação em movimentos que defendam e garantam seus direitos.*

[Item 2.a]. *Saber se comportar civicamente faz parte da construção do que é ser cidadão* (ID 301, 27 anos, mulher).

De maneira geral, mesmo quando as definições de civismo e cidadania demonstram bom conhecimento, as justificativas que visam relacionar a cidadania com o comportamento cívico são precárias em elaboração, o que ocorre até na amostra de universitários. Por exemplo, a participante ID 301 considerou que civismo diz respeito a *deveres* e, entre esses deveres, ela incluiu a luta de protesto pelos *direitos*. O participante ID 207 apenas diz que *"sim. Tudo é relacionado"*. Interpretou-se essa falta de clareza na capacidade de relacionar o civismo com a cidadania como sendo uma expressão da transição na qual se encontram os valores do civismo. Os jovens ainda não assimilaram, adequadamente, como os valores cívicos acomodam-se dentro de um conceito mais amplo, como é o de cidadania.

Ainda considerando que, na amostra completa, 55% dos jovens não definem o *civismo,* mas 93% deles definem *cidadania* e que a definição de *civismo* por 45% dos jovens em muito se assemelha à definição de cidadania, parece adequado concluir que os jovens confirmam a expectativa criada pela literatura da área. Existem indicações de que as estruturas dos valores cívicos conservaram-se e estão reconstruindo-se em cidadania, pela educação atual. Isso pode ser considerado como mais uma indicação em favor da perspectiva dos *valores em crise*.

CONTEMPORANEAMENTE, COMO OS JOVENS ESTÃO ENTENDENDO A PARTICIPAÇÃO NA SOCIEDADE EM BUSCA DE SEUS INTERESSES E DIREITOS?

As respostas para essa pergunta foram dadas em dois itens da escala sobre cidadania, encontrando-se uma forte concordância em relação ao Item A ("No Brasil, *nós* devemos ter uma *constante participação cívica de luta* para que nossos interesses e direitos sejam atingidos e mantidos"). A concordância aumenta significativamente com a idade e com a educação (média de concordância de 3,39 e dp* = 1,49 para os adolescentes secundaristas; e média de concordância de 4,40 e dp = 0,84 para os adultos e universitários). Como esperado, os resultados também mostraram uma forte discordância com o Item B ("No Brasil, *nós não* precisamos participar civicamente porque acreditamos que devemos ser atendidos nas exigências de nossos interesses e direitos *pelos governos*") em todos os grupos de idade. Pode-se concluir, então, que os jovens estão indicando que a cidadania é uma postura constante de luta pela manutenção e reivindicação dos direitos e que a maturação e a educação fortalecem o sentimento de participação em sociedade. No entanto, considerando que a amostra estudada foi pequena e coletada por critério de conveniência,

---

*N de R. Desvio padrão.

pode-se questionar se esses resultados podem ser generalizados. Será que os jovens estão mesmo justificando sua crença na participação em sociedade como algo útil? E de que forma logram fazer isso?

Uma segunda pesquisa foi efetuada por Rique e colaboradores (2007) com os objetivos de (1) replicar os dados da escala de cidadania, (2) identificar quais as lutas cívicas que os jovens estão considerando como mais importantes e (3) identificar de quais lutas cívicas eles estão participando mais ativamente em sociedade. Participaram desse trabalho 200 jovens, de idades entre 16 e 25 anos (média de 18 anos), sendo 105 mulheres e 95 homens, todos residentes na cidade de João Pessoa, na Paraíba. 108 participantes eram alunos de escolas privadas, 52 eram alunos de escolas públicas e 40 eram universitários, cursando o 1º período da graduação em psicologia de uma universidade pública. Com isso, buscou-se coletar os dados em escolas e universidades que fossem representativas dos segmentos educacionais públicos e privados da cidade de João Pessoa. Três instrumentos foram utilizados. O primeiro deles foi um questionário sociodemográfico sobre sexo e idade, além de conter uma questão sobre o voto ("Você votou nas eleições de 2006?"). O segundo instrumento empregado foi a escala de cidadania, com dois itens, tal como foi descrita na primeira pesquisa. Por último, foram utilizados dois inventários.

O primeiro inventário versava sobre a *Importância das Lutas Cívicas*, listando 35 movimentos sociais, retirados de referências importantes da literatura especializada (ex., Turiel 2002; Torney-Purta, 1990; Brasil, 1998). Aos participantes era solicitado que completassem 35 sentenças ("Eu acho importante _____"), marcando seu grau de importância em uma escala objetiva de 5 pontos (1- Não é importante e 5 – Extremamente importante). As sentenças diziam respeito a diversos assuntos cívicos, como, por exemplo, campanhas em defesa do verde na comunidade (ex., adotar uma árvore na sua cidade); ser membro de grupos ou organizações contra a discriminação racial no Brasil; e ser membro de órgãos internacionais que lutam pela defesa dos Direitos Humanos (ex., Anistia Internacional), entre outros.

O segundo inventário era sobre a *Participação em Lutas Cívicas*, com temas relacionados a uma escala de importância. Aos participantes era solicitado que completassem 35 sentenças ("Eu participo em _____"), marcando seu grau de participação em uma escala objetiva de 5 pontos (1 – Não participo e 5 – Participo totalmente). Exemplos dos itens são: campanhas em defesa da ecologia, organizações contra a discriminação racial no Brasil, órgãos internacionais que lutam pela defesa dos Direitos Humanos, entre outros.

Os resultados da concordância com o Item A da escala de cidadania mostraram uma média de 4,0 pontos, de um total de 5,0 pontos, com desvio padrão de 1,06, o que confirmou que os jovens tendem a mostrar um grau elevado de concordância, com uma constante participação cívica de luta (Item A). Em consequência, os resultados também mostraram, no Item B, a discordância dos jovens em ter os interesses e direitos atendidos pelos governos. A média do Item B foi de 1,69 pontos, com um desvio padrão de 1,03. Uma correlação simples de Pearson mostrou um índice negativo e significativo ($r = -,177, p < ,012$) entre os dois itens da escala de cidadania. Portanto, pode-se concluir que, de maneira geral, os jovens estão conscientes da necessidade de contribuir com o país, por meio dos valores cívicos e da cidadania.

No tocante à importância dos movimentos sociais, os resultados das análises quantitativas exploratórias sobre os itens dos inventários indicaram três principais dimensões: (1) Cooperação Social; (2) Protesto; e (3) Voto e Reivindicações Sociais. A cooperação refere-se à importância de ajudar a manter a ecologia (ex., ajudar na defesa do verde, na comunidade e no Brasil), ajudar instituições na comunidade (ex., em escolas, grêmios esportivos, etc.), ajudar na manutenção dos Direitos Humanos (ex., proteger os Direitos Humanos na comunidade) e ajudar em setores assistenciais ao outro (ex., ser membro de organizações nacionais e internacionais de ajuda ao outro). O protesto refere-se a ações contra discriminações (ex., desencorajar discriminações de raça, gênero e orientação sexual) e pela igualdade de direitos (ex., apoiar a igualdade de direitos para todos os cidadãos). O voto refere-se à importância de votar a nível municipal, estadual e federal, além de votar em eleições para presidentes de grêmios acadêmicos e esportivos, para diretor de escola, e outros. Juntamente com o voto, havia itens que apontavam a importância das reivindicações, particularmente por meio da escrita de cartas para autoridades locais, nacionais e internacionais. Note-se, aqui, que essa reivindicação tinha o cunho de protesto pacífico e não de desobediência civil, com o objetivo de contribuir para a educação das lideranças e governantes, a partir da posição dos cidadãos quanto aos direitos.

Com relação à escala de participação, os resultados também mostraram três dimensões: (1) Cooperação Social e Protesto, (2) o Voto e (3) Atitudes Interpessoais. A cooperação social veio associada a ações de protesto, tais como participar em campanhas contra a violência na comunidade, escrever cartas de reivindicação para autoridades, participar em passeatas pela paz, etc. O voto apareceu como participação, que é obrigatória no Brasil, em plebiscitos e eleições locais e nacionais. Finalmente, as atitudes interpessoais dizem respeito a comportamentos desencorajadores de atitudes que discriminem gênero, orientação sexual e raça entre os amigos.

Comparando-se as médias obtidas a partir dos escores totais nos inventários de importância e de participação, verificou-se que o grau de importância que os jovens atribuíam aos movimentos sociais não era seguido pelo mesmo grau de participação nesses movimentos. O interesse em participar é significativamente maior (p< ,000) e mais forte (Cohen'd = 1,60) que a participação relatada. Buscando compreender a razão dessa diferença, encontra-se um efeito significativo da procedência educacional dos estudantes, com os alunos de escolas públicas participando na sociedade mais que os alunos de escolas privadas e universitários. Considera-se esse resultado relevante e positivo em relação à educação pública em João Pessoa. Os diretores das escolas que participaram deste trabalho informaram a existência de programas de educação para a cidadania e de grupos de defesa do meio ambiente e da ecologia, que são atuantes nessas instituições.

Comparando-se as médias das dimensões encontradas em cada inventário, como, por exemplo, a média da cooperação *versus* as médias do protesto e do voto, verificou-se que, na escala de importância, a cooperação recebeu maior importância que o protesto ou o voto. Por sua vez, o protesto também foi considerado mais importante que o voto. A pergunta que fica aqui é se os jovens que concordam que, no Brasil, devemos ter uma constante participação cívica de luta para que nossos interesses e direitos sejam atingidos e mantidos, estão pensando que a cooperação social é mais relevante que o protesto ou o voto. Ainda mais, é importante saber como eles pensam a manutenção e a inclusão de novos direitos, e como isso pode ocorrer pela cooperação e não pela reivindicação, protesto ou voto.

Nesse sentido, foi interessante verificar que, na escala de participação, a cooperação e o protesto não se dissociaram, além do fato de que essa dimensão teve uma média significativamente maior que as médias das atitudes interpessoais e do voto. A dimensão das atitudes interpessoais também teve média maior que a do voto. Esses resultados indicam que os jovens não separaram a cooperação do protesto. Possivelmente, também indicam que a postura de luta existe com maior interesse por meio das atitudes no grupo de iguais que por meio do voto. No entanto, é preciso ter cautela antes de se tentar, a partir do grupo de iguais, uma generalização para os demais contextos sociais.

Em resposta à pergunta inicial, referente à forma como os jovens estariam mostrando participação cívica no Brasil, pode-se dizer que, segundo as pesquisas, a cooperação e o protesto são vistos como importantes pelos jovens, mesmo existindo uma variação significativa entre o grau de importância (maior) e o grau de participação (menor), quando se consideram os escores totais dos inventários. No tocante à participação na sociedade, a cooperação e o protesto unem-se em um só grupo de comportamentos e atitudes. Intrigante é a participação pelo voto, que recebeu a média mais baixa em importância e em participação social.

Considerando que todos os participantes já possuíam o direito ao voto por estarem acima de 16 anos, e que o questionário de informações demográficas incluía uma questão sobre o voto, dividimos a amostra entre dois grupos de idades: um, para o qual o voto era facultativo ($n = 114$) e outro para o qual o voto era obrigatório ($n = 86$). Os resultados mostraram que, de um total de 200 jovens com direito a voto, 119 (59,5%) não votaram. Entre estes, 84,2% eram menores de 18 anos (18,6% mulheres e 12,7% homens) e 26,7% eram adultos que justificaram sua ausência no dia das eleições. No grupo dos adultos, a maior frequência de justificativas para não votar foi apresentada pelas pessoas mais jovens da amostra, com 18 e 20 anos ($n = 17$, 73,9%, sendo 12 homens e 11 mulheres). Proporcionalmente, os alunos de escola pública votaram em maior número (53%) que alunos de escola privada (22%). Não foram verificadas correlações entre o voto e o Item A da escala de cidadania. Considerando que o civismo encontra-se em uma crise de transição para a cidadania, fica a questão: o que estão os jovens pensando a respeito do voto? Se o voto é uma estratégia necessária à manutenção da cidadania e da democracia, por que eles não estão votando com vigor e participação? Estaria essa descrença pelo voto sendo um indicador de uma possível crise mais profunda de valores da democracia, ou de uma crise de confiança nos políticos e nas instituições políticas?

DISCUSSÃO

A participação na sociedade requer duas coisas: conhecimento e motivação. É necessário conhecer as instituições sociais e as formas de governo, além de obter acesso aos instrumentos de poder (ex., voto, participações em organizações sociais, protesto, uso da tecnologia, educação, etc.). Ao lado desse conhecimento, é preciso ter a motivação para uma postura constante de luta por valores de interesse coletivo. Nesse contexto, o civismo pode ser definido como uma reflexão ética que implica valores relacionados às ações de cooperação social, protesto e participação pelo voto, ou seja, valores da cidadania. Entre as ações cívicas, uma preocupação da sociedade atual, sobre a importância do voto e o baixo interesse dos jovens em votar, foi aparentemente confirmada neste trabalho, mas é importante ter cautela nas generalizações. As escolas que participaram da pesquisa, na cidade de João Pessoa, são representativas dos diversos segmentos sociais e têm sido um local de formação da cidadania. Nos jovens alunos, encontra-se presente a consciência da responsabilidade cívica, embora falte maior envolvimento na prática e através do voto. Mesmo assim, observou-se que os programas de cidadania e a intervenção de grupos em defesa da ecologia e dos direitos humanos, em escolas públicas, estão surtindo um efeito favorável nos alunos, que mostraram maior participação na sociedade como membros de grupos e associações e por meio do voto.

É importante ainda ressaltar a necessidade que a psicologia do desenvolvimento moral tem de estudar o pensamento dos jovens quanto aos valores do civismo. É preciso investigar quando os jovens têm questionamentos sobre os valores das instituições mediadoras da relação entre o público e o privado e as razões pelas quais se associam como membros de organizações cívicas. De certo modo, pode-se dizer que o processo de transformação no significado de valores é esperado e ocorre por motivos diversos. Cada geração constrói algo novo em cima de valores antigos, por meio de revoluções culturais ou científicas, econômicas e/ou políticas. Os dados trazidos pela psicologia do desenvolvimento moral podem ajudar a vislumbrar a importância do papel dos jovens nesse processo de mudança, contribuindo para a implementação de ações educacionais e políticas que auxiliem na melhoria ou transformação das instituições e da própria cidadania.

REFERÊNCIAS

AMARAL, D. P. Ética, moral e civismo: difícil consenso. *Cadernos de Pesquisa*, v. 37, 351-369, 2007.
BENTO, P. T. Do lugar da educação para a cidadania no currículo. *Revista Portuguesa de Educação*, v. 14, n.1, p. 131-153, 2001.
BRASIL. Ministério da Educação. Secretaria de Educação Fundamental (SEF). *Parâmetros curriculares nacionais:* temas transversais: 5ª a 8ª séries. Brasília: MEC/SEF, 1998. Ética e moral: o significado dos conceitos, p. 49.
CAMPBELL, D. E. Civic engagement. In: POWER, F. C. et al. *Moral education:* a handbook. Westport, CT: Praeger, 2008. v. 1, p. 81-83.
CHARACTER COUNTS COALITION. *Ethics in action*. Marina Del Rey, CA: Joseph

and Edna Josephson Institute of Ethics, 1993.
CRADDOCK, A. W. Developing context in international civic education projects. *International Journal of Social Education*, v. 21, n. 2, p. 123-141, 2007.
CUNHA, L. A. Sintonia oscilante: religião, moral e civismo no Brasil – 1931/1997. *Cadernos de Pesquisa*, v. 37, p. 285-302, 2007.
HOWARD, R. W. Civic virtue. In: POWER, F. C. et al. *Moral education:* a handbook. Westport, CT: Praeger, 2008a. v. 1, p. 83-84.
_____. Citizenship. In: POWER, F. C. et al. *Moral education:* a handbook. Westport, CT: Praeger, 2008b. v. 1, p. 77-79.
KOHLBERG, L. *Essays on moral development:* the philosophy of moral development. San Francisco: Harper & Row, 1981.
_____. *Essays on moral development:* the psychology of moral development. San Francisco: Harper & Row, 1984.
LA TAILE, Y.; HARKOT-DE-LA-TAILLE, E. Valores dos jovens de São Paulo. In: LA TAILE, Y. *Moral e ética:* dimensões intelectuais e afetivas (apêndice). Porto Alegre: Artmed, 2006.
LICKONA, T. *Educating for character:* how our schools can teach respect and responsibility. New York: Bantam Books, 1991.
MENIN, M. S. S. Valores na escola. *Educação e Pesquisa*, v. 28, n. 1, p. 91-100, 2002.
MOREIRA, RIQUE, J. et al. *Cidadania, ética e participação em sociedade de jovens pessoenses.* Artigo submetido para publicação. 2007.
MULLINS, M. M. Civic education. In: POWER, F. C. et al. *Moral education:* a handbook. Westport, CT: Praeger, 2008. v. 1, p. 77-79.
NUCCI, L. *Education in the moral domain.* New York: Cambridge University, 2001.
POWER, F. C.; HIGGINS, A.; KOHLBERG, L. *Lawrence Kohlberg's approach to moral education.* New York: Columbia University, 1989.
RIQUE, J.; CAMINO, C. Consistency and inconsistency in adolescents' moral reasoning. *International Journal of Behavioural Development*, v. 21, n. 4, p. 813-836, 1997.
RIQUE, J.; PONTES, R.; RODRIGUES, M. *O pensamento cívico contemporâneo e jovens de João Pessoa.* Artigo submetido para publicação. 2007.
RYAN, K.; LICKONA, T. *Character development in schools and beyond.* New York: Praeger, 1992.
TORNEY-PURTA, J. Youth in relation to social institutions. In: FELDMAN, S. S.; ELLIOT, G. R. (Ed.). *At the threshold:* the developing adolescent. Cambridge, MA: Harvard University, 1990. cap. 18.
TURIEL, E. *The culture of morality:* social development, context and conflict. New York: Cambridge University, 2002.

5
Valores evocados nos posicionamentos referentes às cotas para alunos negros ou alunos de escolas públicas. Uma pesquisa entre universitários

Maria Suzana De Stefano Menin
Alessandra de Morais Shimizu
Divino José Silva

INTRODUÇÃO

Crise de valores ou valores em crise? No decorrer deste texto propomo-nos enfrentar o desafio que é pensar, com base em uma pesquisa, o tema "cotas para alunos negros e alunos de escola pública no ensino superior público brasileiro", no registro dessa pergunta, a qual La Taille denominou enigmática. Mesmo a denominando enigmática, La Taille já nos adiantou um comentário que retira dela seu caráter de mistério, pois não se trata de um enigma como aquele proposto pela Esfinge a Édipo, "decifra-me ou te devoro!", mas de refletirmos a respeito de valores presentes em nossas práticas e discursos contemporâneos, que não sabemos, ainda, de que polo da pergunta acima enfrentá-los. Enfim, a discussão que hoje presenciamos no Brasil a respeito das cotas no ensino superior, trata-se de crise de valores ou de valores em crise? Como esclarece La Taille, podemos encontrar munição para tentar responder à pergunta tanto assumindo a posição de que estamos no meio do turbilhão da crise de valores quanto adotando a postura de que o que temos são novas interpretações a respeito de valores que já não se sustentam mais diante de demandas sociais contemporâneas, as quais são lidas à luz de categorias como "diferença", "cultura" e "gênero", categorias essas que colocam em xeque as pretensões morais da modernidade, particularmente, aquelas inauguradas com o iluminismo filosófico.

Vivemos, hoje, no Brasil, um debate relativamente intenso em torno da política de cotas para negros nas universidades públicas. A discussão não é recente, mas em não raros momentos ganha novos ingredientes acirrando os ânimos entre os que se colocam contrários e aqueles que se postam favoráveis às cotas. Recentemente, a declaração da ministra Matilde Ribeiro, titular da Secretaria Especial de Política da Promoção da Igualdade Racial (SPPIR), de que é natural o racismo dos negros contra brancos no Brasil[1], mobilizou a discussão de intelectuais que ganhou páginas nos jornais de grande circulação no país. O Jornal *Folha de São Paulo* dedicou o Caderno Mais de 1º de abril de 2007 ao assunto. Embora não seja nosso interesse entrar no mérito da polêmica suscitada pela declaração da ministra, esse episódio fornece-nos um parâmetro de quanto o tema das cotas, do preconceito e da discriminação racial ainda necessita de debate.

Situados no clima das discussões que vêm sendo travadas quer na mídia quer no âmbito do debate acadêmico a respeito das cotas para negros e alunos oriundos de escolas públicas no ensino superior, apresentamos a seguir parte dos resultados de nossa pesquisa sobre as representações que alunos da UNESP de Presidente Prudente (São Paulo) têm sobre aqueles que são, supostamente, os beneficiários das cotas. Buscamos identificar quais são os valores que estão presentes nas opiniões que os universitários têm a respeito das cotas e dos cotistas a partir das respostas dadas à pergunta: "Podendo descrever esses alunos negros (ou afrodescentes, ou provenientes de escolas públicas) em algumas palavras, o que você diria?"

Identificaremos, no final deste texto e a partir da análise dos dados levantados, que valores resguardados pela ideia do mérito no ingresso ao ensino superior estão sendo questionados. O que nos permite testar a hipótese de que não estamos vivendo, nessa situação específica, uma crise de valores, mas sim presenciando o questionamento de valores e a tentativa de substituí-los.

Este texto está dividido em três partes. Na primeira, apresentamos um breve comentário sobre ações afirmativas, especificamente, sobre as cotas para negros no ensino superior público brasileiro. Na segunda parte, tratamos dos aspectos metodológicos da nossa pesquisa e, na terceira, descrevemos os resultados alcançados.

ALGUMAS POLÊMICAS SOBRE COTAS PARA NEGROS NA UNIVERSIDADE PÚBLICA BRASILEIRA

Ações afirmativas clamam por justiça. São um meio de compensar prejuízos causados pelas mais diversas formas de discriminação que um povo ou grupo sofreu por um período considerável. Superar esse desfavorecimento, compensar perdas provocadas por séculos de discriminação e exclusão, reequilibrar condições de desenvolvimento em suas diversas esferas e conseguir uma condição de igualdade real com outros grupos mais favorecidos, são os motes das políticas de ação afirmativa. Entre essas políticas, tem ganhado particular destaque na mídia e no debate político a proposta de cotas para o ingresso de negros nas universidades brasileiras.

A adoção de cotas em nossas universidades é recente. A implementação dessa proposta teve início em 2001 na Universidade Estadual do Rio de Janeiro (UERJ) e na Universidade Nacional de Brasília (UNB). Atualmente, esse projeto de cotas[2] expandiu-se para mais de 20 universidades localizadas em diversas regiões do Brasil. Apesar da adesão de muitas instituições de ensino, esse tipo de política tem gerado posições contraditórias. Há pesquisas que mostram ceticismo e revelam posições contrárias por parte da opinião pública com base em argumentos, tais como: seria um privilégio restrito aos negros, excluindo outras minorias; seria mais justo privilegiar alunos de escolas públicas já que o problema da pouca representação de alunos negros nas universidades estaria ligado à pobreza e à má qualidade do ensino público; as cotas estimulariam o preconceito racial por meio da estigmatização dos alunos beneficiados; proporcionariam uma perda de qualidade do ensino; e, ainda, seria difícil selecionar os indivíduos que deveriam beneficiar-se das cotas uma vez que haveria a crença de que não há uma identidade de cor definida no país. (Santos, 2003; Camargo, 2005a; Augusto Brandão, 2004; Veloso, 2005). Esses argumentos contrários às cotas apoiam-se no valor da igualdade de capacidade e direitos entre negros e brancos, resultando na defesa da igualdade de ofertas e condições de entrada na universidade e rejeitando qualquer medida que favoreça os negros. Além disso, os valores ligados ao mérito e esforço pessoal também são ressaltados de forma a se defender a ideia de que aquele que se dedica consegue vencer barreiras, não precisando de "proteções adicionais". Por outro lado, alguns estudos mostram o apoio de certos segmentos da população brasileira a essa iniciativa, inclusive por parte de docentes que ministram aulas em instituições que já adotaram a política de cotas, os quais declaram que não houve mudanças na qualidade de ensino e que as relações raciais na universidade permaneceram iguais ou, até mesmo, melhoraram. (Petrucelli; Ferreira; Brandão, 2006).

Considerando a Teoria das Representações Sociais, formulada por Moscovici (1978), podemos dizer que, no Brasil, antigas representações sociais sobre a imagem do negro, arraigadas no imaginário da população em geral, entram em choque com novas representações construídas e defendidas por militantes e simpatizantes que lutam em defesa dos direitos dos negros, como estudiosos do assunto, os quais têm adquirido reconhecimento e espaço na agenda política do governo brasileiro.

Uma representação antiga da imagem do negro no Brasil é a que se refere ao "mito da democracia racial" em que se ignora a existência de preconceitos e discriminação de raça ao mesmo tempo em que se defende "a mestiçagem como padrão fortificador da raça" (Chaui, 2000, p. 8). Segundo esse ideário, vivemos em um país em que há igualdade étnico-racial e que as desigualdades que ocorrem se explicam, exclusivamente, por fatores econômicos. Há, também, uma suposta "identidade nacional" que vê o Brasil como um país de mestiços, onde há convivência pacífica e mistura de diferentes raças e etnias (Camargo, 2005a, Carvalho; Segato, 2002).

O objetivo desta pesquisa é investigar quais valores estão mais presentes na avaliação que os estudantes fazem a respeito dos supostos beneficiários das cotas e se esses valores variam em função do tipo de política afirmativa proposta.

DETALHANDO OS ASPECTOS METODOLÓGICOS DA PESQUISA

Participaram da pesquisa 403 alunos da UNESP, *campus* de Presidente Prudente, Estado de São Paulo, homens e mulheres dos seguintes cursos de graduação: Educação Física, Geografia, Matemática, Física, Arquitetura, Fisioterapia e Pedagogia, e de semestres variados. Dos alunos participantes da pesquisa 72% denominaram-se brancos, denominaram-se negros ou pardos 16%, amarelos 7% e 5% declararam-se como de outras raças ou etnias, como indígenas, "multiétnicos", dentre outras. O nível socioeconômico dos alunos foi mensurado por meio da faixa salarial paterna, sendo que 45% dos alunos têm pais com faixa salarial inferior a mil reais e 55% superior a mil reais. A aplicação dos questionários, no que diz respeito à política e ao público-alvo, foi homogênea.

A pesquisa que ora descrevemos refere-se a uma análise qualitativa das respostas dada à única questão aberta utilizada nos questionários da pesquisa de Shimizu, Lorenzi-Cioldi, Buschini, Menin e Silva (2006). A questão foi: "Podendo descrever esses alunos negros (ou afrodescentes, ou provenientes de escolas públicas) em algumas palavras, o que você diria?" Ela se referia a um dos públicos-alvo em cada um dos 12 modelos de questionários usados na pesquisa de 2006 em que se combinaram três públicos-alvo (negros, afrodescendentes, alunos de escolas públicas) e 4 políticas de ingresso às universidades (vestibular, cursinho, cotas simples e cotas duras). Dessa forma, ao responder a essa questão aberta, os alunos estavam julgando sempre um dos públicos-alvo em umas das políticas de ingresso à universidade. Anteriormente, na pesquisa de 2006, foram apresentadas outras questões, na forma de escalas de nove pontos, que indagavam os respondentes a respeito de vários aspectos sobre os critérios de ingresso nas universidades: apresentavam uma política de ingresso em particular e pediam apreciações da mesma em relação a vários aspectos (se é justa, se é eficaz, se é realista, se ameaça o clima da universidade, etc.;); perguntavam sobre a porcentagem ideal da presença do público-alvo nas universidades; solicitavam a avaliação do público-alvo por meio de qualidades positivas e negativas apresentadas. O total de participantes da pesquisa, 403 estudantes, foi dividido homogeneamente em três grupos que receberam questionários relativos às três formas de ingresso à universidade: vestibular, cotas e cursinho. Mostraremos o total de respostas dos participantes em cada grupo conforme a descrição dos resultados.

Como método de análise das respostas abertas à questão escolhida, usamos duas abordagens. Na primeira, fizemos uma análise de conteúdo em que buscamos identificar quais valores foram mais evocados pelos alunos para avaliar os usuários das políticas de cotas e para justificar suas posições favoráveis ou contrárias às mesmas. Mesmo por intermédio de uma análise qualitativa, buscamos verificar se esses valores modificaram-se em função do público a que se referiam — negros de um lado e alunos de escolas públicas de outro – ou em função da forma de ingresso às universidades de que se beneficiariam – vestibular ou cotas. Na outra abordagem, utilizamos o ALCESTE (*Analyse Lexicale par Contexte d' un Ensemble de Segments de Texte* de Max Reinert, 1990), de forma a investigar a presença de classes de respostas e sua correlação com as políticas de ingresso à universidade e com o público-alvo ingressante.

RESULTADOS ALCANÇADOS: ANÁLISE QUALITATIVA DAS RESPOSTAS

Foram 104 os participantes que responderam o questionário relativo ao ingresso na universidade pública pelo vestibular – processo seletivo ainda utilizado na maioria das universidades brasileiras; sendo que 69 deles tinham como público-alvo alunos negros e 35 alunos de escola pública. Dentre os primeiros, 24 participantes não responderam a questão abordada neste estudo; e, em relação aos seguintes, sete participantes não o fizeram. Dessa forma, analisamos as respostas de 45 estudantes que tinham como foco os negros e 28 participantes que possuíam como alvo os alunos de escola pública.

Retomemos aqui a pergunta que foi respondia pelos alunos: "Podendo descrever esses alunos negros (ou provenientes de escolas públicas) em algumas palavras, o que você diria?".

Para realizar a análise qualitativa das respostas a essa questão aberta, consideramos cada conjunto dos modelos de questionário relacionados a uma mesma política (vestibular, cotas ou cursinho) para cada um dos públicos-alvo (negros e alunos de escolas públicas). Assim, apresentamos, a seguir, as categorias de respostas que se sobressaíram quando pedimos aos universitários que avaliassem:

- os negros se estes ingressassem na universidade por vestibular;
- os alunos de escolas públicas se ingressassem por vestibular;
- os negros quando cotistas;
- os alunos de escolas públicas quando cotistas;
- os negros quando ingressassem na universidade por meio da ajuda de um cursinho específico;
- os alunos de escolas públicas também auxiliados por cursinho.

Lembramos que um mesmo conjunto de alunos respondente analisava somente um tipo de questionário para um tipo de público-alvo[3].

Neste trabalho, analisamos em conjunto as respostas dos alunos aos públicos-alvo negros e afrodescendentes, já que no mesmo questionário, na análise quantitativa realizada anteriormente (Shimizu, et al., 2006), não obtivemos diferença significativa entre essas variáveis. Também não analisamos, aqui, os questionários que ofereceram como cenário a política afirmativa de "cotas duras" uma vez que essa política não existe no Brasil e a consideramos muito artificial.

QUANDO OS ALUNOS INGRESSAM NA UNIVERSIDADE POR MEIO DO VESTIBULAR

Ao descreverem *os negros que ingressassem na universidade por meio do vestibular*, os participantes da pesquisa revelaram três tipos de posicionamento predominante: a defesa de que todos são iguais, embora com alegações dos mais diversos aspectos que sustentam a noção de igualdade adotada; a atribuição de características positivas aos ingressantes relacionadas a valores pessoais e individuais; e, enfim, a disposição explicitamente contrária à política de cotas pautada nos mais variados fundamentos. Além desse conjunto de considerações, houve outras respostas esparsas, que não puderam ser agrupadas em categorias comuns.

O primeiro posicionamento foi o mais marcante, uma vez que 22 dentre os 45 universitários (49%) o defenderam. Segundo esses alunos, os negros são iguais aos demais. Notamos, no entanto, que esse "ser igual aos demais" pode ter significados bastante distintos entre si. Para 12 desses universitários (26,6%) os negros possuem as mesmas capacidades, qualidades e defeitos que as outras pessoas, sugerindo, assim que a igualdade no sistema de admissão à universidade deveria ser garantida, uma vez que os negros poderiam concorrer em condições iguais.

Por outro lado, houve aqueles participantes (10 dos 45 respondentes, equivalente a 22,2%) que se remeteram à questão da igualdade para descreverem os negros, no entanto, como uma forma de defesa aos seus direitos. Sendo todos iguais, deveriam ter as mesmas oportunidades sociais e de estudos; o que não é garantido socialmente uma vez que sofrem discriminações e preconceitos e não têm acesso a um ensino básico de qualidade. Esses participantes ressaltam um contexto histórico de injustiças; alguns, inclusive, reconhecem o vestibular como um sistema injusto mas acabam acreditando que é possível, individualmente, superar tantas contrariedades, não se declarando, no entanto, favoráveis de forma explícita.

> *Seres fisiologicamente iguais a todos, mas que historicamente estão sendo apartados direta ou indiretamente. Entretanto, acredito que se este "lutar" conseguirá entrar em qualquer faculdade, frequentando biblioteca e estudando em grupos pode-se conseguir bons resultados no vestibular, mesmo que esta não seja a forma mais justa de se dar a oportunidade de ensino superior a alguém.* (Aluno de Pedagogia, branco, renda paterna inferior a mil reais)

No segundo tipo de posicionamento, a idealização do valor pessoal de cada um foi mais ressaltada entre os participantes (6 dos 45 respondentes, ou seja, 13,3% do total) que atribuíram aos negros que ingressam na universidade pelo vestibular qualidades como as de serem estudiosos, esforçados, merecedores, capazes, lutadores, vencedores e determinados, considerando, ou não, que esses possam ter sofrido discriminações ou falta de oportunidades ao longo do processo.

> *Merecedores da sua conquista por esforço próprio.* (Aluna de Fisioterapia, negra, renda paterna superior a mil reais)

O terceiro grupo de categoria de respostas foi daqueles participantes que se posicionaram, declaradamente, contrários às cotas, mesmo nessa parte do estudo que somente questionava a política de ingresso referente ao vestibular, defendendo que não seria a melhor alternativa para o ingresso de negros na universidade pública. Os julgamentos foram sustentados por diferentes justificativas. A mais presente (5 alunos, 11,1%) foi a de que a entrada desse público por meio da política de cotas aumentaria o preconceito racial e a discriminação em relação a eles, pois passariam a ser vistos como diferentes, não-capazes ou não-merecedores, uma vez que não estariam concorrendo em condições de igualdade. Seguiram-se, dentro desse grupo, outros argumentos que enfocaram que a política de cotas, referenciada no critério da cor, não seria apropriada, pois a questão do ingresso na universidade pública é muito mais social que racial. A problemática estaria centralizada na baixa qualidade do ensino básico nas escolas públicas, e nas injustiças e desigualdades sociais e econômicas. São exemplos desse terceiro grupo de respostas.

> *Esses alunos sofreriam menos preconceitos se entrassem na faculdade como todos os outros. Se eles são negros isso não quer dizer que são mais burros. Todos devem entrar pelo mesmo critério, independentemente da cor ou classe social. Devem entrar por mérito.* (Aluna de Geografia, amarela, renda paterna superior a mil reais)

> *Mais importante que nos preocuparmos com o racismo, devemos nos preocupar com as injustiças sociais, com os pobres, independentemente de sua raça os quais tem dificuldades para entrar e, principalmente, para permanecer na faculdade. Afrodescendentes são tão capazes quanto os outros por isso devemos ser avaliados da mesma maneira.* (Aluna de Matemática, cor não-declarada, renda paterna inferior a mil reais).

Nos julgamentos concernentes *aos alunos de escola pública admitidos pelo vestibular*, pudemos identificar que algumas categorias de respostas foram semelhantes àquelas reconhecidas na análise sobre os negros, como a defesa de que todos são iguais, com a utilização de diferentes argumentos que fundamentam essa igualdade; a imputação de características positivas aos ingressantes relacionadas às suas qualidades individuais; a disposição contrária à política de cotas. Houve, ainda, aquelas respostas que apareceram, anteriormente, de forma pulverizada e que agora reaparecem com mais representatividade, como as de que não é possível descrevê-los e de que a qualidade da escola pública está muito ruim.

No que concerne ao julgamento de que todos são iguais, realizado por onze dos 28 respondentes (39,2%), observamos dois tipos de considerações. De um lado, aqueles (2 participantes) que argumentaram que se todos são iguais devem competir sob as mesmas condições e que se conseguiram passar no vestibular é porque foram merecedores. E, de outro lado, temos aqueles universitários (9 respondentes) que defenderam a igualdade entre as pessoas, mas que ponderaram a questão das oportunidades. Afirmaram que as pessoas são iguais, possuem as mesmas capacidades e disposições pessoais; no entanto, há a privação da igualdade de oportunidades. Vejamos exemplos ilustrativos de ambos os julgamentos:

> *Pessoas que tiveram a mesma chance de obter sucesso acadêmico e profissional como qualquer outra pessoa com escolaridade.* (Aluna de Fisioterapia, branca, renda paterna superior a mil reais)

> *Diria que os alunos de escolas públicas são tão inteligentes, educados, esforçados e capazes quanto os de outras escolas, em casos até mais, o que lhes falta são oportunidades.* (Aluna de Matemática, branca, renda paterna inferior a mil reais)

A atribuição de qualidades positivas ao aluno de escola pública que ingressa na universidade por meio do vestibular foi realizada por seis participantes (21,4%). Nesses casos, os alunos foram representados como esforçados, guerreiros, estudiosos, merecedores, determinados. Destacou-se a preponderância do esforço pessoal para o ingresso na universidade, considerando-se, ou não, a deficiência da formação básica na escola pública.

Pessoas esforçadas, merecedoras de uma vaga em uma boa universidade, capazes de superar as precariedades do ensino público. *(Aluna de Fisioterapia, branca, renda paterna superior a mil reais)*

Foram quatro universitários (14,2%) que se posicionaram, de alguma forma, como contrários às cotas. Dois deles não se posicionaram como explicitamente contrários a esse tipo de política, mas se referiram às possíveis consequências negativas que a mesma poderia gerar, como: queda no nível do ensino superior e a dificuldade de relacionamento que esses alunos teriam ao se depararem com uma realidade tão diferente. Os demais, também dois participantes, argumentaram que esse tipo de política é preconceituoso e uma forma de se esconder o real problema da educação brasileira; o foco deveria ser a melhoria do ensino público e o governo que deveria mudar esse quadro de injustiça social e educacional.

Foram dois os respondentes que declararam não poder descrever os alunos de escola pública, pois outros fatores estariam envolvidos, como a constituição social de cada indivíduo.

Em continuidade, dentre os 28 participantes, quatro deles (14,2%) demonstraram um grande descrédito em relação à possibilidade do aluno de escola pública ingressar na universidade por meio do vestibular. Segundo o julgamento desses alunos, a qualidade do ensino na escola pública está tão ruim que só por muita sorte, ou por um milagre, esses alunos seriam admitidos mediante esse tipo de seleção.

Alunos de escolas públicas aprovados em vestibulares de universidades públicas são, no mínimo, "milagrosos". (Aluno de Pedagogia, branco, renda paterna superior a mil reais)

Por fim, tivemos um único participante que, de acordo com sua resposta, expressou sua posição favorável à política de cotas, ressaltando que os alunos de escola pública não possuem muitas oportunidades; por isso, não poderiam ser julgados como oportunistas ou aproveitadores. No entanto, essa medida não seria suficiente para reparar a história de discriminação sofrida por eles.

QUANDO OS ALUNOS INGRESSAM POR MEIO DAS COTAS

Os julgamentos valorativos que os universitários fizeram a respeito dos *alunos negros que ingressassem em uma universidade por cotas* poderiam resumir-se em três posições-chave: aqueles que se mostraram neutros não se posicionando em relação aos cotistas de maneira favorável ou desfavorável; aqueles claramente favoráveis aos cotistas declarando-os merecedores das cotas por diferentes motivos, e aqueles claramente contrários. Mas, as atitudes em relação aos alunos negros cotistas rechearam-se de valores e de *representações normativas* (Doise, 2001. p.10) em busca de justificações das posições tomadas pelos universitários. Interessante notar que os mesmos valores, como a igualdade e a justiça, foram usados tanto para justificar uma posição favorável aos cotistas, quanto para contrariá-la.

Duas categorias bastante freqüentes entre os respondentes, que estamos chamando de "neutras", avaliaram os ingressantes cotistas negros como iguais a qualquer outro aluno, com as mesmas capacidades, qualidades ou defeitos; ou ainda, negaram-se a atribuir julgamentos apontando a individualidade de cada indivíduo e a injustiça de tecer julgamentos baseados no pertencimento a um grupo em função da cor de pele ou da categoria cotista. Iguais aos outros ou indivíduos únicos, como os outros, essas respostas não levam a um posicionamento do respondente favorável ou contrário às cotas. Essas respostas somaram 21 ocorrências em 62 alunos respondentes, correspondendo a 33,5%. São exemplos das duas categorias as respostas abaixo:

> *Para mim seria um estudante como outro qualquer, com seus defeitos e qualidades, habilidades e dificuldades, nem melhor nem pior. Simplesmente um estudante com os mesmos direitos e deveres que qualquer outro.* (Aluna de Pedagogia, branca, renda paterna superior a mil reais)
>
> *Cada pessoa tem suas características próprias. Não podemos definir uma pessoa generalizando-a por meio de sua etnia.* (Aluno de Engenharia Ambiental, branco, renda paterna superior a mil reais)

Um segundo conjunto de categorias mais frequente foi aquele em que os respondentes colocaram-se, por diferentes motivos, contrários à política de cotas, apontando diferentes apreciações a respeito dos cotistas e de seus direitos e diferentes condições de ingresso na universidade. Somadas, essas posições totalizaram 28 respostas em 62 alunos, isto é, 45%. Os julgamentos negativos mais frequentes em relação aos cotistas ou à política de cotas apontaram os alunos cotistas como privilegiados, pois usariam a cor como maneira de passar no vestibular e não o mérito próprio (5 alunos entre os 62, ou 8%), ou os consideravam como desfavorecidos financeiramente e em termos de qualidade anterior de escolarização, com resultante defesa da melhoria da escola pública para todos e não das cotas (5 alunos ou 8%); ou apontavam as próprias cotas como medida discriminatória colocando os negros como diferentes ou mesmo inferiores, diminuindo-os a si mesmos e frente aos outros (7 alunos ou 11%); e ainda, considerando que as cotas trariam o perigo de maior discriminação aos alunos ingressantes por elas frente aos colegas (7 alunos ou 11%). A igualdade do negro frente ao branco é aqui apontada para defender que não existam medidas discriminatórias para um ou outro.

São exemplos de respostas nessas categorias:

> *Os negros, se eles tiverem esse benefício, as pessoas os discriminarão mais ainda, pois elas vão dizer que os negros estão ocupando a vaga de outro aluno, só porque é negro.* (Aluno de Educação Física, negro, renda paterna superior a mil reais)
>
> *Que sofrerão preconceito por um estilo de seleção ridícula que tenta apagar um passado de desigualdades por meio de "presentes". Serão vítimas de um assistencialismo e, por não terem um ensino de base adequado, será difícil acompanharem o ensino na universidade.* (Aluno de Fisioterapia, branco, renda paterna superior a mil reais)

Finalmente, uma posição favorável às cotas aparece nas respostas que fazem julgamentos elogiosos aos alunos negros cotistas, ressaltando suas qualidades de esforço e resistência (6 alunos ou 9,5%) e seu direito na conquista de vagas na universidade em função dos séculos de discriminação sendo, portanto, uma questão de reparação histórica (4 alunos ou 6,5%). Somadas, essas respostas correspondem às afirmações de 10 alunos em 62, correspondendo a 16% dessa população. São exemplos dessas respostas:

> *Acredito serem pessoas normais como todas as outras, mas, infelizmente, ainda discriminadas. É certo que possuem agravantes: desde o princípio não tiveram as mesmas oportunidades; assim, não possuem, consequentemente, as mesmas habilidades e conhecimentos que aquelas pessoas privilegiadas que vem com eles. Contudo, independentemente do que passaram, merecem oportunidades, pois são capazes de superar suas dificuldades com unhas e dentes, precisam de toda chance para isso.* (Aluna de Pedagogia, negra, renda paterna superior a mil reais)
>
> *Os afrodescendentes são merecedores de vaga na universidade pública em pagamento dos 500 anos.* (Aluno de Geografia, negro, renda paterna superior a mil reais)

Quando *os alunos de escolas públicas são os cotistas*, vemos uma mudança de atitudes dos participantes da pesquisa. Os julgamentos passam a ser mais favoráveis ou mais tolerantes à política de cotas. Dessa forma, surgem 50% de respostas claramente favoráveis aos cotistas que são vistos como esforçados e capazes (11 alunos em 30 respondentes, ou 36,6%), ou desfavorecidos pela falta de oportunidades escolares provocadas por um governo negligente que não lhes propiciou uma boa escola (4 ou 13%). Segue um exemplo de resposta:

> *Um ser capaz, como qualquer outro, porém sem as mesmas oportunidades. Utilizando as cotas como meio para conseguir alcançar seus objetivos, pois este foi tirado ao "ganhar" um ensino de péssima qualidade das escolas públicas.* (Aluna de Geografia, branca, renda paterna superior a mil reais)

Há, ainda, argumentos neutros em relação às cotas (4 alunos em 30, ou 13%) nos quais os alunos recusam-se a fazer julgamentos, afirmando que pré-julgamentos são preconceito, ou nos quais se afirma a igualdade dos cotistas de escolas públicas em relação a qualquer outro aluno. Nesses últimos (2 alunos), a ideia de esforço pessoal e mérito próprio sobressai e vemos que ela pode ser usada contra a política de cotas. Segue um exemplo:

> *Que não é por estudar em uma escola pública que ele seja menos que os outros, existem alguns que até se superam buscando, como objetivo, ser alguém na vida.* (Aluna de Educação Física, amarela, renda paterna inferior a mil reais)

Os argumentos contrários às cotas ou aos cotistas de escolas públicas, que foram 10 respostas entre as 30 (33,33%), centraram-se ou na crítica à qualidade da escola pública fundamental e média, mostrando, portanto, que é ela quem deve melhorar para todos e não se buscar sanar o problema com cotas (3 alunos, ou 10%) ou na crítica ao próprio aluno de escola pública (7 respostas ou 23,3%): ele é que deveria esforçar-se mais, senão poderá vir a causar problemas na universidade, desistindo por ser pobre ou não tendo capacitação, fazendo com que o nível da universidade caia. Vejamos um exemplo:

> *Muitos são pobres e desistirão da faculdade antes da conclusão do curso. A maioria não tem capacitação para atingir a nota de corte ou, quando isso não existe, a nota do último colocado será bem baixa se*

comparada a anos anteriores e consequentemente, a exigência do curso deverá diminuir, formando profissionais menos capacitados. (Aluna de Pedagogia, negra, renda paterna inferior a mil reais)

QUANDO OS ALUNOS INGRESSAM NA UNIVERSIDADE POR MEIO DE CURSINHO GRATUITO

Quando os julgamentos de nossos respondentes referem-se aos *alunos negros provindos de cursinhos gratuitos*, as atitudes, valores e representações em relação a eles são, frequentemente, positivos. Das 57 respostas que tivemos nesse modelo de questionário 29 (50%) foram claramente a favor dos alunos vindos de cursinho. Os argumentos favoráveis mais pronunciados referem-se às características de capacidade e esforço, força de vontade, e luta por uma oportunidade, ou por saber aproveitar bem uma oportunidade como o cursinho quando ela se apresenta (14 respostas ou 24%). O próprio cursinho é apontado como uma boa alternativa que não gera discriminação (3 respostas ou 5%). Outro argumento lembra a história de vida dos negros marcada pelo preconceito e discriminação e os valoriza como lutadores, merecendo oportunidade de fazer o cursinho gratuito (6 respostas ou 10,5%). Há, ainda, julgamentos muito centrados no valor pessoal de cada um, na força de vontade individual, que afirmam que não há diferenças entre brancos e negros, e que tudo é questão de luta pessoal (3 respostas ou 5%).

Os afrodescendentes merecem essa oportunidade por tudo o que já viveram e pelo sofrimento vivido por eles, pela discriminação que até hoje sofrem, entre outros fatores, extremamente consideráveis. (Aluna de Pedagogia, branca, renda paterna superior a mil reais)

Continuam a existir respostas que evitam exibir julgamentos de valor em relação aos alunos negros (6 respostas em 57, ou 10,5%) afirmando a igualdade de todos, independente da cor, do fato de usufruir de uma política afirmativa, de pertencer a um grupo, ou ainda, defendendo a individualidade de cada um.

Me sinto mal por ter de opinar sobre características de um grupo como um todo. Acho que os negros, assim como qualquer outra raça, podem ser inteligentes, educados, espontâneos, ou qualquer outra característica que desejarem ser e ter quantas oportunidades aparecerem. (Aluno de Fisioterapia, branco, renda paterna inferior a mil reais)

Existem, também, julgamentos depreciativos em relação a alunos negros que usufruiriam de cursinhos gratuitos (20 respostas ou 35%). Dentre esses julgamentos, separamos três categorias de argumentos. Em um deles, aponta-se que os alunos negros vindos de cursinhos gratuitos encontrarão dificuldade de acompanhar a universidade, pois terão defasagem no nível de ensino e dificuldade de aprendizagem (6 respostas em 57, ou 10,5%). Em outro argumento, diz-se que os alunos negros que frequentaram cursinhos gratuitos, foram discriminados por usufruírem dessa vantagem em relação a outros que não puderam tê-la (6 respostas, ou 10,5%). Outros, ainda, tornam a falar que qualquer tipo de cota é uma forma de discriminação que causa um sentimento de "ser discriminado" (4 respostas ou 7%). Finalmente, em uma última avaliação, diz-se que os alunos negros que usufruíram do cursinho teriam problemas educacionais como qualquer aluno de baixa renda, pois vieram de um mal ensino público; sendo assim, o problema não deve ser solucionado em função da cor dos alunos, mas sim em função da educação recebida (4 alunos ou 7%). Vejamos alguns exemplos:

> *Pessoas desqualificadas, que não passaram por um processo seletivo justo, que tiveram sorte de situação e discriminação racialmente, não terão autoestima pela consciência de terem entrado de favor. O Estado deve dar tratamento igual para todos, branco, negro, pobre, rico.* (Aluno de Geografia, branco, renda paterna inferior a mil reais)
> *Pessoas que fizeram uso da depreciação do ensino público no país para reivindicar alternativas que lhe oferecem oportunidades, preparação compatível a de outros estudantes particulares para o ingresso na faculdade. Mas não que esta seja a maneira mais correta. O certo seria o investimento na educação, que não é feito para manter a população desinformada.* (Aluno de Fisioterapia, pardo, renda paterna superior a mil reais)

Em relação aos julgamentos a respeito de *alunos de escolas públicas que viessem de cursinho gratuito* notamos que foram, praticamente, todos positivos. Seis respondentes (6 em 31, 19%) afirmaram a igualdade entre alunos da escola pública em relação a qualquer outro aluno, mas, alguns desses destacaram a importância do empenho pessoal e da força de vontade como elementos essenciais para se obter o sucesso pessoal e profissional.
Exemplo:

> *São pessoas normais, porém não são incapazes de passar no vestibular. É só estudar, eu tive uma formação toda em escola pública e*

estudei bastante para passar; ninguém é melhor que ninguém, é só estudar bastante, se esforçar. Todas as pessoas são capazes de fazer isso. (Aluna da Pedagogia, cor "outra" e com renda paterna superior a mil reais)

As representações positivas a respeito dos alunos de escolas públicas vindos de cursinhos gratuitos ressaltaram invariavelmente dois aspectos: o desfavorecimento desses alunos em termos de suas bases de ensino, consideradas fracas e insuficientes para competir no vestibular com quem estudou em escolas particulares e suas origens em classe econômica baixa, resultando em várias sortes de dificuldades. Algumas vezes, falou-se, também, no desânimo e na falta de perspectivas dos alunos de escolas públicas sobre seu futuro, em função das dificuldades sofridas. Em segundo lugar, as representações ressaltaram as qualidades e valores pessoais dos alunos; pois, apesar das dificuldades, mantêm-se estudando e aproveitam as oportunidades. São, portanto, alunos esforçados, merecedores, inteligentes, capazes: 22 respostas entre as 31 são assim (71%).

As poucas categorias que fizeram algum julgamento negativo em relação aos alunos de escolas públicas vindo de cursinhos gratuitos (3 respostas em 31, 9,6%) ou fizeram ressalvas às cotas, como que considerando o cursinho como uma forma ainda discriminatória e valorizando apenas o mérito próprio do aluno como a única forma legítima de ingresso no vestibular, ou apontaram que, por vezes, o aluno da escola pública pode ser desrespeitoso e desinteressado. Exemplo:

Os alunos de escolas públicas têm, inicialmente, o mesmo potencial que qualquer outro aluno de escola particular. O diferencial é que alguns têm interesse e se sobressaem, e outros não têm sequer o mínimo de respeito pela escola. (Aluna da Matemática, cor "outra" e com renda paterna menor que 1 salário mínimo)

Adiantamos a conclusão, portanto, que o público-alvo e a política de ação afirmativa mais favoravelmente avaliados foram os alunos de escolas públicas ingressantes nas universidades por meio de cursinhos gratuitos. Esse resultado foi o mesmo obtido por Shimizu e colaboradores (2006) na análise quantitativa dos dados do questionário completo de pesquisa igual à nossa. Nessa análise, vimos que quanto mais disperso o público-alvo, ou seja, menos focado em um grupo étnico específico e quanto menos ameaçadora (competitiva) a política afirmativa, menor será a rejeição ao grupo cotista e a resistência à aceitação da política afirmativa. Além disso, desde as questões iniciais do questionário de Shimizu e colaboradores (2006), os respondentes reconhecem as discriminações sofridas pelos alunos de escolas públicas, mas não aquelas sofridas pelos negros, havendo, portanto, uma comprovação de que o "mito da democracia racial" no Brasil ainda perdura como representação mais conservada.

Outra observação que adiantamos é que a política de cursinho é a que mais parece adequar-se ao valor do mérito pessoal ou a que mais o mantém inabalado como critério de seleção para ingresso na universidade; e esse valor foi um dos que mais se mostrou presente e resistente às modificações nas falas de nossos respondentes.

A ANÁLISE DAS RESPOSTAS POR MEIO DO ALCESTE

Como o objetivo de complementar a análise qualitativa, utilizamos, também, o programa ALCESTE (*Analyse Lexicale par Contexte d'un Ensemble de Segments de Texte*, Max Reinert 1990, 1993). Esse programa, ao tratar das respostas abertas dos participantes da pesquisa, divide-as em unidades de contexto e encontra classes de respostas que se diferenciam em função do conjunto de palavras utilizadas, sugerindo conteúdos e significados distintos entre si. Conforme Camargo (2005), em nível de programa informático, cada classe é composta de diversas unidades de contexto, de acordo com a distribuição de seus vocabulários. No âmbito da linguística, as classes são interpretadas como campos lexicais ou contextos semânticos. Na investigação sobre o conhecimento do senso comum, as classes podem revelar representações sociais ou campos de imagens sobre determinado objeto, ou ainda, diferentes aspectos de uma mesma representação social, conforme a especificidade de cada pesquisa. As classes podem ser consideradas, portanto, noções de mundo ou quadros perceptivo-cognitivos com determinada estabilidade temporal e vinculadas a um ambiente complexo.

Nosso objetivo em usar o ALCESTE foi o de verificar se as classes encontradas confirmariam as mesmas tendências de respostas ressaltadas na análise de conteúdo.

Como resultado da análise foram geradas cinco classes diferentes:
– Classe 1: destacou a igualdade entre brancos e negros, de capacidades e de direitos, mas, também, a individualidade de cada um e a dificuldade de descrevê-los enquanto grupo. Por outro lado, em muitos depoimentos, associou o negro à pobreza explicando sua dificuldade no vestibular como resultado da falta de oportunida-

des e chances. Portanto, explicou o problema da ausência do negro nas universidades como um problema social, de pobreza. As cotas foram vistas, na maioria das respostas, como desnecessárias ou inconvenientes, pois se acredita que podem gerar mais discriminação sobre os que delas se beneficiam.
- Classe 2: o valor que mais surgiu foi o da igualdade entre brancos e negros negando-se qualquer diferenciação seja para favorecê-los, seja para discriminá-los. Poucas respostas incluídas nessa classe referiram-se às cotas, e aquelas que o fizeram, consideraram-nas desnecessárias ou discriminatórias, uma vez que se tem como representação predominante a crença na igualdade em relação àqueles atributos considerados como importantes ao ingresso na universidade: inteligência, esforço, força de vontade, capacidade, dentre outros.
- Classe 3: os cotistas foram apresentados ora como beneficiados pelas cotas, ora como discriminados por condições passadas e merecedores de cotas; no entanto, foi comum a quase todas as respostas ser favorável, não às cotas, mas à igualdade de acesso a um sistema justo de ensino. A igualdade que se defendeu foi a da oferta de condições de educação bem qualificada a todos, sem diferenciação. Culpou-se o governo pelo descaso com a escola pública.
- Classe 4: os valores que sobressaíram na descrição dos beneficiários foram o esforço pessoal, a força de vontade e o mérito pessoal, apesar da diferença apontada pelos respondentes do nível do ensino entre a escola pública e a particular. Dessa forma, ficou marcante a representação de que a concorrência entre um aluno de escola pública e um de escola particular é bastante desigual e que somente com muito esforço, força de vontade, ou até mesmo, "sorte" ou "milagre", o aluno de escola pública consegue passar no vestibular. Nas poucas vezes em que os respondentes dessa classe referiram-se às cotas, colocaram-se como contrários, justificando que o ingresso por meio dessa política poderia prejudicar a qualidade do ensino na universidade pública, uma vez que os alunos provenientes do ensino público não estariam adequadamente preparados para acompanhar o curso.
- Classe 5: mais uma vez, o valor da igualdade compareceu para defender não as cotas, vistas aqui como um favorecimento desnecessário e perigoso, pois discriminatório, mas a igualdade de tratamento ou de direitos, e portanto, de forma de ingresso na universidade. Mesmo quando se reconhece que o Brasil tem uma grande

dívida com o povo negro, a ideia de cota como reparação necessária apareceu somente uma vez entre as respostas dessa classe.

Assim, podemos dizer que as classes do ALCESTE confirmaram as tendências mostradas na análise de conteúdo: as posições dos participantes da pesquisa, em sua maioria, mostram-se contrárias às políticas afirmativas, principalmente às cotas, usando os valores de mérito e igualdade como justificativas mais fortes.

CONSIDERAÇÕES FINAIS

Dissemos no início deste texto que buscaríamos identificar quais são os valores que estão presentes nas opiniões que os universitários têm a respeito das cotas. O nosso propósito era pensar essas respostas a partir da provocação: valores em crise ou crise de valores? Ou seja, a partir de qual dessas perspectivas poderíamos pensar os valores que estão explícita ou implicitamente presentes nas respostas dadas pelos universitários? Na realidade, o que fica evidente na maioria das respostas dadas pelos alunos é o conflito de valores: mérito *versus* justiça compensatória. Para a maioria dos respondentes devem prevalecer os valores do mérito no ingresso no ensino superior. A seleção baseada no mérito constitui, para eles, o sistema mais justo para a admissão de alunos negros e de alunos de escola pública na universidade. Assim, a partir da análise das respostas, acreditamos que o mais adequado seria pensá-las na perspectiva que estamos presenciando nesse caso específico, não uma crise de valores, mas sim valores sendo postos em questionamento.

Dito de outro modo, valores como justiça, igualdade, esforço próprio (mérito), sobre os quais a maioria dos universitários respalda suas respostas opondo-se às cotas, estão sendo criticados e questionados pelas políticas de ação afirmativa. Portanto, a nosso ver, não se trata de uma crise de valores, entendida enquanto anomia ou ausência de valores, mas de um conflito entre valores, em que o sistema de ingresso no ensino superior é visto pelo movimento negro, em suas diferentes organizações representativas, por intelectuais e alguns políticos, como um sistema excludente e injusto, pois deixa de fora da universidade negros e pobres, tendo como justificativa o pressuposto da justiça do mérito e o princípio oitocentista da igualdade dos indivíduos perante a lei. Na nossa leitura, a resistência às cotas por parte dos alunos fundamentou-se, principalmente, nessas duas perspectivas: mérito e igualdade.

A evocação do princípio de igualdade perante a lei remonta ao século XVIII, à Revolução Francesa, como uma construção jurídico-formal de cunho abstrato que visava combater os privilégios próprios ao *ancién regime*, em que alguns indivíduos por pertencerem à determinada classe social ou linhagem familiar detinham mais direitos e privilégios que outros. Com a consolidação do Estado liberal burguês, a lei da igualdade jurídico-formal entre os indivíduos tornou-se um artifício importante como garantia da liberdade. Esse princípio, conforme Gomes (2003), vigorou até boa parte do século XX, quando começa a ser questionado e ser visto como uma ficção, uma vez que a igualdade formal perante a lei não era suficiente para garantir aos social e economicamente desfavorecidos as oportunidades de que desfrutavam indivíduos socialmente privilegiados. Portanto, já não era mais suficiente falar em igualdade de oportunidades, mas antes em igualdade de condições. Assim, afirma Gomes (2003, p. 19):

> [...] em lugar da concepção 'estática' da igualdade extraída das revoluções francesa e americana, cuida-se nos dias atuais de se consolidar a noção de igualdade material ou substancial, que, longe de se apegar ao formalismo e à abstração da concepção igualitária do pensamento liberal oitocentista, recomenda, inversamente, uma noção 'dinâmica', 'militante' de igualdade, na qual, necessariamente, são devidamente pesadas e avaliadas as desigualdades concretas existentes na sociedade, de sorte que as situações desiguais sejam tratadas de maneira dessemelhante, evitando-se assim, o aprofundamento e a perpetuação de desigualdades engendradas pela própria sociedade.

Desse modo, comenta Gomes (2003), a igualdade formal deixa de ser um impedimento para a defesa e proteção de interesses de grupos e de indivíduos que se encontram socialmente desprotegidos e desfavorecidos. A ideia de igualdade "formal" cede lugar à noção de igualdade "substancial" que passa pelo reconhecimento de que a "igualdade de oportunidades" deve ser levada em conta na administração e execução de políticas públicas, na promoção da justiça social. Nesse caso, seguindo aqui as indicações de Gomes (2003), o Direito passa a perceber os indivíduos como seres concretos dotados de particularidades e necessidades específicas relativas ao gênero, etnia, raça e classe social. É para esse indivíduo detentor de especificidades e necessidades que se voltam as novas políticas sociais, as quais culminaram em nossos dias com as políticas de ação afirmativa. Em razão das reivindicações de minorias (que não são numericamente minorias), o Estado deixa de ser um mero espectador, destaca Gomes (2003), e passa a atuar na busca de condições em que as desigualdades gritantes sejam amenizadas.

Nessa redefinição do princípio da igualdade – de formal para substancial e material – coloca-se em discussão a aparente ideia de justiça sobre a qual se buscou sustentar a igualdade formal e o pressuposto de que a mesma garantiria a igualdade de oportunidades. Bastaria apenas que cada indivíduo se dispusesse a lutar e a buscar por esforço e mérito próprios a sua inclusão e acesso à educação, ao emprego e a uma vida digna. As ações afirmativas fundamentam-se e estruturam-se nessa perspectiva de superação do aspecto formal da igualdade entre os indivíduos e grupos sociais e da aparente justiça em que elas se sustentam. Desse modo, conforme Rocha (em Gomes, 2003), a desigualdade dos desiguais que foram histórica e culturalmente discriminados, é vista como motivo suficiente para se promover a igualdade material e efetiva daqueles que foram e ainda são marginalizados por meio do preconceito e da discriminação. A igualdade que se busca realizar a partir das ações afirmativas, na perspectiva do Direito, leva em conta não só o momento presente em que as pessoas são colocadas em determinadas situações, mas também considera a igualdade jurídica na dinâmica histórica da sociedade. Ou seja, busca retratar não apenas o momento histórico em que vivem determinados grupos sociais discriminados, mas ainda vincula esse presente ao seu passado, marcado por discriminações que ainda hoje não foram extintas.

A partir do exposto acima, podemos dizer que os argumentos da igualdade formal e do mérito utilizados pelos universitários, quando lidos à luz dos princípios que regem as ações afirmativas, legitimam a injustiça social. Enfrentar a ideologia do mérito e da igualdade de todos perante à lei parece ser mesmo o grande desafio posto às políticas de ação afirmativa. Trata-se, como vimos, do conflito entre valores em que de um lado está a ideia de justiça fundamentada no princípio da igualdade e mérito e, do outro, uma noção de justiça compensatória, cujo objetivo é, conforme Santos (2003), reparar, compensar e corrigir a discriminação racial sofrida no passado por grupos sociais e que ainda os afetam no presente, colocando sérios limites ao desenvolvimento psicológico, social, econômico e cultural desses indivíduos. Afirma, ainda, Santos (2003, p. 90):

> Reconhece-se, por meio da justiça compensatória, que o ponto de partida para a obtenção dos direitos legais e legítimos na sociedade não foi o mesmo entre os grupos discriminadores e discriminados, uma vez que, no processo de competição social, os últimos partiram em desvantagem ante a discriminação racial proporcionada pelos primeiros.

Esse conflito de valores, o qual denominamos de valores em crise, dá-se no âmbito do debate jurídico contemporâneo. Se por um lado há aqueles que dizem que as cotas são inconstitucionais, vamos encontrar especialistas no Direito que exploram brechas na Constituição Brasileira, argumentando favoravelmente à constitucionalidade das cotas. No artigo "O debate constitucional sobre as ações afirmativas", Gomes (2003) retoma de maneira cuidadosa os argumentos daqueles que fundamentam a legitimidade das cotas, reportando-se a vários artigos da Constituição. Não nos interessa nesse momento apresentar uma defesa jurídica das ações afirmativas, mas apenas ilustrar esse aspecto conflitivo entre valores quando se trata de política de cotas. Esse conflito não se situa apenas no plano das representações sociais, mas também lança suas raízes no âmbito mesmo do Direito Constitucional Brasileiro.

Queremos ressaltar, ainda, que os resultados dessa pesquisa aproximam-se, sob vários aspectos, de resultados de pesquisas já realizadas sobre cotas para negros na universidade brasileira. Nesse sentido, destacamos a seguir pontos convergentes entre a nossa pesquisa e aquelas comentadas na primeira parte deste texto.

Um primeiro ponto convergente refere-se ao reconhecimento da discriminação aos pobres e a negação da discriminação ou racismo contra os negros no país. O que nos leva a pensar que o "mito da democracia racial" constitui um forte elemento na representação e negação do preconceito racial, aspecto que, segundo Santos (2003, p. 87), impede "uma discussão séria, franca e profunda sobre as relações raciais brasileiras e, mais do que isso, inibe a implementação de políticas públicas específicas para negros."

O segundo ponto nesta convergência pode ser encontrado na rejeição às políticas relacionadas às cotas que foram percebidas como mais ameaçadoras que aquelas referentes ao mérito e ao cursinho. Confirmam-se, portanto, pesquisas realizadas no Brasil que mostram representações mais positivas em relação aos cursinhos para alunos negros ou carentes, como forma de ação positiva, e resistências e representações negativas à política de reservas de vagas por meio de cotas. Ressaltamos, também, que essa tendência reproduziu-se, no caso do nosso estudo, entre os alunos negros.

Os resultados relativos às consequências positivas das medidas afirmativas para certos grupos e à favorabilidade de suas respectivas implementações aproximam-se das pesquisas realizadas no Brasil em que os estudantes, na maioria, são mais favoráveis a políticas mais brandas e universalistas. Há uma atitude mais favorável à política de cotas quando se tem como beneficiários os alunos de escolas públicas. Esses resultados confirmam os argumentos de Lorenzi-Cioldi (2002) e Lorenzi-Cioldi e Buschini (2005), segundo os quais as políticas afirmativas são mais aceitas quando direcionadas a grupos mais amplos com baixo nível socioeconômico, que quando beneficiam grupos mais restritos marcados por diferenças étnicas ou raciais.

Finalmente, é preciso assinalar a pequena presença, entre os universitários pesquisados, de representações e argumentos baseados na história do negro no Brasil, como aqueles sobre as discriminações impostas a eles e a compensação de perdas sofridas, na defesa de políticas de ações afirmativas. Esses argumentos são centrais na concepção de justiça compensatória e na consideração das condições de igualdade formal e desigualdade real e poderiam ser contemplados em diferentes processos culturais e educacionais.

NOTAS

1 Trata-se da entrevista da ministra Matilde Ribeiro, publicada em 27 de março de 2007 no site da BBC Brasil, e que ao responder a pergunta se no Brasil havia racismo de negro contra branco, como nos EUA, afirmou o seguinte: "Eu acho natural que tenha. Mas não é na mesma dimensão que nos EUA. (...) A reação de um negro de não querer conviver com um branco, acho uma reação natural, embora eu não esteja incitando isso. Não acho que seja uma coisa boa. Mas é natural que aconteça, porque quem foi açoitado a vida inteira não tem obrigação de gostar de quem o açoitou". Este trecho foi retirado do Jornal Folha de São Paulo – Caderno Mais, p. 05, 1º de abril de 2007.
2 É importante ressaltar que em razão da autonomia que gozam as Intituições Públicas de Ensino Superior no Brasil, cada universidade tem elaborado projetos próprios para adoção de políticas de cotas.
3 Cada público-alvo combinado com cada política teve, no mínimo, 30 alunos respondentes oriundos de cursos variados e sendo aleatória a presença de alunos autodeclarados negros ou brancos em cada conjunto.

REFERÊNCIAS

AUGUSTO BRANDÃO, A. Avaliando um pré-vestibular para negros. In: REUNIÃO DA ASSOCIAÇÃO NACIONAL DE PÓS-GRADUAÇÃO E PESQUISA EM EDUCAÇÃO – ANPEd, 27., 2004, Caxambu. 1 CD-ROM.
CAMARGO, B. V. ALCESTE: um programa informático de análise quantitativa de dados textuais. In: PAREDES, A. S. P. M. et al. (Org.). *Perspectivas teórico-*

metodológicas em representações sociais. 1. ed. João Pessoa: Ed. Universitária da UFPB, 2005. p. 511-539.

CAMARGO, E. P. R. *O negro na educação superior:* perspectivas das ações afirmativas. Tese (Doutorado) – Universidade Estadual de Campinas, Campinas, 2005a.

CARVALHO J. J. E.; SEGATO, R. L. *Uma proposta de cotas para estudantes negros na Universidade de Brasília.* Brasília, 2002. Versão revisada e ampliada do texto preparado para a sessão do CEPE de 8 de março de 2002.

CHAUI, M. *Brasil:* mito fundador e sociedade autoritária. São Paulo: Fundação Perseu Abramo, 2000.

DOISE, W. *Droits de l'homme et force dês idées.* Paris: PUF. 2001.

GOMES, J. B. O debate constitucional sobre as ações afirmativas. In: SANTOS, R. E.; LOBATO, F. (Org.). *Ações afirmativas:* políticas públicas contra as desigualdades raciais. Rio de Janeiro: DP&A, 2003. p. 15-57.

LORENZI-CIOLDI, F. *La discrimination positive:* les représentations des groupes dominants et dominés. Colletions et agrégats. Grenoble: Presses Universitaires de Grenobles, 2002. cap. 7, p. 217-269.

LORENZI-CIOLDI, F.; E BUSCHINI, F. Vaut-il mieux être une femme qualifiée ou être qualifiée de femme? Effects paradoxaux de la catégorisation dans la discrimination positive. In: SANCHEZ-MAZAS, M.; LICATA, L. *L'Autre:* regards psychosociaux. Grenoble: Presses Universitaire de Grenoble, 2005. cap. 10, p. 279-308.

MOSCOVICI, S. *A representação social da psicanálise.* Rio de Janeiro: Zahar, 1978. Original publicado em 1961.

SANTOS, N. R. Movimentos de educação popular: um estudo sobre os pré-vestibulares para negros e carentes no Estado do Rio de Janeiro. In: REUNIÃO DA ASSOCIAÇÃO NACIONAL DE PÓS-GRADUAÇÃO E PESQUISA EM EDUCAÇÃO – ANPEd, 27., 2004, Caxambu. 1 CD-ROM.

SANTOS, S. A. Ação afirmativa e mérito individual. In: SANTOS, R. E.; LOBATO, F. (Org.). *Ações afirmativas:* políticas públicas contra as desigualdades raciais. Rio de Janeiro: DP&A, 2003. p. 83-125.

SHIMIZU, A. M. et al. Black or poor? Social representations of affirmative action policies in brasilian universities. In: INTERNATIONAL CONFERENCE ON SOCIAL REPRESENTATION: MEDIA & SOCIETY. Roma, 2006. p. 127.

VELOSO, G. M. Cotas na universidade pública: direito ou privilégio In: REUNIÃO DA ASSOCIAÇÃO NACIONAL DE PÓS-GRADUAÇÃO E PESQUISA EM EDUCAÇÃO – ANPEd, 28., 2005, Caxambu. 1 CD-ROM.

6
Valores morais no âmbito escolar: uma revisão dos valores apresentados nos livros didáticos e por professores, de 1970 a 2006

Cleonice Camino
Márcia Paz
Verônica Luna

INTRODUÇÃO

Este trabalho tem como objetivo analisar, dentro de uma perspectiva sócio-histórica, como os valores morais têm sido considerados em livros didáticos e por professores, no âmbito do ensino formal, em três contextos sociopolíticos da realidade brasileira: ditadura militar, redemocratização e momento atual. Para tanto, avalia-se o percurso do ensino da moral, considerando se houve avanço ou retrocesso em relação à formação do indivíduo autônomo, tendo por base a perspectiva cognitiva de Piaget.

Acredita-se que, a compreensão do percurso do ensino de valores nas últimas décadas, seja relevante para interpretar se houve ou não crise de valores na trajetória do ensino da moral. Essa interpretação é feita a partir de uma reflexão retrospectiva sobre as concepções de valores, normas e práticas educativas priorizadas nos diferentes contextos políticos. Julga-se que seja também relevante já que possibilita uma reflexão prospectiva sobre as condições sociopolíticas e educativas que propiciariam o desenvolvimento da moral autônoma.

A importância deste estudo sobressai quando se constata, de acordo com La Taille, Souza e Vizioli (2004), que a produção de artigos sobre ética e educação no Brasil, no período de 1990 a 2002, foi escassa, embora com uma tendência para o crescimento. Em suma, a temática parece oportuna considerando-se que o ensino dos valores morais é previsto na Carta Constitucional e aparece como prioridade nos Parâmetros Curriculares Nacionais.

Conforme observado por Luna (1987), a Educação Moral e Cívica figurou como disciplina obrigatória em duas ocasiões da história da república. A primeira ocasião foi no Estado Novo, instituído por Getúlio Vargas (artigo n°131 da Constituição de 1937). A segunda, durante a ditadura, instaurada após o golpe militar de 1964, mais precisamente no Governo do Marechal Arthur da Costa e Silva, por meio do Decreto-lei n° 869/69, de 12 de setembro de 1969 (Brasil, 1969). Nos dois casos, vê-se claramente o sistema educacional a serviço da transmissão dos valores dominantes e como meio de manipulação, pelo poder, das classes subalternas (Freitag, 1980).

Sobre a relação entre o Estado e o ensino da moral e cívica no Brasil, Filgueiras (2006, p. 3375) esclarece:

> A participação do Estado brasileiro nas discussões sobre educação, visando uma educação moral e cívica dos cidadãos se fez presente nos discursos oficiais desde muito antes da ditadura militar de 1964. A discussão sobre a universalização da escola, que tinha como tema central a educação cívico-patriótica e moral, já fazia parte dos debates desde o início da República. Em alguns momentos, chegou a ser ministrada como disciplina, em outros permaneceu como orientação geral das escolas, permeando todas as disciplinas escolares.

Com o desgaste e o fim do regime militar, a eleição indireta de Tancredo Neves, seu falecimento e a posse de José Sarney, em 1985, reiniciou-se o debate sobre questões referentes à educação, de uma forma democrática e livre. No contexto da abertura democrática no país, o Congresso Nacional (eleito em 1986) investiu seus esforços para devolver à União o poder e a competência para estabelecer as bases e diretrizes da educação nacional. Assim, em 1988, a Constituição, em seu artigo 3°, reafirmou o ideal democrático da educação como um direito de todos e dever do Estado e da família, situando-a na base do pleno desenvolvimento. Entretanto, a educação moral e cívica conservou-se no currículo oficial, como disciplina e prática educativa, por quase 25 anos, quando a Lei n° 8.663, de 14 de junho de 1993, revogou o Decreto-Lei já mencionado.

Ao final da década de 1990, surgiram no cenário educacional os Parâmetros Curriculares Nacionais ou PCNs, com uma proposta de otimização e padronização de procedimentos, além de inovação pedagógica, dirigida ao ensino fundamental. Os PCNs trouxeram os Temas Transversais, objetivando contemplar conteúdos operacionais, além das matérias de cunho formador, de modo a fazer frente às peculiaridades da realidade social brasileira. Os temas propostos foram: *Ética, Meio Ambiente, Pluralidade Cultural, Saúde e Orientação Sexual, Trabalho e Consumo*.

No tocante à inclusão do tema Ética, no ensino formal, no texto da apresentação dos PCNs aludiu-se à desditosa experiência do ensino compulsório de moral e civismo, asseverando-se que a proposta em tela era "diametralmente diferente das antigas aulas de Moral e Cívica". A conclus-ão foi no sentido de que "cabe à escola empenhar-se na formação moral dos seus alunos" (Brasil, 2000, p. 73). Vale ressaltar que, nos PCNs, o tema da ética foi abordado do ponto de vista da Psicologia, com base no construtivismo, sobretudo em Piaget e Kohlberg (La Taille; Souza; Vizioli, 2004).

VISÃO PIAGETIANA DOS VALORES MORAIS

Conforme Piaget (1966), o valor aparece no início da vida psíquica, como uma desejabilidade ligada a um ideal, enquanto totalidade, para o qual tende a estrutura cognitivo-afetiva, em termos de equilíbrio. Dessa maneira, todo valor é um investimento afetivo e é neste sentido que o termo é empregado no presente trabalho. Dentro dessa perspectiva, Piaget (1981) assinala que, no primeiro ano de vida, os valores designam os meios, as ações intermediárias e os objetos utilizados para atingir finalidades no mundo externo ao indivíduo. Assim, os valores relacionam-se com os objetos, com as pessoas e com as ações pelos quais a criança se interessa. Os valores relacionam-se, também, com os sentimentos que esses objetos, pessoas e ações lhe provocam, como por exemplo, os sentimentos de sucesso e insucesso, de gostar e de não gostar, de tristeza e de alegria. Esses sentimentos são a forma mais elementar de manifestação dos valores e interesses e constituem a base dos sentimentos interindividuais.

Com o desenvolvimento do pensamento intuitivo (de 2 a 7 anos), segundo Piaget (1964), os interesses se multiplicam e se diferenciam, ligando-se às simpatias e às antipatias, aos sentimentos de autoestima, de superioridade e de inferioridade e aos sentimentos intuitivos morais de respeito unilateral pelos superiores – originados pelo amor e medo da criança em relação aos adultos –, formando uma escala permanente de valores. É nesse sentido que Piaget considera os valores como uma dimensão da afetividade e não mais como uma simples regulação dos afetos. Assim organizados, esses valores determinam a finalidade da ação mais apropriada e, dessa forma, passam a ter um papel importante nas relações interpessoais. Quanto ao sentimento de respeito, ele engendra o sentimento de dever e de obediência para com os superiores, dando origem aos primeiros valores normativos.

Por volta dos 7 anos, inicia-se uma nova etapa, que vai até os 12 ou 13 anos. Tal etapa começa com o surgimento do sentimento de respeito mútuo, associado à prática cooperativa entre as crianças. Essa mudança indica que a criança tornou-se capaz de coordenar sentimentos, o que, por sua vez, significa que um novo sistema de valores está sendo elaborado. Segundo Piaget (1981), as coordenações realizadas no novo sistema são devidas à vontade, que representa, no plano afetivo, o que a lógica representa no plano da inteligência. Nesse novo sistema, a moral regida pela vontade é considerada como autônoma ou de cooperação, uma vez que o seu funcionamento depende do dever que é determinado pela vontade do indivíduo e não por autoridades externas, como ocorre com a moral heterônoma. Assim, os valores morais autônomos podem ser vistos como um sistema de sentimentos e normas, regulado pela vontade, que indica ao sujeito em que consiste o seu dever.

O desenvolvimento moral é descrito por Piaget (1969) por meio de duas grandes etapas: heteronomia e autonomia. As diferenças entre essas morais são consideradas em relação aos seguintes aspectos: o tipo de respeito, a orientação, a concepção sobre as regras, o tipo de justiça[1] e o tipo de julgamento (responsabilidade objetiva e subjetiva).

Na moral heterônoma prevalecem o respeito unilateral da criança pelo adulto, decorrente do amor e do medo da punição, e a obediência. As regras são tidas como eternas, imutáveis e sagradas. Há uma noção de justiça imanente, em que a sanção é considerada como emanando das próprias coisas e uma noção de justiça retributiva expiatória, em que não existe relação entre o conteúdo da sanção e o ato sancionado, mas proporcionalidade entre o sofrimento do culpado e a gravidade da ação, sendo a finalidade desta sanção a expiação. Quanto à justiça distributiva, predomina a ideia de que é necessário considerar que se uma criança do grupo cometeu uma falta relacionada com a distribuição feita por um adulto, essa falta deve ser punida, reduzindo-se a sua quota de bens em comparação com a dos outros membros. Ou ainda, quando na distribuição de bens ou recompensas feita pelo adulto, a criança julga que quem deve receber a recompensa é aquela que obedeceu às ordens do adulto, mesmo quando a ordem é injusta. Quanto ao julgamento de responsabilidade, uma criança, ao julgar as ações cometidas por duas outras, considera como mais culpada aquela que cometeu a ação que acarretou uma consequência mais grave, independentemente da intenção de quem a praticou – responsabilidade objetiva.

Já na moral autônoma prevalece o respeito recíproco, ou seja, a criança respeita alguém do mesmo modo que é respeitada. As regras são consideradas como mutáveis, podendo ser alteradas pelo consenso, isto é, o grupo de crianças decide se muda ou não as regras de um jogo. A justiça retributiva é feita por reciprocidade, ou seja, há uma relação entre o conteúdo da falta cometida e a punição. Essa noção tende para a ideia de justiça restitutiva, em que a punição é substituída por medidas que visam restaurar o equilíbrio da relação afetada com a transgressão. Há uma justiça distributiva igualitária, segundo a qual nem a obediência nem a punição devem reger uma distribuição. No início dessa fase, o princípio indicado é o da igualdade absoluta – todos devem receber a mesma coisa –, princípio este que, com o desenvolvimento da autonomia, leva em consideração a situação particular de cada um (justiça distributiva equitativa). O julgamento da responsabilidade por uma ação é feito com base na intenção daquele que a praticou – responsabilidade subjetiva.

Ainda segundo Piaget (1969), as relações hierarquizadas e coercitivas reforçam a moral heterônoma, enquanto um contexto social igualitário e cooperativo favorece o desenvolvimento de uma moral autônoma. Entretanto, o ambiente pode acelerar ou retardar o desenvolvimento, mas não mudar a sequência dos estágios. Assim, a atitude do adulto de ouvir a criança, respeitá-la e compreendê-la, pode facilitar sua participação igualitária em um grupo de pares. Para Piaget, essa é uma condição necessária, mas não suficiente, para o surgimento e o desenvolvimento da moral autônoma.

Tal como Piaget (1969), assume-se neste trabalho que uma moral mais avançada é aquela que apresenta as características de uma moral autônoma e que uma educação moral adequada deve favorecer o diálogo, a cooperação e o respeito mútuo. Nesse sentido, a presente pesquisa procura, primeiramente, identificar como são apresentadas nos livros didáticos e nos discursos dos professores, algumas dimensões morais – concepção de valores, opinião sobre mudança de valores e normas e concepção de justiça. Em seguida, relaciona os conteúdos encontrados com a moral heterônoma ou autônoma. Por fim, discute se houve avanço ou retrocesso no ensino da moral nos três contextos já citados. A suposição básica é a de que, a partir das ideias de Piaget (1969) sobre o desenvolvimento moral, haveria uma crise de valores no ensino se, após uma etapa em que os professores tivessem investido em formar o aluno dentro de uma moral autônoma, passassem a adotar um modelo de educação que reforçasse uma moral heterônoma, incorrendo, portanto, em um retrocesso no ensino de valores.

PESQUISAS SOBRE O ENSINO DA MORAL NO BRASIL

La Taille, Souza e Vizioli (2004) fizeram uma revisão da literatura educacional relacionada à ética/moral, realizando uma análise quantitativa e qualitativa de dissertações e artigos publicados de 1990 a 2004. Para efetuar essa análise, os autores adotaram vários critérios, dos quais se destacam a quantidade de produção e a presença de propostas pedagógicas de formação ética dos alunos. Com respeito à quantidade de produção, os autores encontraram, no período mencionado, 79 dissertações e teses e 28 artigos sobre o tema ética/moral relacionados à educação, provenientes, respectivamente, da pós-graduação em Educação e de revistas de Educação. Uma análise dessa produção, considerando os períodos de 1990 a 1995 e 1996 a 2004, mostra que a média de produção do primeiro período foi nitidamente inferior à do segundo.

Quanto à análise qualitativa das propostas educacionais (tópico que mais interessa no presente estudo), os autores da revisão indicaram que apenas 2 artigos (Araújo, 2000; Aquino, 1998; em La Taille; Souza; Vizioli, 2004) apresentaram propostas concretas sobre como educar moralmente. Isto é, somente esses dois artigos indicaram os tópicos importantes a serem tratados pelos educadores, apesar de não precisarem como os professores deveriam atuar em sala de aula, em relação a cada um desses tópicos. Finalmente, os autores procuraram explicar a carência de um projeto pedagógico claro por parte dos educadores, a partir de três hipóteses: os educadores não julgavam que a formação ética/moral fosse obrigação da escola; havia um tabu sobre o tema, proveniente de sua associação com a ditadura militar; e o tema era associado à autoridade e à coação.

Diferentemente de La Taille, Souza e Vizioli (2004), cuja abordagem foi eminentemente bibliográfica, Menin (2002) fez uma análise geral da prática educacional sobre a moral no Brasil. Em sua análise, a autora citou exemplos de escolas cujas propostas educativas caracterizavam-se pela doutrinação, outras pela coerção, e outras, ainda, pelo relativismo, ou seja, o ensino da moral ficava a critério do professor. Em relação à doutrinação moral, Menin (1992, em Menin, 2002) fez um estudo de observação de classes da 5ª série do ensino fundamental de uma escola pública, em que constatou a prática da inculcação de valores e normas como forma de educar moralmente. Como exemplo de coerção, a autora citou um editorial jornalístico, onde constava que uma escola privada expulsou alunos que confessaram ser usuários de maconha. Também Klébis e Menin (2000, em Menin, 2002) realizaram uma pesquisa em que 30 professores de três escolas públicas responderam a um dilema moral baseado em um fato verídico. O fato referia-se à atitude de uma diretora, que recorreu à Polícia para investigar uma denúncia de distribuição de drogas na escola, e à força policial, que submeteu os alunos a um constrangimento moral. Os resultados indicaram que a maioria dos professores apoiou a atitude da diretora, pela necessidade de manter a ordem na escola. Finalmente, frente aos dados apresentados e discutidos no texto, a autora indicou a necessidade de uma prática educativa baseada nas concepções teóricas de Piaget.

Com o intuito de analisar as concepções de educadores infantis sobre a autonomia, Dias (2005) realizou uma pesquisa, na qual entrevistou 15 educadores de 8 unidades de ensino público da cidade de Niterói, Rio de Janeiro. De acordo com os resultados, os educadores consideraram que a reflexão, a formação de hábitos, os valores, os princípios e o enfrentamento de situações eram importantes para o desenvolvimento da autonomia. Em relação às estratégias utilizadas para a promoção da autonomia, os educadores relataram o exercício da organização, as atividades coletivas e o exercício da escolha.

Observa-se também que, segundo Dias (2005), os professores apresentaram apenas uma compreensão parcial do que seria a autonomia. Isto é, expressaram, no plano teórico, suas concepções de forma mais clara que no plano da prática. Finalmente, segundo a autora, os professores consideraram a socialização como um processo de transmissão de valores.

Outra pesquisa feita com professores, para verificar como ocorre a formação de crianças e adolescentes, foi realizada por Silva, Martins e Cruz (2007). A amostra desse estudo foi constituída por 42 professores dos ensinos médio e fundamental de escolas públicas e privadas da cidade de São José do Rio Preto, São Paulo. Como os resultados demonstraram, os professores julgaram a convivência, a observação e o exemplo como importantes para a formação moral e social dos alunos. Sobre o método de educação moral, os professores relataram o uso de debates e a articulação de temas morais com os conteúdos das disciplinas. Além disso, os professores consideraram a participação da escola e a sua própria atuação como importantes para a formação moral dos alunos. Segundo os autores, apesar de estarem cientes de suas responsabilidades, os professores não possuíam domínio da teoria do desenvolvimento moral, por vezes adotando uma orientação do senso comum.

Com base nas pesquisas citadas, pode-se supor que falta, às escolas, elaborar um projeto pedagógico dirigido à promoção de uma moral autônoma compatível com os PCNs. No que tange aos professores, constata-se a necessidade de um conhecimento teórico e prático, que os capacite a construir e a colocar em prática, junto à escola, um projeto de educação moral.

Frente ao exposto, resta saber se, na sociedade brasileira, a educação passa por uma crise de valores ou se os valores estão em crise. O presente trabalho tenta responder a essa pergunta, com base principalmente na compreensão do desenvolvimento moral de Piaget (1964, 1966, 1969, 1981). Para tanto, analisa a maneira como tem se processado, da ditadura militar ao momento atual, a educação moral no contexto escolar, em relação a três questões básicas: concepção acerca dos valores morais, concepção sobre as normas morais e concepção sobre a justiça.

MÉTODO

Corpus

O conteúdo analisado consistiu-se de: um manual básico de Moral e Cívica[2], em vigor a partir de 1970; seis livros de Moral e Cívica[3] mais adotados na cidade de João Pessoa na década de 1980; e as respostas dadas em entrevistas realizadas em 2006, por 35 professores[4], de ambos os sexos, do ensino fundamental e médio, de escolas particulares da cidade de João Pessoa.

Material

O material utilizado consistiu-se de: textos referentes à natureza e à mudança de valores, normas morais e justiça, contidos em livros de Moral e Cívica; e roteiro de entrevista semi-dirigida. A entrevista continha as seguintes questões: *O que você entende por valores sociomorais? Na sua opinião, as normas morais mudam? Se mudam, quem interfere nessa mudança? O que é justiça?*

Procedimento de coleta de dados

Os textos foram escolhidos com base em uma lista de livros didáticos mais adotados pelas escolas e de maior vendagem na cidade de João Pessoa. Os livros analisados recobriam cerca de 80% das escolas da rede privada.

No que diz respeito às entrevistas, pediu-se, inicialmente, permissão aos diretores para desenvolver a pesquisa nas escolas. Em seguida, submeteu-se o projeto ao Comitê de Ética do Centro de Ciências da Saúde da Universidade Federal da Paraíba-UFPB, que o aprovou. Finalmente, obtida a aquiescência dos professores, as entrevistas foram realizadas individualmente, nas dependências das escolas, durante os horários vagos dos professores e tiveram duração média de 25 minutos cada. Depois de gravadas, as entrevistas foram transcritas e analisadas.

Análise dos dados

Tanto os textos quanto os discursos dos professores foram submetidos a uma análise de conteúdo, por meio do método de Bardin (1977), que consistiu em elaborar um sistema de categorias a partir do conteúdo semântico do *corpus*. Para isso, contou-se com a participação de quatro juízes, que categorizaram os conteúdos (dos textos e das respostas dos professores) com o consenso de, pelo menos, 75% deles. No processo de categorização, foram classificados não apenas os conteúdos que correspondiam à caracterização da moral por Piaget (1969), mas ainda outros conteúdos que, embora não abordados pela teoria piagetiana, relacionavam-se às noções morais estudadas.

RESULTADOS

Concepção dos valores morais

Com respeito a esse item, vale lembrar que Piaget (1964) compreende os valores morais heterônomos como uma organização de sentimentos e normas que são regulados por pressões externas. Por outro lado, os valores morais autônomos são vistos como um sistema de sentimentos e normas regulado pela vontade e construído pelo indivíduo em interações cooperativas com o outro.

Na presente pesquisa, foram observados, no manual de 1970, conteúdos referentes a duas noções gerais e antagônicas dos valores, que não chegaram a constituir definições. Essas noções foram expressas em uma categoria bipolar (Espiritual x Material), em que os valores espirituais seriam hierarquicamente superiores aos materiais. Na primeira noção, os valores espirituais foram tidos como virtudes inerentes à alma, abrangendo os valores morais. Na segunda noção, os valores materiais foram entendidos como propriedades inerentes aos objetos. A natureza dos valores (inerente às coisas ou de origem divina) dá a ideia de uma regulação externa da moral, mais condizente com a moral heterônoma de Piaget (1964) (Quadro 6.1).

Quadro 6.1 Concepção de valores: Categorias dos textos da década de 1970

Categoria	Conteúdo
Espiritual x material	"As virtudes, no sentido moral, são atitudes do Bem, cuja semente foi colocada por Deus na alma humana". "Os valores espirituais são superiores aos valores materiais ... No extremo superior da escala encontramos Deus, que é puro espírito"; "As coisas só apresentam valores materiais, tais como forma, tamanho, peso, força e propriedades físicas ...o homem por ser formado de matéria (corpo) e de espírito (alma) apresenta tanto valores materiais quanto espirituais".

Nos textos de 1980 (Quadro 6.2), observou-se um leque mais amplo de conteúdos e tentativas mais bem-sucedidas de definição dos valores morais e a apresentação de um elenco de virtudes morais expressas nas seguintes categorias: *Qualidade material, Útil/Agradável, Espiritual/Material* e *Qualidade moral/espiritual*. Para os autores dos textos, os valores existiam nas coisas e nas pessoas, ora como qualidades que se descobriam, ora como bens apreciáveis. Mas, de um modo geral, o que predominou foi a ideia de que os valores existiam em si, em todas as coisas, tratassem quer de objetos quer de pessoas. À semelhança dos textos de 1970, registrou-se a oposição e a noção de hierarquia entre valores materiais e valores espirituais (que envolvem os morais), sendo os primeiros tidos como inferiores aos últimos. Mas, de modo distinto, observou-se que os valores eram vistos como virtudes morais, definidas como atos de praticar o bem, como o que era útil e agradável, demonstrando, assim, concepções utilitárias e hedonistas. Ademais, não apareceram conteúdos que indicassem que os valores eram construídos pelos indivíduos em suas interações sociais. Assim, de um modo geral, a concepção moral dos textos de 1980 difere, em vários aspectos, daquela de Piaget (1964), sobre a moral autônoma e se assemelha à do texto de 1970, no que tange a uma concepção de valores que não são regidos pela vontade do indivíduo.

Quadro 6.2 Concepção de valores: Categorias dos textos da década de 1980

Categoria	Conteúdo
Qualidade material	"Os valores se referem à qualidade que as coisas têm, e que as tornam melhores ou piores, boas e más ... Os valores espirituais são qualidades que só o ser humano possui e que estão enraizados no seu caráter, na sua conduta"; "Valor é qualidade que descobrimos nas coisas"; "Todas as coisas, os atos humanos e as pessoas têm qualidades próprias, positivas ou negativas. A estas qualidades chamamos valores."
Útil/ Agradável	"... Tudo o que nos é necessário, útil ou agradável é um valor".
Espiritual/ material	"Os valores obedecem a uma hierarquia ou ordem de importância ... o valor material do dinheiro, roupas, sapatos, etc., deve ser menos importante que os valores espirituais, referentes às práticas do bem e da justiça"; "Em sua evolução rumo à perfeição, o homem acha-se ainda em uma fase em que os valores materiais (conforto, prazeres dos sentidos, riqueza) valem mais que os valores espirituais (amor, justiça, verdade, honestidade)".
Qualidade moral/ espiritual	"A virtude é a qualidade moral (hábito bom) que leva a praticar atos bons, de acordo com as regras da moral e a sua consciência ... A prudência é uma outra virtude que orienta o nosso querer e o nosso agir para a verdade e o bem"; "O hábito moral bom recebe o nome de virtude. E o hábito moral mau chama-se vício ... As virtudes tornam-nos mais perfeitos, sem necessidade de muito esforço ... Existe um grande número de virtudes. Mas todas podem ser incluídas nessas quatro: temperança, prudência, fortaleza e justiça".

As respostas dos professores à pergunta "O que você entende por valores morais?" (Quadro 6.3) foram classificadas nas seguintes categorias: *Bases da convivência social, Respeito, Formação do indivíduo, Parâmetros para fazer o bem, Exercício da cidadania e Não-pertinente*[5]. Em comparação aos textos didáticos, as respostas dos professores apresentaram-se ainda mais diversificadas e não se referiram a concepções sobre valores morais como inerentes ao indivíduo. Em geral, observaram-se definições parciais, que ora contemplavam características dos valores, ora funções (orientação, finalidade), ora tipos de valores, ora ações e ora conteúdos. As respostas categorizadas como *Formação do indivíduo* aproximaram-se da definição dada por Piaget (1981) sobre valores autônomos. Além disso, observou-se uma ênfase na noção de que os valores estavam presentes no convívio social e eram básicos para as relações entre as pessoas. Assim, pode-se dizer que, para os professores, os valores foram vistos como um meio para atingir um equilíbrio social. Entretanto, não ficou claro se os professores julgavam que os valores eram construídos no processo de interação social, nem como as pessoas desenvolviam tais valores.

Quadro 6.3 Concepção de valores: Categorias das respostas dos professores – Pesquisa de 2006

Categoria	Conteúdo
Bases da convivência social	"São valores que norteiam a convivência das pessoas objetivando concretamente a felicidade"; "São requisitos indispensáveis e imprescindíveis para uma vida em sociedade harmoniosa, justa e humana".
Respeito	"Valores, é respeitar o próximo... tem que ser uma questão de respeito aos colegas, ao próximo, à sociedade"; "É você respeitar o ser, o próximo"; "Você respeitar o outro, os direitos, isso são valores sociais".
Formação do indivíduo	"É um conjunto de procedimentos, de sentimentos que a gente vai desenvolvendo ao longo da nossa formação enquanto indivíduo"; "A formação dele, o caráter".
Parâmetros para fazer o bem	"São aquelas atitudes, ações que convergem para o bem, para uma sociedade mais justa, menos desigual, menos violenta"; "Valores sociais e individuais são uma coerência, um caminho para o bem; faça o bem que você vai ser uma pessoa ética, agora, lembrando que não é um bem particular, é um bem coletivo".
Exercício da cidadania	"É exatamente a sua cidadania, exercer cidadania com partilha, com respeito, com solidariedade"; "Valores sociais, eu falo em cidadão, eu quero dizer que tem uma conduta correta, clara, que têm consciência de seus valores e seus direitos, que seja consciente daquilo que é certo e errado, dentro dessa sociedade".
Não pertinente	"É muito relativo, pois depende de lugar, é muito de acordo com o que foi passado pra eles".

Mudança de Valores/Normas

Em relação a esse item, Piaget (1969) ressaltou que as normas são consideradas imutáveis, sagradas e de origem divina na moral heterônoma e mutáveis e de origem consensual na moral autônoma. No presente trabalho observou-se, no manual de 1970 (Quadro 6.4), as seguintes categorias: *Valores permanentes* e *Valores mutáveis*. Enquanto concebidos como morais e espirituais, os valores eram permanentes; e enquanto vistos como materiais, eram mutáveis e efêmeros. Neste manual, embora houvesse uma ênfase na origem divina da moral, existiu também a afirmação de que, por meio do raciocínio, o homem chegaria à formulação de princípios e normas de conduta. Assim, o autor reafirmou a origem divina e a natureza espiritual da moral, ao tratar dos valores permanentes, em contraste com a origem racional dos valores transitórios. Não se observou nenhuma menção aos princípios e às regras morais como construídos socialmente pelos homens em determinadas condições históricas. Dessa forma, as noções de valores enfatizadas neste texto aproximam-se daquelas sublinhadas por Piaget (1969) para a moral heterônoma.

Quadro 6.4 Mudança de valores: Categorias dos textos da década de 1970

Categoria	Conteúdo
Valores permanentes	"...ao criar o homem, fez Deus mais ainda, dando-lhe uma centelha divina, a qual chamamos alma. E é tal centelha de divindade que produz na criatura humana os sublimes sentimentos de amor, de bondade, do bem e da justiça"; "...há valores eternos, perenes, permanentes, imutáveis, verticais, criados pelo espírito".
Valores mutáveis	"Há valores mutáveis, transitórios, horizontais, inováveis e renováveis com a sociedade em mudança, influenciados ou mesmo produzidos apenas pela inteligência, por meio da ciência e da tecnologia".

De modo semelhante, os textos da década de 1980 (Quadro 6.5), que tiveram seus conteúdos classificados em categorias como *Valores permanentes* e *Valores mutáveis*, partiram da concepção de que os princípios da moral tinham uma origem divina. Mas, apesar de assumirem a noção de que os fundamentos da moral provinham de Deus, os textos analisados admitiam a necessidade de um aperfeiçoamento do caráter moral, por meio da educação. Assim, por reconhecerem certos limites da consciência moral, defendiam a aprendizagem de conteúdos morais, sistematizada pela educação na família e na escola. Dessa forma, deram a entender que os valores morais são passíveis de mudanças. Considerando as noções características da heteronomia e da autonomia, as concepções sobre mudanças de valores dos textos de 1980 estariam em transição.

Quadro 6.5 Mudança de valores: Categorias dos textos da década de 1980

Categoria	Conteúdo
Valores perenes	"Essas regras que se chamam moral não foram inventadas por nós, nem são convenções sociais. A moral foi posta em nossa consciência por Deus, ao criar o homem, para que pudéssemos ter algumas regras de como nos comportar em toda nossa convivência"; "Deus como autor da consciência moral...a consciência moral nos manda fazer o bem e evitar o mal".
Valores mutáveis	"...devemos procurar aperfeiçoar a nossa consciência, sobretudo por intermédio de uma educação bem orientada, por meio de boas leituras e do convívio com pessoas bem formadas"; "...para combater o mau caráter e ajudar as pessoas na formação de um bom caráter é que existe a educação moral".

No que diz respeito aos professores (Quadro 6.6), em relação às questões "Na sua opinião as normas morais mudam?" e "Quem interfere nesta mudança?", a maioria considerou que os valores/normas mudavam. As mudanças foram atribuídas a origens diversas, categorizadas como: *Escola/professor/aluno, Conjuntura social, Sociedade, Governo, Família, Economia* e *Mídia*. Visto que os fatores interferentes na mudança de normas estão presentes no meio social, pode-se considerar que os professores, ao contrário das ideias dos textos didáticos, entenderam que princípios e normas morais mudavam, pela pressão de vários segmentos da sociedade. A concepção dos professores de que os valores podiam mudar é compatível com o pensamento próprio da moral autônoma. Entretanto, a atribuição de que as mudanças ocorriam por pressão social é compatível com a noção de coação, que seria mais característica da moral heterônoma. Ressalte-se que alguns professores consideraram que os valores não mudavam, embora não tivessem atribuído uma origem divina para esses valores, como foi atribuído nos textos.

Concepções de Justiça

De acordo com Piaget (1969), pode-se falar em *justiça retributiva*, relacionada à punição de transgressões, e em *justiça distributiva*, como repartição de bens. Ambas as concepções avançam na compreensão daquilo que é justo, com base na obediência ao adulto e na punição (heteronomia), para o que é justo, baseado na ideia de igualdade e de restauração de equilíbrio social rompido (autonomia).

Quadro 6.6 Mudança de valores: Categorias de respostas dos professores – Pesquisa de 2006

Categorias	Sub categoria	Conteúdo
Os valores/ normas mudam	Escola/ professor/aluno	"Acho que os valores mudam porque as pessoas mudam, então no momento em que as pessoas vêm para dentro da escola, seja aluno, seja professor, eu acho que a escola vai mudando"; "Se o professor não quiser não há mudança nenhuma, nem família, nem direção, o professor é que tem que propor alguma coisa";
	Conjuntura social	"A própria conjuntura, de uma forma geral, tem que se atualizar em função das necessidades do dia a dia"; "Todo um conjunto interfere na mudança porque não pode ser um mundo alheio ao que a sociedade expõe, ao que a mídia expõe, os valores eles se adequam ao longo do tempo".
	Governo	"O governo intervém com o currículo que é obrigatório"; "O governo porque felizmente ou infelizmente nós estamos abaixo de um sistema educacional que vem de lá, você sabe que é uma pirâmide, infelizmente é uma realidade ainda".
	Família	" (...) às vezes as normas mudam. Por imposição da família, principalmente em escola privada"
	Economia	"Mudam. O sistema econômico é que vai determinar essas mudanças"; "A sociedade capitalista, pela produção material contínua, acaba remodelando os valores".
	Mídia	"Eu acho que um fator muito forte é a mídia, a televisão, ela é muito forte na formação dos jovens e adolescentes; é um grande formador de opiniões. A questão da internet, também, é uma faca de dois gumes, porque assim como facilita as pesquisas, facilita os copistas"; "Sim, com certeza muda. Os meios de comunicação avançando vem trazendo algo de negativo para o aluno. As pessoas estão se isolando".
Os valores/ normas não mudam		"Os valores não podem mudar, você tem que ter os mesmos valores a vida inteira, eu penso assim. Não há interferência nos valores, eu acho que você até pode conduzir as coisas de forma diferente, de acordo com o tempo, com a política, mas com valores, não, os valores são os mesmos"; "Aqui não, desde que eu entrei tudo é igual, valores e normas".
Não pertinente		"As normas mudam. Há uma mudança, não rígida".

As concepções de justiça presentes no manual de 1970 (Quadro 6.7), foram categorizadas da seguinte forma: *Direitos e deveres*[6], *Meritocracia* e *Punição*. Observou-se que a noção do justo não provinha do plano divino, mas, ao contrário, dizia respeito ao plano terreno, ficando a cargo dos homens recompensar o merecedor, punir os transgressores, fazer cumprir seus deveres e respeitar os direitos. A noção de meritocracia aproxima-se da concepção de justiça distributiva equitativa, enquanto a noção de justiça como punição corresponde à concepção de justiça retributiva expiatória de Piaget (1969).

Quadro 6.7 Concepção de Justiça: Categorias dos textos da década de 1970

Categoria	Conteúdo
Direitos	"(...) o senso de justiça se traduz em uma consciência clara dos próprios direitos e deveres, e no respeito aos direitos dos outros".
Meritocracia	"Justiça consiste em atribuir a cada um o que é seu, o que lhe cabe"; "é o dever moral de dar a cada um o que lhe é devido".
Punição	"Justiça é punir o mal e compensar o bem".

No que se refere aos textos de 1980 (Quadro 6.8), a concepção de justiça apresentou-se mais diversificada. As categorias formuladas a partir dos conteúdos foram: *Direitos e deveres, Meritocracia, Não transgredir normas morais*[7], *Legal, Distributiva* e *Necessidade*. Esses textos também fizeram referência a um equilíbrio entre o cumprimento dos deveres e a exigência dos direitos. Houve, ainda, a ideia de justiça como uma virtude moral que orientava a distribuição de bens, conforme o merecimento. Além disso, observou-se que, nas respostas de três categorias (*Direitos e deveres, Meritrocacia* e *Necessidade*), apareceu de forma subjacente o princípio da igualdade. Esse fato permite considerar tais respostas como relacionadas à moral da autonomia.

As respostas dos professores sobre o que é justiça revelaram uma diversidade de ideias, classificadas como: *Garantia dos direitos, Distinção do certo e do errado, Igualdade, Respeito, Punição, Imparcialidade, Coerência, Princípio orientador, Crítica à justiça* e *Não pertinente* (Quadro 6.9). Tal como nos livros didáticos, os professores atribuíram à justiça a função de punir transgressores e proteger os direitos das pessoas. Entretanto, diferentemente dos textos, observou-se que os professores referiram-se a outras formas de justiça (imparcialidade, igualdade, distinção entre o certo e o errado e respeito) que, como nos textos da década de 1980, revelaram o princípio da igualdade. Vale ressaltar que apenas os professores apresentaram uma visão crítica da justiça, visto que, no entendimento de alguns, há inúmeras e frequentes injustiças sociais no país.

Quadro 6.8 Concepção de justiça: Categorias dos textos da década de 1980

Categoria	Conteúdo
Direitos e deveres	"É exigir os direitos e cumprir os deveres"; "O fundamento da justiça é que cada pessoa tem direito, para poder se realizar, a uma série de bens materiais (...) e bens espirituais".
Meritocracia	"Justiça é a ação de dar a cada um o que lhe é devido"; "Justiça é a virtude moral que guia nossos atos para darmos a cada um o que lhe é devido"; "É uma virtude que consiste em dar a cada um o que lhe pertence, como: seus direitos, objetos, respeito, obediência, amor, compreensão...".
Não transgredir normas morais	"Difamar um colega, por exemplo, é uma falta contra a justiça".
Legal	"Geralmente, essa justiça é exigida por lei".
Distributiva	"Essa justiça atinge os governantes. Eles devem repartir com justiça os bens e os encargos entre os membros da comunidade".
Necessidade	"O maior problema do mundo atual é a falta de justiça. A terra está povoada de subnutridos, doentes, analfabetos. Dois terços da humanidade nunca saciam a fome por falta de alimento..."

Quadro 6.9 Concepção de justiça: Categorias das respostas dos professores – Pesquisa de 2006

Categorias	Conteúdo
Garantia de direitos	"É quando não se violam os direitos, isso é justiça"; "É uma forma de exercer seus direitos, é ter direitos garantidos"; "Essa questão dos direitos existe para estabelecer a justiça dentro da própria essência do direito judicial, das garantias das liberdades individuais, a liberdade de pensamento".
Distinção do certo e do errado	"... tem que haver um equilíbrio entre aquilo que é certo e errado"; "Ouvir os dois lados, cabe a você julgar o que está correto"; "Justiça é ser ético, é ser correto".
Igualdade	"É você não querer para os outros o que não deseja para você"; "Justiça é a relação de um ser com outro ser, ... onde o que é justo é bem dividido"; "Justiça seria, primeiro, tratamento igual para todos".

Categorias	Conteúdo
Respeito	"O respeito ao próximo"; "Respeitar o outro como ser humano"; "Eu acho que é respeitar, ser respeitado, é respeitar o próximo".
Punição	"Punir quem está fazendo coisa errada, independente de sua cor, de sua classe social"; "Se a pessoa faz uma coisa errada ela tem mais é que pagar pelo que fez ... fez, tem que pagar pelo erro".
Imparcialidade	"Justiça é você ser imparcial. Esse é o princípio fundamental da justiça"; "É ser justo nas suas ações, é você não encobrir algo que uma pessoa está fazendo, ou julgar aquela pessoa de acordo com o que você viu, sem levar em consideração todo um contexto".
Coerência	"Justiça é coerência"; "Ser coerente com os valores sociais e morais que nós temos".
Princípio orientador	"É o que rege e governa o ser humano na sua essência de princípios e valores que são aprendidos na sua existência e colocados em prática na vida e sociedade".
Crítica à justiça	"A justiça é cega porque ela não olha para o menos favorecido ... ela deveria ser universal, mas infelizmente não existe isso"; "Nós temos um país desigual, um percentual de jovens fora da escola ... é difícil se falar em justiça nesse país".
Não pertinente	"É fazer acontecer a justiça".

CONCLUSÃO

Sobre as concepções de valores morais, os textos didáticos de 1970 e 1980 apresentaram os valores morais como inerentes à alma, em contraste e hierarquicamente superiores aos valores materiais, presentes nas coisas e nas pessoas. Nos textos desses dois períodos, os valores morais não foram apresentados como resultantes de uma construção social. Além disso, observou-se, nos textos de 1980, uma maior gama de concepções da moral, apesar de não atingirem uma definição precisa. Já nos discursos atuais, elaborados pelos professores, apareceram várias definições dos valores, ainda que parciais. Foi ressaltada a importância dos valores morais para a sociedade, mas não ficou claro se estes eram construídos socialmente, nem a forma como os indivíduos os desenvolviam. A esse respeito, julga-se que, embora avaliem a importância do trabalho com valores na escola, os professores não sabem como fazê-lo, porque pouco compreendem da gênese desses valores. Essa interpretação ratifica as observações de Dias (2005) e de Silva, Martins e Cruz (2007), sobre um conhecimento insuficiente do desenvolvimento moral por parte dos educadores.

Quanto à mudança ou não de valores e de normas, segundo os textos didáticos de 1970, prevaleceu a ideia de que esses eram imutáveis, dada a sua origem divina, mas podendo ser desenvolvidos pelo homem por meio do raciocínio. Nesse sentido, a ideia presente nos textos de 1980, de que os valores morais podiam ser mudados pela educação ou pela convivência, parece ser um avanço em relação aos textos de 1970. No momento atual, os professores não mencionaram as normas como tendo uma origem divina. Além disso, embora as considerassem passíveis de mudanças, não demonstraram conhecer os fatores sociais e os mecanismos psicológicos que contribuíam para essas mudanças, atribuindo-as, de uma forma geral, à pressão social. Essa ideia de que os valores morais são modelados pelo meio social corrobora os dados obtidos por Silva, Martins e Cruz (2007), em uma pesquisa com professores.

Referente à concepção de justiça nos livros de 1970, as definições foram parciais, contemplando apenas alguns tipos de justiça. Nos livros de 1980, constatou-se uma diversidade maior de formas de justiça. Embora definidas parcialmente, essas formas de justiça revelaram a igualdade como princípio subjacente, o que as aproxima da concepção de justiça própria da moral da autonomia, segundo Piaget (1964). No discurso dos professores houve uma diversidade bem maior de concepções de justiça, que revelaram também o princípio da igualdade. Observa-se ainda que, tanto nos textos de 1970 quanto no discurso dos professores em 2006, encontra-se a noção de justiça como punição, o que revela a permanência de traços de uma moral heterônoma. Finalmente, como verificado no estudo de Silva, Martins e Cruz (2007), o conhecimento dos educadores sobre a justiça ainda está próximo do senso comum.

Uma avaliação geral dos resultados indica que os valores morais transmitidos pelos livros didáticos de 1970 correspondem às características de uma moral heterônoma, enquanto os valores morais presentes nos textos de 1980, embora revelem traços da moral heterônoma, revelam também sinais de uma moral autônoma. Quanto ao discurso dos professores, observam-se, sobretudo, características da moral autônoma. A partir dessa análise, pode-se inferir que a prática educativa nos dois períodos históricos visa fortalecer os valores heterônomos e, consequentemente, dificultar o avanço moral. Enquanto isso, no período atual, a prática educativa volta-se para a formação de uma moral autônoma, sem, entretanto, apresentar as bases teóricas necessárias.

Considerando a direção das mudanças no percurso histórico – da heteronomia para a autonomia –, não parece pertinente falar em crise de valores enquanto regressão, pois houve um progresso. Entretanto, tendo em vista a coexistência de valores antagônicos, pode-se falar em crise de valores, com base na ideia postulada por Piaget (1978) sobre o conflito cognitivo – perturbação no processo de adaptação – como um fator de desenvolvimento.

Resta saber de que forma aproveitar essa crise como propulsora do avanço do ensino da moral, tendo em vista as principais características do sistema escolar atual. Em primeiro lugar, pode-se constatar que, além da falta de embasamento dos educadores, a escola encontra-se desvinculada de práticas sociopolíticas de defesa dos direitos humanos. Em segundo lugar, o ensino enfatiza excessivamente o individualismo, em vez da responsabilidade para com o outro, isto é, prioriza a moral privada, em detrimento da moral pública. Finalmente, deve-se considerar, como afirma Inglehart (1991), que em situação de crise econômica, as pessoas buscam valores básicos relacionados à sobrevivência.

Assim, para que o conflito resulte em um progresso moral da comunidade escolar, seriam necessárias discussões, reflexões e tentativas de práticas voltadas para a promoção da justiça dentro do próprio contexto educativo. Além disso, para assegurar uma educação moral voltada para a autonomia, seria necessária uma consciência crítica maior por parte da sociedade, no sentido de reivindicar mudanças mais radicais na política de distribuição de bens, visando uma maior igualdade social. Dessa maneira, poderia-se empreender lutas junto ao poder público, para que fossem dadas melhores condições aos educadores, a fim de que pudessem desenvolver e aplicar métodos mais eficientes de promoção do desenvolvimento moral.

NOTAS

1 Piaget abordou duas grandes acepções de Justiça: a justiça retributiva, relativa às sanções aos comportamentos de transgressão ou de cumprimento das normas, e a justiça distributiva, que diz respeito à repartição de benefícios sociais
2 Da autoria de Amaral Fontoura.
3 Da autoria de Avelino Antônio Correia (vol. 1 e 2), Elian Alabi Lucci (vol. 1 e 2), Siqueira e Bertolin e Gilberto Cotrin.
4 O fato de se trabalhar atualmente com o discurso de professores deve-se, primeiramente, à ausência de um material didático, bem sistematizado, previa-

mente aprovado pelo MEC e cujo uso seja generalizado nas escolas. Também acredita-se que a entrevista com os educadores forneça informações adequadas ao modelo educativo preconizado pelos PCNs, que tem como eixo a transversalidade e possibilita uma flexibilidade no ensino dos conteúdos morais.

5   Esta categoria inclui respostas sem sentido, tautológicas e em branco.
6   Como algumas categorias presentes na análise referem-se a conceitos que não foram tratados na teoria de Piaget (1969), julgou-se necessário defini-las. Assim, compreende-se *Direitos e deveres* como um tipo de justiça distributiva que focaliza a importância de atender aos direitos das pessoas e exigir o cumprimento dos deveres; e *Meritocracia*, como dar a cada um conforme o seu mérito (esforço, produção, etc).
7   *Não transgredir normas morais* – foi considerada como caracterizando a justiça, o cumprimento das normas; *Legal* – justiça baseada no cumprimento da lei; *Necessidade* – distribuir bens para várias pessoas, considerando a necessidade.

REFERÊNCIAS

BARDIN, L. *Análise de conteúdo*. Lisboa: Edições 70, 1977.

BRASIL. Decreto-lei nº 869, de 12 de setembro de 1969. Dispõe sobre a inclusão da Educação Moral e Cívica como disciplina obrigatória. Disponível em: <http://www6.senado.gov.br/legislacao/ListaPublicacoes.action?id=195811>. Acesso em: 9 fev. 2008.

BRASIL. Ministério da Educação. Secretaria de Educação Fundamental (SEF). *Parâmetros curriculares nacionais:* apresentação dos temas transversais. Rio de Janeiro/ DP&A, 2000. v. 8: Ética.

DIAS, A. Educação moral e autonomia na educação infantil: o que pensam os professores. *Psicologia:* Reflexão e Crítica, v. 18, n. 3, p. 370-380, 2005.

FILGUEIRAS, J. M. O livro didático de educação moral e cívica na ditadura de 1964: a construção de uma disciplina. CONGRESSO LUSO-BRASILEIRO DE HISTÓRIA DA EDUCAÇÃO - PERCURSOS E DESAFIOS DA PESQUISA E DO ENSINO DE HISTÓRIA DA EDUCAÇÃO, 6., 2006, Uberlândia. Anais... Uberlândia: UFU, 2006. v. 1, p. 3375-3385. Disponível em: <http://www.faced.ufu.br/colubhe06/anais/arquivos/302JulianaMirandaFilgueiras.pdf>. Acesso em: 9 fev. 2008.

FREITAG, B. *Escola, estado e sociedade*. São Paulo: Moraes, 1980.

INGLEHART, R. *El cambio cultural en las sociedades industriales avanzadas*. Madrid: Siglo XXI, 1991.

LA TAILLE, Y. de; SOUZA, L.; VIZIOLI, L. Ética e educação: uma revisão da literatura educacional. *Educação e Pesquisa*, São Paulo, v. 30, n. 1, p. 91-108, jan./abr. 2004.

LUNA, V. *Elementos ideológicos subjacentes à educação e à psicologia frente à aprendizagem de valores sócio-morais:* análise de textos didáticos de moral e cívica. Dissertação (Mestrado) – UFPB, João Pessoa, 1987.

MENIN, S. Valores na escola. *Educação e Pesquisa*, São Paulo, v. 28, n. 1, p. 91-108, jan./jun. 2002.

PIAGET, J. *Intelligence and affectivity:* their relationship during child development. Palo Alto: Annual Reviews Inc., c1981.

_____. *La naissance de l'intelligence chez l'enfant.* Neuchatel: Delachaux et Niestlé, 1966.

PIAGET, J. *Le jugament moral chez l'enfant.* Paris: Alcan, 1969.

_____. *Six etudes de psychologie.* Paris: Denoel/Gonthier, 1964.

_____. *Tomada de consciência.* São Paulo: Melhoramentos, 1978.

SILVA, I.; MARTINS, R.; CRUZ, L. *Valores do ponto de vista de professores do ensino fundamental e médio.* Relatório de PIBIC, UNESP, São José do Rio Preto – São Paulo, 2007.

7

Tecendo os sentidos atribuídos por professores do ensino fundamental ao médio profissionalizante sobre a construção de valores na escola

Maria Teresa Ceron Trevisol

*Se a educação sozinha não muda a sociedade,
sem ela, tampouco a sociedade muda*

Paulo Freire

INTRODUÇÃO

Mesmo não sendo um tema contemporâneo, percebemos, principalmente nestas últimas décadas, uma retomada da discussão sobre a moral e os valores. Um dos motivos que poderíamos elencar para o despertar dessa discussão encontra-se na situação de crise dessa base moral que orienta o agir dos indivíduos. Posicionar-se ante à temática moral e aos valores demanda tomar conhecimento de uma rede de fatores que interagem na constituição desse problema. Segundo Charlot (2007, p. 203) é necessário entender o que está acontecendo com os valores em uma sociedade em que mudaram o trabalho, a família, as relações entre gerações e entre sexos, etc. Autores como Cortella e La Taille (2005) afirmam que a sociedade atravessa uma crise de valores ou, ainda, que os próprios valores estão passando por uma crise. "Crise de valores" traria a ideia de que os valores morais estariam "doentes" e, logo, correndo perigo de extinção. "Valores em crise", por sua vez, é uma expressão que expõe o fato de que os valores morais não desapareceram, mas estão mudando de interpretação. Logo, "crise de valores" remeteria à presença ou à ausência de legitimação da moral, enquanto "valores em crise" faria-nos pensar em um processo de transformação dos referidos valores, mas não em sua ausência ou progressivo desaparecimento.

Esse movimento de discussão tem estimulado uma vasta gama de iniciativas, seja na esfera da produção acadêmica, no âmbito das práticas pedagógicas, seja, ainda, no terreno das políticas públicas (Aquino e Araújo, 2000). Os Temas Transversais, contidos nos Parâmetros Curriculares Nacionais, representam uma mostra de tal vigor temático – mesmo considerando as polêmicas que marcaram sua proposição e as dificuldades, por parte da escola e de seus profissionais, de efetuarem a transversalização desses temas no cotidiano escolar.

Compactuamos com a compreensão desses autores, pois verificamos nas queixas dos indivíduos representantes de diferentes estratos sociais, nas posturas assumidas por eles e no encaminhamento de questões do cotidiano que os valores, normalmente aceitos pela sociedade, demandam processos de reflexão e de ressignificação. Evidenciamos com relação a essa questão um saudosismo dos valores clássicos e universais, bem como das grandes figuras que possuíam autoridade suficiente para liderar e encaminhar as situações-problema da comunidade, como os padres, os pais, os professores, o poder público. É importante ressaltar, ainda, as hierarquias de valores, representativas das comunidades onde estão inseridos os indivíduos, que nem sempre são coincidentes com as de outras pessoas. Ao que parece, houve um enfraquecimento dessa base de princípios, regras que norteiam o comportamento. Analisar essa rede de elementos não é algo fácil, transitamos por um campo de conceitos, de representações, movediço e arenoso. Entretanto, estamos sendo constantemente convidados, enquanto educadores, pesquisadores e, também, pessoas comuns, a refletirmos e construirmos uma relação crítica com esse tema complicado.

Nesse sentido, além de compreender a dinâmica dessas mudanças, consideramos também essencial adentrar no espaço social de interlocução de conhecimentos e valores que constitui a escola. Espaço este que recebe e articula compreensões de diferentes indivíduos provindos de diferentes contextos sociais. Dessa forma, o objetivo maior deste texto é tecer, a partir dos sentidos atribuídos por professores do ensino fundamental, médio e médio profissionalizante, o processo de construção dos valores que ocorre na escola, quais são os principais entraves que o cotidiano escolar evidencia. Qual é o papel que esses profissionais assumem nesse processo, considerando que as inúmeras mudanças na sociedade impuseram à escola e aos profissionais que nela atuam uma responsabilidade que era atribuída, em uma primeira fase de construção, à família? Partindo do pressuposto de que essa rede de fatores está diretamente relacionada à queixa de que os valores estão em crise ou de que vivemos uma crise de valores, como a escola, enquanto instituição social, constituída por diferentes compreensões *dos* e *de que valores* são essenciais para garantir a adaptação do indivíduo à sociedade, está oportunizando a formação desse aluno, tanto no que se refere ao aprendizado dos conhecimentos sistematizados quanto da constituição ética e moral? O que é necessário para que esse aluno alcance essa condição?

A base empírica que subsidiará a discussão proposta neste texto se dará a partir da análise de dados coletados por meio de uma investigação realizada com 120 professores, que atuam em diferentes níveis de ensino. Destes, 40 atuam de 1ª a 4ª série, outros 40 de 5ª a 8ª série do ensino fundamental e mais 40 no ensino médio e profissionalizante em escolas públicas e particulares, de municípios localizados no Oeste catarinense. Como procedimento de coleta de dados, foi utilizado um questionário composto por questões abertas e fechadas e, como procedimento de análise de dados, a análise de conteúdo. As respostas coletadas foram organizadas em três blocos, a saber: Bloco A – *A ótica dos professores sobre a formação dos valores em crianças e adolescentes*; Bloco B - *A escola e a construção de valores*; Bloco C - *Os professores e a construção de valores*. Das questões que compuseram o procedimento de coleta de dados, analisaremos, neste capítulo, somente as que são representativas da compreensão dos professores sobre o papel da escola e de seus profissionais no processo de construção de valores. A título de roteiro, utilizaremos o foco da discussão contida em cada um desses blocos de análise para demarcar as subdivisões deste capítulo.

Passaremos, a seguir, a tecer a trama de fios que configura os sentidos atribuídos pela escola e por seus professores ao processo de construção dos valores. Entretanto, para compreender essa tessitura, precisamos ativar nosso "olhar" sobre essa questão. Possivelmente, o leitor poderia perguntar: Por que o olhar? Para responder a tal questão, parafrasearemos a interpretação de Giordano Bruno (1984 em Novaes, 1988, p.17-18) sobre o olhar, extraída do livro *Heróicos Furores*[1]. Em Giordano, o saber depende da visão. Os olhares são as razões pela qual o objeto (como se ele nos olhasse) faz-se presente a nós. Entretanto, efetua uma distinção no ver (dois significados): "o ver concreto", ou a faculdade de ver pelo intelecto ou pelo olho; e a própria "ação de ver", o ato da potência de ver. É a partir dessa ideia do ato de ver, da ação de ver, que Giordano escreve o diálogo entre os olhos e o coração. A relação dos olhos e do coração, do pensado e do sentido é apresentada por esse autor em um duplo movimento, ou "dois ofícios": os olhos, imprimir no coração e receber a impressão do coração. Da mesma maneira, o coração tem dois ofícios: receber a impressão dos olhos e imprimir nos olhos. Os olhos apreendem as aparências e as propõem ao coração; elas se tornam, então, para o coração, objeto de desejo, e esse desejo é transmitido aos olhos; estes concebem a luz, irradiam-na e, nela, inflamam o coração; esse abrasado espalha sobre os olhos seu humor. Assim, primeiro a cognição emite a faculdade afetiva que, por sua vez e em seguida, emite a cognição. Da mesma forma, para compreendermos a dimensão da questão dos valores proposta neste texto, precisamos "olhá-la" ativando a dimensão dos olhos e do coração.

DEFININDO OS VALORES: A ÓTICA DOS PROFESSORES

Quando nos referimos aos valores, entendemo-los como um "[...] conjunto de normas, princípios ou padrões sociais aceitos ou mantidos por indivíduos, classes, sociedades" (Ferreira, 1986, p.1751), que são construídos e orientam o agir dos indivíduos. Para Piaget (1954), os valores referem-se a trocas afetivas que o sujeito realiza com o exterior. Surgem da projeção dos sentimentos sobre objetos, pessoas ou relações e sobre si mesmo. Segundo Marroco (1997 em Schmitz et al., 2003, p.99), "[...] um valor é uma crença, um grau de importância que o sujeito atribui a um modo específico de ser e de agir". Nesse sentido, o valor, a estima e/ou a importância atribuída às coisas e às pessoas são variáveis de indivíduo para indivíduo. Um objeto, uma pessoa, um grupo ou uma ideia possui determinado valor para um indivíduo em virtude dos significados que são agregados a eles, se despertar algum afeto, isto é, se não o deixar indiferente. Cada indivíduo constrói seu próprio sistema de valores, ao qual se integra sua identidade, influenciando sua conduta. Para Zabalza (2000, p.22) "[...] os valores são como os deuses da antiga Grécia, ou seja, como grandes e contraditórias fontes de energia e de força que movem as pessoas e os grupos em uma direção ou outra". Em suma, os valores representam a base dos eixos fundamentais que orientam a vida e constituem a chave do comportamento humano (Moreno 2002, p.5).

Entretanto, qual é a compreensão de professores, de diferentes níveis de ensino, dos valores sociais e morais? A introdução deste texto demarca o movimento que vivemos de retomada, nas últimas décadas, da discussão sobre os temas morais como valores, em virtude de uma situação de crise. Buscaremos identificar, por meio das respostas dos professores pesquisados, em que medida a escola, enquanto mediadora da formação do aluno, atribui ou não importância para o trabalho de educação moral que realiza. Que argumentos esses profissionais utilizam para se posicionar em relação a essa questão? Por intermédio desse termômetro que constitui as respostas dos professores, efetuaremos uma leitura mais apurada sobre a questão dos valores sociais e morais no contexto escolar.

No Quadro 7.1, encontram-se sistematizadas as respostas dos professores pesquisados à questão "O que você entende por valores sociais e morais?"

Quadro 7.1 Argumentos dos professores dos níveis de ensino fundamental ao médio profissionalizante sobre a definição dos valores sociais e morais

Argumentos identificados	Ocorrência
Princípios, regras que norteiam a conduta/atitude dos indivíduos na sociedade.	71
É o que permite o bem comum: respeito, justiça, solidariedade, direitos e deveres.	27
Atribuíram significados diferentes aos valores sociais e morais. **Sociais:** saber conviver em sociedade; exercício dos direitos do indivíduo; **Morais:** respeitar a si mesmo e ao outro; capacidade de discernir entre o certo e o errado.	15
Construções ao longo da vida.	07

Fonte: a autora.

Dos argumentos elencados pelos professores, para se posicionarem diante dessa questão, identificamos, nos três níveis de ensino, uma posição que se sobressaiu, a que se refere aos valores como princípios, regras que norteiam a conduta dos indivíduos na sociedade. Selecionamos algumas respostas de alguns professores para exemplificar essa posição:

"São princípios que a humanidade criou para nortear a boa convivência. São normas ou regras que as pessoas precisam seguir para viver bem."(Prof. 01, Enf. 1[2]);

"Valores sociais e morais são sentimentos, atitudes indispensáveis para a realização pessoal e profissional. São fundamentais em nossa convivência, pois eles nos tornam seres humanos melhores" (Prof. 11, Enf. 1);

"Regras baseadas nas noções de bem, decência, bons costumes e atitudes, bom comportamento com as pessoas e no ambiente em que se vive" (Prof. 20, Enf. 1);
"São os princípios importantes e necessários para nortearem e estabelecerem os rumos da vida de uma pessoa, como ser único e como cidadão integrante e ativo em uma sociedade" (Prof. 45, Enf. 2);
"É o conjunto de crenças e posturas de um ser humano que conduz o seu agir enquanto ser social. Geralmente se baseiam no respeito à diversidade, na justiça, na valorização do ser humano, na partilha, na ajuda ao outro" (Prof. 94, EnM.);
"São princípios que estão até hoje garantindo a sobrevivência da raça humana, esses nos dizem o que é certo ou incorreto no que diz respeito às nossas condutas" (Prof. 107, EnP.).

Pelos exemplos, verificamos que os professores não se ativeram somente a uma definição, inclusive reproduziram o que normalmente é veiculado, mas evidenciamos, além da definição de valores, um sentido para a importância desses conteúdos no cotidiano dos indivíduos.

Outro argumento utilizado pelos professores é o de que os valores permitem o bem comum, o alcance dos direitos e dos deveres. Selecionamos algumas respostas para exemplificar essa posição:

"O respeito mútuo, a justiça, a solidariedade, o diálogo são pontos de destaque, todos são dignos de respeito, não importando sexo, idade, etnia, religião, classe social, todos temos direitos e deveres. Conviver, partilhar e cooperar na sociedade democrática e solidária" (Prof. 03, Enf. 1);
"Entendo que são um modo de comportamento e atitudes que buscam um bem coletivo e não simplesmente a satisfação própria" (Prof. 93, EnM.);
"Valores são todos aqueles que primam mais pelo social do que pelo individual, logo, são de caráter universal, tais como: a alteridade, a empatia, o respeito, o carinho, o amor gratuito, a compreensão, a humildade, a compaixão, o cuidado, a tolerância, o convívio, a comunhão, etc., em outras palavras: é sonhar coletivamente respeitando o outro, o mundo e a Deus" (Prof. 116, EnP.);
"Valores dizem respeito à formação do caráter como honestidade, humildade, ética, respeito entre os outros" (Prof. 117, EnP.).

Das respostas elencadas pelos professores, uma parcela da amostra efetuou uma diferenciação entre valores sociais e valores morais. Para a maioria dos profissionais que efetuaram essa separação, os valores sociais são aprendidos nas interações com o meio social, como condição para a vida nesse meio. Os valores morais constituem a base do comportamento dos indivíduos, o respeito e a valorização do indivíduo e do outro.

Os valores também foram definidos como construções ao longo da vida.

"São tudo aquilo que uma pessoa adquire durante sua vida, o seu caráter, sua dignidade e outros"(Prof. 83, EnM.);

"São hábitos adquiridos durante a vida por meio de orientação, convívio familiar, escolar e social" (Prof. 37, Enf.1).

Em nenhuma das respostas dos professores, evidenciamos a posição de que os valores são inatos, ao contrário, houve o consenso de que são construídos na experiência significativa que o indivíduo estabelece com o mundo. Essa construção ocorre ao longo do processo de desenvolvimento da criança/aluno. Serão necessários processos dialéticos de construção e reconstrução, que demandam tempo de vida e de experiência, permitindo o ajustamento do ponto de vista endógeno e exógeno. Além disso, essa construção depende diretamente dos valores implícitos nos conteúdos com os quais o sujeito interage no cotidiano, da qualidade das relações interpessoais estabelecidas entre o sujeito e as fontes de valores, de fatores cognitivos que permitirão a compreensão do que está em foco em determinados dilemas do cotidiano e, principalmente, de adultos significativos que lhe possibilitem a apreensão das regras sociais; estes não se eximindo desse papel em todas as situações que demandem orientação e realimentação dos conhecimentos relacionados aos conteúdos morais.

Nesses processos, a identidade moral do indivíduo irá constituindo-se. Segundo Puig (1998, p.133), a identidade moral de cada sujeito forma-se a partir de uma diversidade de tradições intelectuais e morais que definem um marco valorativo; uma diversidade de experiências históricas, sociais, culturais e íntimas; uma diversidade de problemas de valores colocados individual ou socialmente; uma diversidade de sensibilidade, desejos e decisões pessoais; e uma diversidade de práticas de subjetivação e valorização. A formação adequada da identidade individual depende das relações formativas que permitam uma coletividade com tradições e formas convencionais valiosas bem enraizadas.

Outra questão proposta aos professores foi como os adolescentes/crianças formam seus valores. No Quadro 7.2, a seguir, encontram-se sistematizadas as respostas a essa pergunta:

Quadro 7.2 Argumentos dos professores dos níveis de ensino fundamental ao médio profissionalizante sobre como os adolescentes/crianças constroem os valores

Argumentos identificados	Ocorrência
Convivência com a família com continuidade na escola, em outras instituições, na sociedade.	84
Exemplos e orientações dos adultos.	25
Meios de comunicação: televisão.	11

Fonte: a autora

Diante da questão proposta, os professores afirmaram que os adolescentes/crianças formam seus valores por meio de um processo que se inicia na convivência com a família e tem sua continuidade na escola, em outras instituições e grupos. Nesse argumento, evidencia-se a posição, em consonância com as respostas anteriormente mencionadas, de que os valores constroem-se por meio de um processo e de que, nesse processo, assumem papel fundamental a família e a escola. Dos professores pesquisados, o maior número das respostas foram dadas nessa direção. Selecionamos algumas dessas para exemplificar esse argumento:

"Adolescentes e crianças formam seus valores principalmente pela vivência e observação do comportamento e dos valores das pessoas que estão à sua volta tanto na família, quanto na escola e sociedade" (Prof. 01, Enf. 1);

"Os adolescentes formam seus valores por meio da vivência diária. A continuidade se dá com sua participação na sociedade. Quando ele não possui tais significações, a escola encontra dificuldades para enriquecê-las e a sociedade, para modificá-las" (Prof. 31, Enf. 1);

"Quanto à formação de valores, tem seu princípio na família, mas pode ser reestruturada ou adquirida com o passar dos anos pelo convívio social e pela escola" (Prof. 103, EnP);

"Pelos seus familiares, escola, cultura, pelos conhecimentos que obtém em conjunto com outras pessoas. Mas ainda penso que esses valores são e devem ser praticados e ensinados em casa". (Prof. 109, EnP.);

"A maioria dos valores é passada pelos próprios pais e, ao adquirir autonomia, os indivíduos vão revendo seus valores e guardando para si os que sua consciência achar correto, pois para cada pessoa pode ser diferente" (Prof. 114, EnP.).

Para que as crianças e os adolescentes construam seus valores, é fundamental, segundo os professores, a "convivência" (viver em comum) com outros indivíduos e instituições, além da "vivência" (prática) de uma base de conhecimentos morais. Enfatizamos esse aspecto, pois estamos convictos de que somente a "veiculação verbal" não é suficiente para que o processo de construção dos valores ocorra. Ele depende das práticas sociais de seus agentes, da consciência que eles têm dos princípios que as animam e do significado de seus esforços no sentido de traduzi-las, aplicá-las e mantê-las vivas (Carvalho, 2002).

Outro argumento manifestado pelos professores pesquisados foi o de que os valores formam-se pelos *exemplos e orientações dos adultos*. Como qualquer indivíduo que está em processo de construção, é fundamental o papel do outro como orientador e exemplo vivo de ação. Entretanto, cabe novamente ressaltar que este outro deve estar colocado em uma posição de autoridade, a quem são atribuídos sentimentos de confiança e respeito. Selecionamos algumas respostas para exemplificar essa posição:

"Pelos exemplos, conversas compartilhadas, vivências entre pais, crianças, professores. Debates colocando o lado positivo e negativo dos fatos" (Prof. 22, Enf. 1);
"Principalmente se espelhando em alguém que ocupa um espaço importante em sua vida" (Prof. 23, Enf. 1);
"Com certeza por meio dos exemplos, do que veem, do que conhecem, estudam e entendem sua importância" (Prof. 54, Enf .2);
"Com exemplo dos mais velhos e conhecimento não só do que é certo, mas também a respeito de tudo" (Prof. 97, EnM.).

Outro argumento destacado pelos professores refere-se à interferência dos meios de comunicação social, principalmente a televisão, na formação dos valores. Selecionamos algumas respostas para exemplificar essa posição:

"Os adolescentes e as crianças formam sua opinião com base na TV. Assistem a muitos programas que não ajudam em nada sua formação moral. Em minha escola, as crianças não têm muito apoio

da família, pois pai e mãe trabalham o dia inteiro fora" (Prof. 71, Enf. 2);
"Espelhando-se nas novelas, em amigos. Muito pouco está vindo de casa e o que vem já traz influência da TV" (Prof. 59, Enf. 2);
"Hoje em dia, com os recursos da mídia e multimídia, é difícil manter a formação dada pela família (Prof. 14, Enf. 1).

Essas respostas fazem-nos novamente refletir sobre a importância que "bons mediadores" possuem na vida dos adolescentes e crianças. Muitas famílias perderam seu espaço enquanto mediadoras no processo de construção dos valores de seus filhos. Esse espaço foi ocupado por outros indivíduos, outras mediações. Segundo dados do IBGE (Instituto Brasileiro de Geografia e Estatística/ 2006), a televisão é o equipamento eletroeletrônico presente em 93% dos domicílios brasileiros. A TV é um veículo de informação, mensagem e modelo de comportamento social extremamente poderoso. O público que a assiste, em não havendo orientação, é facilmente seduzido a assumir determinadas posturas, a acreditar em verdades propagadas e a assumir o consumismo como grande alternativa para o viver bem.

Os meios de comunicação surgem como um novo e poderoso mecanismo de influência heterônoma na educação das pessoas, inclusive na sua formação moral. A mídia serve-se dos mais refinados recursos tecnológicos, linguísticos e imagéticos para influenciar e seduzir. Ao contrário do que muitas vezes se pensa, essa influência não se limita à venda de produtos, mas usa seu poder de sedução para conformar o modo de pensar, de sentir, de agir e de ser, "impedindo a formação de indivíduos autônomos, independentes, capazes de julgar e de decidir conscientemente" (Adorno em Goergen, 2007, p.749). Nesse sentido, novamente, estamos nos posicionando a favor do papel emergente da escola orientando e oportunizando processos de reflexão, vivência dos valores; enfim, a retomada de uma proposta de educação moral. Segundo Cortella e La Taille (2005, p.107), a escola é um lugar de repercussão, espaço de reflexão sobre essa questão da vida que se quer viver, porque é essa falta de resposta que, no fundo, leva à incivilidade e à violência, entre outras coisas.

A ESCOLA ENQUANTO COMUNIDADE (ESPAÇO) DE CONSTRUÇÃO DOS VALORES

A escola é o espaço da diversidade. Nesse contexto, atende crianças/alunos de diferentes meios socioculturais, familiares, com experiências, aprendizagens, conceitos, leituras e representações de mundo, de valores, formas de julgamento e de comportamento distintos. Esses alunos não chegam à escola como folhas em branco, abertas para receberem as marcas de uma formação moral que a escola tem para oferecer (Goergen, 2007). Ao contrário, são pessoas que estão em processos de formação. Anterior ao ingresso à escola, a formação da criança era predominantemente heterônoma. Nesse sentido, o primeiro grande desafio da formação ética é

> estabelecer uma relação não-traumática entre a identidade já construída da criança e o imaginário moral vigente na escola. A escola deve receber a criança não para julgá-la, mas para despertar nela a consciência de sua própria realidade, de sua própria história e, assim, criar condições para que ela, aos poucos, possa assumir-se como autora de sua própria identidade, constituindo-se como sujeito moralmente autônomo e capaz de tomar nas próprias mãos o seu destino no interior da comunidade (Goergen, 2007, p.747).

Os valores fornecem qualidade à educação. Segundo Zabalza (2000, p. 22), são os valores que refletem a particular sensibilidade que a escola deve ter em relação a certos problemas do momento. As escolas possuem compromisso com uma educação que estimule a autonomia dos alunos; que os oriente para o respeito a si mesmo e aos demais, para a solidariedade, para o comprometimento com os mais frágeis, que os prepare para respeitar a natureza, ser sensíveis ao multiculturalismo, para fazer o que estiver ao seu alcance com a intenção de trabalhar pela paz e pela igualdade entre os povos e as pessoas.

Buscando conhecer a opinião dos professores sobre o papel da escola na construção de valores sociais e morais dos alunos, os questionamos sobre se a escola deveria intervir nesse processo e por quê. No Quadro 7.3, apresentamos uma sistematização das respostas coletadas, representativas da compreensão desses profissionais que atuam em diferentes níveis de ensino. Cabe destacar que todos os professores pesquisados afirmaram que a escola deve intervir no processo de construção dos valores dos alunos, entretanto, os argumentos utilizados, representativos da compreensão desses profissionais alertam-nos sobre aspectos interessantes que merecem especial atenção.

Quadro 7.3 Argumentos dos professores dos níveis de ensino fundamental ao médio profissionalizante sobre a escola e a construção de valores

Argumentos identificados	Ocorrência
Formar cidadãos.	30
Dar conta das deficiências da atuação do meio familiar na orientação/ ensino dos alunos nessa área.	23
Constitui o papel/objetivo da escola a formação dos valores nos alunos.	18
Projetar uma sociedade diferenciada da atual.	16
Aproveitar todos os momentos e atividades do cotidiano escolar.	14
Escola e família são parceiras na formação de valores.	10
Formar o aluno: conhecimentos científicos mais conhecimentos morais.	09

Fonte: a autora.

Como é possível identificar no Quadro 7.3, diferentes argumentos foram utilizados pelos professores pesquisados. Chamou-nos a atenção o argumento mais utilizado por esses profissionais: a escola deve intervir na construção dos valores dos alunos em função de seu *papel enquanto formadora de cidadãos*. Selecionamos algumas respostas para exemplificar esse argumento:

"Para formar os cidadãos desses novos tempos, porque a escola não existe só para preparar para o mercado de trabalho, mas formar cidadãos cumpridores de suas obrigações, bons pais e mães, pessoas sem preconceitos, etc." (Prof. 03, EnF.1);

"Para formar um cidadão de bem, que lute por seus direitos, mas também que cumpra com suas obrigações" (Prof. 25, EnF. 1);

"Para ajudar não só a formar pessoas para o campo de trabalho, mas ainda cidadãos coerentes e capazes de ajudar os outros, sem exigir nada além de gratidão como recompensa" (Prof. 41, EnF. 2);

"A escola sendo uma instituição de ensino deve ter por obrigação formar cidadãos conscientes de seus direitos e deveres e cumpridores de normas e leis". (Prof. 67, EnF. 2);

"Para formar um cidadão consciente que possa ser agente da sua própria história" (Prof. 119, EnP).

Nas respostas dos professores pesquisados, identificamos que, ao termo *cidadão,* foi atribuído diferentes significados, entre eles: cumpre normas estabelecidas, mas as critica quando não possibilitam o bem comum; comporta-se adotando os valores: solidariedade, cooperação, respeito, entre outros; oferece bons exemplos; reflete sobre as atitudes que deve tomar; oportuniza sugestões de melhora para os problemas do cotidiano e dos outros.

Formar o cidadão ou educar para a cidadania são palavras-chave que ocupam espaço significativo no discurso e no cotidiano da escola (nos discursos de profissionais, nos objetivos dos projetos político-pedagógicos das escolas, entre outros). Na Lei de Diretrizes e Bases da Educação Nacional (Brasil, 1996), no art. 22, encontra-se delimitado que a educação básica deve assegurar a todos a formação comum indispensável para o *exercício da cidadania* e lhes fornecer meios para progredir no trabalho e em estudos posteriores. Nesse sentido, é oportuno definir o termo cidadania. Segundo Abbagnano (2007, p. 156), cidadania é o fato de pertencer a uma comunidade política; configura-se em termos diversos nas diferentes sociedades. Está ligada à liberdade ou à justiça e a ambas, e identifica-se com o exercício de três gerações de direitos humanos: os civis, os políticos e os sociais. A aquisição de tais direitos de cidadania é progressiva segundo alguns, enquanto, segundo outros, não têm caráter linear e evolutivo. Enquanto na Antiguidade a ideia de cidadania estava ligada essencialmente à de deveres e, na modernidade, à de direitos, hoje a ideia de cidadania resume a de direitos e deveres: ambos considerados essenciais para que alguém seja membro de uma comunidade.

É importante destacarmos, ainda, segundo Jares (2006, p.09), que o exercício da cidadania está diretamente ligado ao cumprimento do direito à educação. Assim,

> [...] a principal missão da educação para a cidadania consiste em formar pessoas política e moralmente ativas, conscientes de seus direitos e obrigações, responsáveis e respeitosas, comprometidas com a defesa da democracia e dos direitos humanos, sensíveis e solidárias com as circunstâncias dos demais e com o meio em que vivemos. Tudo isso em um contexto de inevitáveis relações de conflito e poder que acompanham, inexoravelmente, a convivência humana.

Outro argumento utilizado pelos professores enfatiza que a escola deve intervir na formação dos valores *em virtude das deficiências da atuação das famílias nesse processo*. Segundo a maioria dos professores, a família não está desempenhando seu papel na formação de valores e, nesse sentido, o papel da escola e a atuação de seus profissionais são essenciais. Selecionamos algumas respostas para exemplificar essa posição:

> "Porque hoje em dia, nossos alunos vêm sem saber o que são valores, pois a própria família já não ensina mais e isso influencia na sociedade" (Prof. 40, EnF.1);
> "Porque os estudantes passam meio período na escola, no mínimo. Se a escola não se preocupar com os valores, quem os fará? Em muitos casos, os pais não têm consciência desses valores. Em tais casos, o papel da escola é ainda mais importante" (Prof. 68, EnF. 2);
> "Para tentar sanar um pouco do descaso que muitos pais fazem em relação a seus filhos. Não acompanham seus estudos e nem sua educação básica familiar" (Prof. 60, EnF. 2);
> "Alguns alunos vêm de lares onde estes valores não são praticados; portanto, é na escola onde eles precisam aprender a diferenciar o certo do errado, o bem do mal e a conviver com pessoas instruídas" (Prof. 75, EnF. 2);
> "Hoje, os pais pensam que quem educa o filho é a escola e não precisam fazer nada para ajudar. Então, a melhor alternativa é demonstrar o que é certo e errado agora, porque depois não vai adiantar" (Prof. 97, EnM.).

É importante considerar que a base para a vida social é constituída pela família. É nessa instituição social, independente de sua composição, que os indivíduos iniciam suas interações com o mundo social e com o conjunto de regras que o regem. É o primeiro grupo com o qual a pessoa convive, e seus membros são exemplos para a vida. Quando o indivíduo não se apropria dessa base moral nos períodos adequados, isto é, durante toda a infância, ele chegará à escola desprovido do conjunto de princípios que a orienta. Provavelmente, as pessoas e os objetos que compõem a escola estarão revestidos de pouco valor ou de pouco significado. E essa é uma das explicações para o não-cuidado com o espaço escolar e com as pessoas que participam de tal contexto.

Para Piaget (1948/1994, p.34)

> [...] antes dos 3-4 anos ou 6-7 anos, conforme o país, não é a escola, e sim a família que desempenha o papel de educadora. Poderão, talvez, alegar então que, mesmo admitindo esse papel construtivo das interações sociais iniciais, o direito à educação diz respeito, antes de mais nada, à criança já formada pelo meio familiar e apta a receber um ensino escolar [...]. Entre-

tanto, dissociando-se dessa forma o processo educativo em dois períodos ou segundo duas esferas de influência, das quais a primeira seria formadora, limitando-se a segunda à transmissão de conhecimentos particulares, torna-se a empobrecer o significado do direito à educação. Não somente se restringe o alcance construtivo desse último, mas também se separa a escola da vida [...].

Em síntese, a família deve ser um espaço de vivência e de aprendizagem social inicial, "[...] uma mola essencial da vida social" (Piaget, 1994). Essa base apreendida nesse espaço permitirá a inserção e a adaptação desse indivíduo em outros ambientes de interação e de aprendizagem além do familiar.

Nas respostas coletadas, evidenciamos a preocupação e a responsabilidade por parte da escola e dos professores em contribuírem na construção dos valores dos alunos, mesmo que essa construção não esteja sustentada por uma base familiar comprometida com o processo educativo. Nesse sentido, a escola não pode assumir, diante dessas respostas, a posição generalista e se referir a todas as famílias de igual forma. Mesmo considerando que alguns pais sejam mal informados e, por assim dizer, insuficientemente educados, e que também existam pais melhor informados, é importante que a escola e seus profissionais não assumam simplesmente a retórica de buscar "culpados", mas os convoquem a participar do processo educacional, compreender problemas da educação inerente à família e os coloquem ao par dos problemas escolares e pedagógicos em geral. A esse respeito, se "toda pessoa tem direito à educação", os pais também possuem, e igualmente, "por prioridade", o direito de serem, se não educados, ao menos informados e mesmo formados no que se refere à melhor educação a ser proporcionada aos seus filhos, enfim, que se promova uma "educação familial" (Piaget, 1994, p. 50).

Não podemos deixar de salientar, ainda, a necessidade de desencadear movimentos de colaboração e parceria entre a escola e a família, que podem se revelar extremamente produtivos e aproveitáveis para as duas partes em foco. A escola tem a ganhar ao conhecer as reações dos pais, e estes, por sua vez, ao conhecerem os problemas da escola. Uma ligação estreita e continuada entre os professores e os pais pode possibilitar, além de informação mútua, intercâmbio de ajuda recíproca e divisão de responsabilidades. Mesmo que os professores pesquisados considerem que a família não tem colaborado suficientemente no processo de construção de valores, evidenciamos nas respostas de alguns deles

(Quadro 7.1) a ênfase na atuação da escola e da família enquanto "parceiras" no processo educacional. Segundo Zabalza (2000, p.22)

> "[...] a escola não pode fazer milagres, mas tampouco deve renunciar ao cumprimento de sua função formadora, seja qual for o meio social e cultural no qual se move". É necessário que a educação cumpra seu papel ou finalidade de "[...] produção de personalidades capazes de viver em sociedade [...]; dar instrumentos para o acesso a saberes relativamente codificados" (Subirats, 2000, p.195).

Somente as crianças que experimentam regras claras e justas de convivência na família e na escola entenderão seu papel no grupo e se tornarão cidadãos autônomos de fato.

Outros argumentos utilizados pelos professores afirmaram que a escola deve intervir na construção dos valores morais, entre eles os que enfatizam que constitui papel/objetivo da escola *formar os valores nos alunos; projetar uma sociedade diferenciada da atual; formar o aluno: conhecimentos científicos mais conhecimentos morais; aproveitar todos os momentos e atividades do cotidiano escolar.* Selecionamos algumas respostas para exemplificar esses argumentos:

> "A escola, apesar de tantos problemas, continua sendo a única fonte de conhecimentos de muitos alunos e acredita ainda em um mundo mais fraterno" (Prof .89, EnM.);
> "Porque é uma das funções da escola essa educação de valores, tão importante na formação de um indivíduo" (Prof. 108, EnP.);
> "Para ter esperança em uma sociedade melhor, mais participativa, e que cada indivíduo que passe pela escola possa sair melhor que a gente, mais capaz e mais feliz" (Prof. 29, EnF.1);
> "A construção de valores sociais e morais são importantes para que as crianças de hoje construam uma sociedade melhor amanhã" (Prof. 18, EnF.1);
> "Por meio dos exemplos as crianças aprendem, repassam e cobram valores, tanto na escola quanto na família" (Prof. 12, Enf.1);
> "Porque é na escola e na sala de aula que se abrem espaços para discussão e para vivências de uma educação em valores" (Prof. 01, Enf. 1);
> "A interação entre alunos e escolas abrirá um trabalho diversificado, com novas experiências e realidades múltiplas" (Prof.66, Enf.02).

É interessante verificarmos, nesses argumentos apresentados pelos professores, a crença e/ou esperança de que, por meio de uma educação em valores, que eduque para a cidadania, será possível educar para "outro mundo" possível. Segundo Gadotti (2006, p.55),

> [...] educar para um outro mundo possível é fazer da educação, tanto formal quanto não-formal, um espaço de formação crítica, e não apenas de formação de mão de obra para o mercado; é inventar novos espaços de formação alternativos ao sistema formal de educação; é educar para mudar radicalmente nossa maneira de reproduzir nossa existência no planeta. Não se pode mudar o mundo sem mudar as pessoas, já que estes são processos interligados.

Entretanto, convém destacarmos que, quando nos referimos aos valores no ensino, não devemos referir-nos apenas aos valores que desejamos transmitir e exigir dos alunos. Mais importantes, a propósito, são os valores que a escola, enquanto instituição e enquanto comunidade educadora, possui, já que grande parte de sua capacidade (ao menos no que se refere aos valores) dependerá disso (Zabalza, 2000, p.23).

Dos argumentos evidenciados nas respostas dos professores pesquisados, chamou-nos a atenção, particularmente, o argumento que salienta que a formação escolar esteja constituída por *conhecimentos científicos mais conhecimentos morais*. Segundo a posição de alguns professores:

> "Educar não é apenas um processo cognitivo, mas é uma experiência mais ampla que envolve a formação de um aluno pensante e questionador, e isso só se embasa com a formação de determinados valores" (Prof. 94, EnM.);
> "A escola é como se fosse um todo, um conjunto de relações humanas e de ensino" (Prof.08, Enf.01).

Considerando a sociedade da informação em que vivemos, a escola deve servir de *bússola* para navegar no mar do conhecimento, superando a visão utilitarista de só oferecer informações "úteis" para a competitividade, para obter resultados. Deve oferecer uma formação geral na direção de uma educação integral. O que significa servir de bússola? Significa orientar criticamente, sobretudo as crianças e jovens, na busca de uma informação que os faça crescer e não embrutecer (Gadotti, 2000).

Nesse sentido, alguns autores, entre eles Piaget (1977), Puig (1998), La Taille (1996, 2000, 2002, 2005, 2006), Araújo (2000, 2007) e Menin (1996, 2002), postulam a necessidade da construção de uma proposta de educação moral nas escolas. Segundo Puig (1998), um dos motivos que impelem para a construção de uma educação moral reside no fato de que hoje os problemas mais importantes apresentados pela humanidade em seu conjunto não são problemas que tenham uma solução exclusivamente técnico-científica, mas sim situações que precisam de uma reorientação ética dos princípios que as regulam.

A educação moral, segundo Puig (1998, p.150), não é tão-só um meio de adaptação social ou de aquisição de hábitos virtuosos e também não é apenas o desenvolvimento do juízo moral ou o descobrimento dos próprios valores. A educação moral

> [...] é uma tarefa complexa que os seres humanos realizam com a ajuda dos seus companheiros e dos adultos para elaborar aquelas estruturas de sua personalidade que lhe permitirão integrar-se de maneira crítica ao seu meio sociocultural. É um processo, portanto, de elaboração de formas de vida e de maneiras de ser que não são dadas totalmente de antemão, nem aparecem graças ao amadurecimento de disposições prévias, mas que também não surgem por acaso. É um processo de construção em que intervêm elementos socioculturais preexistentes, que traçam um caminho para o indivíduo, mas é também um processo em que cada indivíduo intervém de modo responsável, autônomo e criativo.

Nesse sentido, ainda Puig (1998, p.151) enfatiza que a formação moral, como um processo de construção da personalidade moral, depende *do tipo* e *da quantidade de problemas sociomorais* que o sujeito é capaz de perceber nos *meios de experiência* em que se encontra ou nos *meios que exercem alguma influência sobre ele*. Essa afirmação suscita a reflexão de duas questões: os problemas sociomorais e os meios de experiência moral. Esses dois aspectos possuem papel importante no processo de formação moral. A construção da personalidade moral se produz no interior ou em relação a certo número de meios de experiência que apresentam dificuldades valorativas. Portanto, o meio, ou contexto, fornece as experiências vitais a partir das quais os sujeitos podem reconhecer o que para cada um deles vai ser um problema sociomoral expressivo. Meios e problemas são, pois, os dois primeiros fatores de construção da personalidade moral.

A escola é o lugar de construção e reconstrução de conhecimentos, de convivência coletiva, social e de vivência de valores. Compreender essa dinâmica significa apostar em um futuro e em cidadãos diferenciados.

OS PROFESSORES E A CONSTRUÇÃO DE VALORES

No cotidiano da escola, os professores ocupam papel essencial no processo educacional. Boa parte da responsabilidade no êxito ou no fracasso desse processo reside no modo como o educador o realiza. No campo da formação moral dos alunos, acontece o mesmo. A postura desse profissional quando discute diferentes temas, quando transmite conhecimentos e, principalmente, quando torna-se "exemplo de vivência" do conjunto de valores que apregoa, será, sem dúvida, uma das condições essenciais na obtenção do êxito educacional. Os professores são "interlocutores da educação moral". Entretanto, é importante não deixar de considerar, que "os professores, além de serem professores, são também pessoas afetadas e envolvidas nas suas convicções, sensações, aspirações como qualquer outra pessoa que conviva com os conflitos e ambivalências éticas e morais da sociedade contemporânea" (Goergen, 2007, p.748).

Passaremos, a seguir, a analisar as respostas dos professores à questão: "O professor deve participar na construção dos valores nos alunos? Por quê?". No Quadro 7.4, apresentaremos uma sistematização das respostas coletadas, representativas da compreensão desses professores.

Quadro 7.4 Argumentos dos professores dos níveis de ensino fundamental ao médio profissionalizante sobre o professor e a construção de valores

Argumentos identificados	Ocorrência
É um auxiliar na formação do ser humano.	25
Possui um papel importante no processo educativo.	20
É exemplo/modelo para a vida/atitudes dos alunos.	18
A família não tem cumprido seu papel.	13
O objetivo da intervenção pedagógica é educar.	12
Permitir uma melhor adaptação do indivíduo à sociedade.	09
Mediador na construção dos valores.	07
Intervir, sempre que possível, em todas as situações.	06
Intervir para resgatar os valores.	04
É compromisso da comunidade escolar.	03
Crianças e adolescentes vivendo segundo os valores explicitados pela TV.	01
Deve haver um professor para trabalhar este conteúdo.	01
O professor não tem formação para trabalhar estes conteúdos.	01

Fonte: a autora.

Identificamos, nas diferentes respostas dos professores, primeiramente, a necessidade da intervenção docente no processo de construção dos valores. Nesse sentido, o trabalho do professor é essencial, pois é considerado o alicerce na vida do aluno, o orientador, o amigo, o modelo. A forma como o professor age e pensa é tido como exemplo, como algo a ser seguido. Os professores são responsáveis por orientar, por mediar e por auxiliar no processo de construção dos valores. Selecionamos algumas respostas dos professores pesquisados para exemplificar essa colocação:

"Sendo o professor parte integrante de uma instituição educativa sua participação é essencial na formação de valores sociais e morais dos alunos, partindo do princípio que as crianças ainda têm o professor como exemplo" (Prof.11: Enf 1);

"Porque, com a troca dos exemplos, ele vai demonstrar ou será percebido pelo aluno, que ele não é só educador e sim um ser íntegro e que possui valores notáveis em suas atitudes diárias" (Prof.33, Enf.1);

"Porque o professor é visto pelo aluno como espelho e tem grande influência sobre ele" (Prof. 23, Enf.1);

"Na maioria das vezes é na escola que os alunos expõem seus problemas, angústias, dificuldades e geralmente veem no professor um amigo, um conselheiro" (Prof. 07; Enf.1);

"É necessário participar, intervir na formação de valores sendo exemplo, pois o aluno percebe quais são os valores do professor" (Prof. 28, Enf.1);

"Porque o professor é tomado como modelo pelos alunos; logo, certas atitudes serão imitadas pelos alunos" (Prof. 112, EnP.).

É interessante destacarmos que o professor poderá ou não ser revestido por uma figura de autoridade digna de "imitações", servir de exemplo ou de modelo de conduta e/ou atitudes, auxiliar no processo de construção dos valores nos alunos a partir dos sentimentos que inspirar em seus alunos. Segundo La Taille (2006, p.108-132), o "querer agir moral" está alicerçado em seis sentimentos. Os dois primeiros aparecem indissociáveis do sentimento de obrigatoriedade: medo e amor. Os demais: confiança, simpatia, indignação e culpa, com exceção da culpa, não estão, diretamente, relacionados aos sentimentos de obrigatoriedade, mas a alimentam e a fortalecem. Particularmente, no que se refere à confiança, é importante tecer mais alguns comentários. Para o autor (2006, p.111), "[...] para depositarmos confiança em alguém, além de fazermos hipóteses a respeito da qualidade de suas ações também fazemos hipóteses sobre suas *qualidades enquanto pessoa moral*. Em suma, a confiança implica a dimensão moral".

De outro lado, do ponto de vista de alunos que frequentam instituições particulares e públicas de ensino médio da Grande São Paulo, segundo pesquisa realizada por La Taille e Harkot-de-La-Taille (2005), encontramos a confirmação de que os professores são peça-chave no processo educativo. Nos dados revelados por esses alunos quando solicitados a respeito da influência que seus professores exercem sobre seus valores, os pesquisadores identificaram que, entre os agentes sociais do espaço público, observa-se que os professores são vistos como tendo mais influência: 66,7% (os meios de comunicação receberam 56,9%, as instituições religiosas 47,9%, as propagandas 40,8%). Mas eles ficam bastante atrás dos pais (92,6%) e dos amigos (72,9%). Dos adolescentes pesquisados, 14,9% enfatizam que os professores possuem muita influência sobre os valores que possuem; 51,9% média influência; 27,3% pouca influência e 6,0% nenhuma influência (La Taille, 2006, p.169-170).

Cabe ainda ressaltar, segundo Kupfer (1989, p.88), que o professor pode tornar-se objeto de transferência pelo aluno. Instalada a transferência, o professor torna-se depositário de algo que pertence ao aluno, seus desejos de saber, de autoridade. Em decorrência dessa "posse", tal figura fica, inevitavelmente, carregada de uma importância especial. E é dessa importância que emana o poder que, inegavelmente, têm sobre o aluno. Isso explica, em parte, o fato de haver professores que nada parecem ter de especial, mas que, na realidade, marcam o percurso intelectual de seus alunos. Nesse sentido, enquanto professores não podemos deixar de considerar o valor desses elementos subjetivos quando estamos nos referindo ao processo educativo e de formação do aluno.

Nas respostas dos professores pesquisados, identificamos, ainda, a necessidade de a escola e de esses profissionais dirigirem o processo educativo visando à formação humana do sujeito, de organizar o currículo integrando conhecimentos formais e conteúdos éticos e morais, em decorrência da necessidade de preparar/formar o aluno para "con-viver" com os outros indivíduos, com a sociedade, usufruir de seus direitos e respeitar seus deveres. Selecionamos algumas respostas de alguns professores para exemplificar esse aspecto:

"Porque não é apenas em conhecimento que a escola e o professor devem se apoiar para ensinar o aluno, mas também deve haver um comprometimento e envolvimento com a formação humana" (Prof. 09, Enf. 1);

"O papel do professor é formar cidadãos como um todo, não apenas atendo-se a conteúdos conceituais factuais, ou a procedimentos, mas também a atitudes" (Prof. 36; Enf. 1);

"É nossa missão contribuir para a formação global do aluno, ou seja, não apenas propor conteúdos, mas também vivenciar valores" (Prof. 116, EnP);

"Porque não se ensina, ou melhor, não se forma na escola apenas conceitos abstratos que farão do aluno um técnico em determinados assuntos. Os alunos devem sair da escola com uma formação completa, para serem pessoas melhores na sociedade" (Prof. 84, EnM.);

"Porque o professor contribui para o aperfeiçoamento do aluno, esse é seu compromisso. Além de transmitir conhecimentos, também tem como missão tornar gente mais gente" (Prof. 13, Enf. 1).

Para Zabalza (2000, p.21), nenhum estilo de educação tem sentido se não estiver comprometido com valores. Segundo o autor,

> [...] são essas grandes orientações que ajudam a dar sentido à vida, a formar-se como pessoa ajustada, responsável e comprometida. Este é, sem dúvida, o grande problema da educação nos dias de hoje, que tornaram confusos e vagos esses perfis sutis do que há por trás da boa educação. Ir à escola não deve significar apenas que se aprendem coisas para esquecê-las em pouco tempo. Ir à escola deve significar ter oportunidades para formar-se, para desenvolver-se como pessoa, para ir crescendo em todas as dimensões humanas (não apenas no conhecimento, mas também nas atitudes e no afeto, na imaginação, no respeito aos demais, na curiosidade, no apreço por si mesmo e pelo que nos rodeia, na capacidade para assumir compromissos, etc.)

Cabe destacarmos, nas respostas dos professores pesquisados, tal como evidenciamos nas respostas sistematizadas no Quadro 7.3, a crítica ao papel da família. Segundo os professores, a escola tem assumido uma parcela significativa da formação moral do aluno porque a família não tem sido parceira nesse processo. Selecionamos algumas respostas para exemplificar esse argumento:

"A escola tem se dedicado a fazer o papel dos pais e isso não ajuda a família e a escola. Os dois devem caminhar juntos, mas cada um fazendo seu papel dentro do possível" (Prof. 37, Enf.1);

"Porque, hoje em dia, nossos alunos não sabem o que são valores, pois a própria família já não ensina mais e isso influencia na sociedade" (Prof.40, Enf. 1);
"Porque a família está falindo, e os alunos estão sem uma referência. É importante a parceria família-escola" (Prof. 30, Enf. 1);
"A família continua sendo a base da sociedade, mas está atribuindo esse compromisso para o professor" (Prof. 57, Enf. 2);
"Muitos de nossos alunos são marginalizados pela condição social, pelo modelo familiar que daí provém. Sentem-se rejeitados e tomam atitudes errôneas como defesa. O papel do professor é inseri-los na sociedade, mostrando-lhes que ele dela faz parte e que sua participação é importante" (Prof. 73, Enf. 2).

Em consonância com essa questão, La Taille (2006, p.140) enfatiza que se a criança/aluno viver em um meio social no qual ações morais são pouco valorizadas, pouco destacadas enquanto traduções de excelência do ser, o mais provável é que a expansão de si pouco se alimentará delas. Mas como a expansão de si é força motivacional incontornável, procurará seus alimentos em outros tipos de ação. Nesse sentido, a escola e os profissionais que nela atuam assumem papel fundamental quando intermediam o "como agir" das crianças/alunos, as queixas, e os conflitos escolares auxiliam no processo de refletir/tomar consciência do "saber agir" e "querer agir"; enfim, oportunizam o processo de construção da autonomia, definida por Piaget (1977) como a capacidade de tomar decisões nos campos moral e intelectual, independentemente de recompensa e punição.

Se a intervenção que é realizada na escola tivesse parceria com a família, seria verificada a transformação da escola em comunidade de aprendizagem. Segundo Flecha e Tortajada (2000, p. 34), as comunidades de aprendizagem partem de um conceito de educação integrada, participativa e permanente. Integrada, porque se constitui na ação conjunta dos componentes da comunidade educacional com a intenção de oferecer respostas às necessidades educacionais de todos os alunos. Participativa, porque depende da correlação entre o que ocorre na sala de aula, em casa e na rua. Permanente, porque, em virtude dos avanços do conhecimento, o indivíduo requer uma formação contínua. Se os processos educacionais possuem um caráter contínuo e permanente, as aprendizagens dos indivíduos não podem reduzir-se as que ocorrem na escola; portanto, o ambiente familiar e social das pessoas possui papel essencial na formação.

Nos argumentos utilizados pelos professores pesquisados, identificamos posições que reafirmam que educar é um processo constante e que todas as oportunidades devem ser aproveitadas quando o objetivo é contribuir para a formação do aluno. Selecionamos algumas respostas para exemplificar essas posições:

"O trabalho é realizado em salas heterogêneas; no entanto, faz-se necessário abordar assuntos relacionados à importância de uma boa qualidade de vida. É preciso orientar os alunos que estão no erro, incentivá-los no acerto e encaminhá-los para a decência e para os bons costumes" (Prof.31,Enf.01);

"É no grupo que surgem oportunidades diversas para se trabalhar esses temas e mostrar ao educando os caminhos para a busca da felicidade" (Prof.38, Enf.01);

"Trabalhando valores existirá uma ligação ainda maior professor-aluno, seria interdisciplinar sair do quadro, uma participação mais afim, que mudaria o comportamento dos alunos" (Prof.64, Enf.02).

Entretanto, para que isso aconteça, há a necessidade de um projeto coletivo de atuação na escola e não somente atividades esporádicas. Segundo um dos professores pesquisados,

"Quando falamos em comunidade escolar, devemos visar todos os lados para onde vamos. Escola, professores e funcionários podem e devem olhar para os valores e para como são os valores de nossos alunos" (Prof.47, Enf.02).

Outra resposta que nos chamou a atenção, mesmo sendo representada por um número insignificante, somente uma, foi o argumento de que *"deve haver um professor para trabalhar este conteúdo"* e de que *"o professor não tem formação para trabalhar estes conteúdos"*. Enquanto houver profissionais que acreditem que uma proposta de educação moral ou de valores deva ser incorporada na escola como um conjunto de conteúdos fragmentados em uma disciplina, não se estará oportunizando, inicialmente, a ideia de que educar é um compromisso coletivo, de uma instituição, de um conjunto de profissionais e de pessoas que trabalham no contexto escolar (isso porque estamos nos referindo à escola). Além disso, somente a transversalização de conteúdos éticos e morais, além de outros (por exemplo, os elencados como temas transversais), nas disciplinas, poderia permitir a "re-construção e re-alimentação" desses conteúdos.

Muitos defensores da integração das áreas disciplinares argumentam que ela não representa simplesmente uma mudança na pedagogia e, sim, que implica uma mudança fundamental nas crenças sobre o ensino e a aprendizagem, bem como uma visão de realidade em que as coisas são interconectadas e interdependentes. Aqueles que a advogam declaram que

> [...] as experiências do mundo real não são fragmentadas em áreas e, por isso, a integração aumenta a relevância e a motivação para aprender. De um ponto de vista prático, o conhecimento vem aumentando rapidamente, e a integração pode evitar a duplicação, identificando conteúdos e habilidades transversais. (Yus Ramos, 2005, p.11)

Ainda segundo esse autor, os obstáculos para a integração são inúmeros, e o maior deles é a própria especialização docente. Drake (1998 em Yus Ramos, 2005, p. 11) assinala que

> [...] os programas das séries iniciais do ensino fundamental sempre foram mais fáceis de integrar, visto que todas as matérias são dadas por um mesmo professor, ainda que tal realidade esteja mudando nos últimos tempos com a introdução de especialistas diversos. Entretanto, as coisas ficam mais difíceis a partir da 5ª série, visto que a compartimentalização do conhecimento escolar em espaços e tempos é muito maior [...]. Os professores de 4ª a 8ª séries, que foram educados em um mundo em que as disciplinas constituem o princípio organizativo, são formados como especialistas e costumam argumentar que esse enfoque levaria à perda de sua identidade. Contudo, os que se integraram com êxito tendem a se considerar como "professores de estudantes" mais do que como professores de domínios acadêmicos específicos.

Nesse contexto, não é possível deixar de considerar a importância da atuação dos cursos de formação de professores, seja no nível de magistério seja no de ensino superior, que possuem o compromisso de preparar o profissional docente. Que conhecimentos são necessários para constituir esse profissional? A formação do educador precisa considerar o contexto em que se realizará sua atuação profissional. Considerando que irá trabalhar com alunos que estão em processo de formação, independente da faixa de idade em que se encontram, é necessário despertar nesse profissional um senso crítico e moral. Segundo Goergen (2007) é preciso que os docentes recebam uma formação correspondente à oferecida aos alunos, que tenham passado por um processo de conscientização de sua própria moralidade, de seus ideais e sentidos de homem, de mundo e de vida, dos fundamentos que orientam seu julgar e agir, para só então, e a partir daí, pensarem no papel que lhes cabe enquanto agentes da formação moral. Mais ainda:

> como agente de formação moral, o professor não fala sozinho, mas com ele fala todo o contexto escolar, ou seja, na educação moral escolar está sempre envolvida a escola como um todo. Na verdade, é este todo, com suas diferentes vozes, desde o diretor ao funcionário, desde os conteúdos aos procedimentos didáticos, desde os momentos formais aos lúdicos, que representa o verdadeiro agente da educação moral. Formar professores com sensibilidade moral significa familiarizá-los criticamente com as imagens de mundo, de ser humano, de meio ambiente, com conceitos como liberdade, responsabilidade, respeito, tolerância; significa despertar neles a sensibilidade para as formas mais dignas, justas, belas e felizes de se viver, de modo que eles, por sua vez, possam despertar em seus alunos sensibilidades semelhantes (Goergen, 2007, p. 750).

O estudo dos valores na formação do educador visa tornar os (futuros) professores conscientes de sua responsabilidade na promoção desses conteúdos em seus alunos. O professor necessita ser formado para respeitar as características de seus alunos vivendo seus próprios valores, respeitando os valores desses e propondo novas opções de valores (Schmitz et al., 2003). Esse profissional necessita fazer continuamente um exame sério de seus valores e atitudes para melhorar sua atuação. O professor é um portador de valores, e é impossível que não seja vivenciador de valores bem definidos para se sentir seguro perante o desafio da promoção dos valores de seus alunos (Morais, 1991).

Ressaltamos que a atitude/postura do educador não é só uma condição do êxito educacional, mas é também um dos aspectos mais importantes em qualquer proposta de educação moral. Nesse sentido, ele poderá assumir a posição do profissional heterônomo, centralizar o processo educacional em si e não permitir as trocas entre alunos, suas experiências e os conhecimentos/reflexões obtidas a partir delas, ou um profissional que, por meio de sua postura e da base moral que possui, possibilita a análise e discussão de problemas sociomorais, processos de reflexão sobre eles, trocas significativas entre os alunos. Um dos elementos mais significativos da educação moral a ser desenvolvido pelos alunos é o diálogo. Os alunos desenvolvem sua capacidade de expressão e de compreensão à medida que sentem a necessidade progressiva de escutar os demais, de entender o que outros dizem, de ceder ante um argumento melhor ou de criticar aquilo que não compartilham (Puig, 1998, p.118).

O que é *ser professor hoje*? Estamos em consenso com a posição de Gadotti (2000) quando enfatiza que ser professor hoje é viver intensamente o seu tempo, conviver; é ter *consciência* e *sensibilidade*. Não se pode imaginar um futuro para a humanidade sem educadores, assim como não se pode pensar em um futuro sem poetas e filósofos. Os educadores, em uma visão emancipadora, não só transformam a informação em conhecimento e em consciência crítica, mas também formam pessoas. Diante dos falsos pregadores da palavra, dos marqueteiros, eles são os verdadeiros "amantes da sabedoria", filósofos dos quais nos fala Sócrates. Eles fazem fluir o saber (não o dado, a informação e o puro conhecimento), porque constroem *sentido para a vida* das pessoas e para a humanidade e buscam, juntos, um mundo mais justo, mas produtivo e mais saudável para todos. Por isso, eles são imprescindíveis.

CONSIDERAÇÕES FINAIS

Após debater os sentidos atribuídos por professores de diferentes níveis de ensino ao papel da escola e de seus profissionais à construção de valores sociais e morais, reiteramos a posição de que a escola, enquanto instituição social e espaço de ação-reflexão, possui um papel fundamental no processo de construção e de reconstrução dos valores que norteiam o agir dos alunos. Mesmo que os professores que constituíram a amostra dessa pesquisa representem um "olhar", uma leitura particular de uma realidade escolar determinada: o Oeste catarinense, verificamos uma forte intenção, por parte desses profissionais, em resgatar o tema dos valores no contexto educacional. Compreendemos que este é o primeiro passo para que esse processo ocorra: que essa instituição e os profissionais que nela atuam assumam como compromisso os valores que desejam transmitir para seus alunos e essa intenção passe do plano do desejo para o da realização, da vivência. Essa consideração de emergência ou retomada dos conteúdos morais e dos valores na escola está relacionada à percepção de que os valores estão em crise, encontram-se enfraquecidos e, por isso, faz-se necessário atuar nesse sentido. Identificamos, nas respostas dos professores pesquisados, a dificuldade que eles e a própria escola encontram para intervir no processo de construção dos valores, devido, principalmente, à ausência de colaboradores para auxiliar nesse processo, às mudanças na dinâmica familiar que têm produzido uma fragilidade da construção dessa base de conteúdos morais nas crianças, à influência dos meios de comunicação social e tecnológicos, que "imprimem estilos de vida e de necessidade" nos indivíduos considerando a ausência de referências que esses possuem. Além desses fatores, a desorientação ética da sociedade reflete de forma direta na base moral e de valores dos indivíduos, criando para alguns, uma situação de indignação diante de determinados acontecimentos e, para outros, o questionamento sobre o valor de se defender e agir a partir desse conjunto de normas. Considerando esse contexto é oportuno trazer a questão dos valores, novamente, com todo vigor para compor o processo educacional. E, nesse sentido, a escola é uma das instituições sociais autorizada para fazê-lo; entretanto, não pode, também, abdicar desse compromisso.

Crianças e jovens passam grande parte de sua vida na escola. Nesse tempo forma-se sua sensibilidade, sua maneira de pensar e de julgar, constroem-se conceitos e representações, atitudes e comportamentos. Todo esse desenvolvimento que acontece ao longo dos anos escolares representa a constituição da identidade do sujeito com suas diferentes, mas complementares faces do epistêmico, do estético e do ético. Por meio das relações professor-aluno, dos livros didáticos, das avaliações, são transmitidos ideais e imagens de homem, de mundo, de relacionamento, de normas e de valores. A influência moral sobre os alunos é impossível de ser evitada no ambiente escolar. Dessa forma, segundo o pensamento de Adorno (1985 em Goergen, 2007, p. 746-747), "[...] é fundamental que a educação seja transparente em sua finalidade humana, o que significa assumir uma postura moral. É necessário que a escola tenha consciência disso e saiba traduzir em sua prática tal sentido humano".

Nesse sentido, entendemos que a escola, consciente de seu papel formativo e instrutivo, não pode trabalhar com os alunos qualquer valor e de qualquer forma. Caso isso ocorra, o valor trabalhado poderá não se constituir como valor para eles. É importante que a escola reconheça a centralidade do tema dos valores e introduza-o como uma dimensão essencial do currículo, visando garantir ao indivíduo-cidadão[3] a construção de uma relação crítica com os valores que possui e disponibilidade de reorganização e reinserção do conjunto de valores que almeja construir. Mesmo considerando a heterogeneidade de valores que regem a sociedade contemporânea, isso não impede que se possa delimitar um pequeno número de valores que constitua uma base ética comum, a saber: a justiça, o respeito pelo outro, a equidade, o respeito pela verdade. Tais valores, considerados valores morais universais, isto é, suscetíveis a serem aplicados a todas as pessoas, sempre, e em todas as circunstâncias

(Power; Kohlberg, 1989), são exatamente os que estão na base da Declaração Universal dos Direitos do Homem.

Além disso, como trabalhar com os valores? É essencial considerar a atitude de reflexividade coletiva que os profissionais que constituem a comunidade educacional devem possuir como base para nortear a intervenção educacional: o que fazer, o como fazer. Do ponto de vista da ação educacional, trabalhar valores de forma tradicional, por meio de uma postura heterônoma, que impõe regras, como diria Piaget (1994), "sufoca toda personalidade moral". Possivelmente mais prejudicará que possibilitará a formação moral do aluno. Em outras palavras, da mesma forma que o aluno pode recitar a sua lição sem que a compreenda e substituir a atividade racional pelo verbalismo, assim também a criança obediente é, por vezes, um espírito submetido a um conformismo exterior, mas que não se apercebe do fato nem do alcance real das regras às quais obedece, nem da possibilidade de adaptá-las ou de construir novas em circunstâncias diferentes (Piaget, 1994, p.68). Assim, estamos nos posicionando a favor de metodologias que não objetivem somente ensinar normas e regras, o que deve ou o que não deve ser feito, mas de espaços educacionais que valorizem o diálogo, a troca de ideias, as negociações, os acordos e os consensos entre os indivíduos sobre problemas éticos surgidos na escola e fora dela. Quando a inter-relação acontece entre sujeitos que cooperam entre si e que dificilmente podem impor normas uns aos outros, mas que devem dialogar com coragem para mediar suas diferenças, estamos diante de uma primeira condição de aparecimento da consciência moral autônoma. E quando, além disso, entre eles são tecidos laços de respeito mútuo, e o egocentrismo é progressivamente vencido, estamos já no umbral da moralidade autônoma (Puig, 1998, p. 97).

Como fazer para que essas situações dialógicas revertam-se em consciência e comportamento dos alunos? Temos clareza de que somente propiciar discussões sobre questões que tenham como foco a justiça, os valores, a ética e a moral, apesar de permitir que o aluno interrogue-se a respeito da natureza da situação, não garante vivenciar ou praticar a constituição de juízos éticos. Mesmo assim, acreditamos que toda a atividade pedagógica que mobilize o aluno para processos de reflexão (flexão sobre si mesmo) e descentração (colocar-se na perspectiva do outro), o pensar sobre, a construção de argumentos, contra-argumentos, até chegar a consensos sobre determinados focos, são essenciais para ativar a dimensão cognitiva e afetiva do aluno, ao contrário de metodologias que somente se baseiam na reprodução. Tanto para os profissionais que atuam na escola quanto para os alunos, o diálogo é fundamental para a construção do exercício público da liberdade.

Além disso, é importante destacar o papel fundamental do professor. Ele transmite valores não apenas quando os ensina, mas, principalmente, quando os transforma em "estilo de vida", pois os professores são sempre "modelos". O professor transforma-se em instrumento de persuasão, tanto consciente quanto inconscientemente, inclusive, por meio de suas palavras (Zabalza, 2000). Acrescentaríamos, ainda, que é sendo um professor justo que se ensina o valor e o princípio da justiça aos alunos, sendo respeitoso e exigindo que eles também o sejam é que se ensina o respeito, não como um conceito, mas como um princípio de conduta. Entretanto, o contrário também é verdadeiro, pois se as virtudes, como o respeito, a tolerância e a justiça são ensináveis, também o são os vícios, como o desrespeito, a intolerância e a injustiça, pelas mesmas formas (Carvalho, 2004).

Compreender a dinâmica desses elementos é essencial, pois a escola pode fazer apelos aos profissionais que lá atuam para "que defendam posições", para "que realizem atividades", mas é improvável que tudo isso aconteça se esses profissionais, "peças importantes na engrenagem escolar", não possuírem uma carga de empenho e vontade pessoal, combinado com o intelectual, com o emocional e com sua ação.

Superar a situação de fragilidade com que a base moral e de valores encontra-se na atualidade não implica somente adotar uma ou outra medida, isso não resolverá os problemas. A possibilidade de mudança está diretamente ligada a um compromisso coletivo. Nesse sentido, segundo Cortella e La Taille (2005, p.107),

> [...] a escola precisa urgentemente assumir sua tarefa, pois é a única instituição que ainda tem legitimidade social para tanto, a única que, no fundo, diz respeito a todo mundo, visto que, em algum momento da vida, todo mundo é aluno ou professor, pai ou irmão de aluno [...]. Ou seja, a escola ocupa um lugar central na sociedade.

Formar para os valores implica vivência dos mesmos no dia a dia da escola e da sala de aula, no pátio, no refeitório; enfim, todos os espaços de convívio e de diálogo entre pessoas devem estar embebidos desse propósito. Ainda parafraseando os professores Cortella e La Taille (2005), a escola é o espaço privilegiado das crianças durante anos; é lá que elas crescem. Não se pode supor que só se vai ensinar uma parte dos conhecimentos, deixando de lado o civismo, a moral e a ética.

Durante o texto, "aproximamo-nos" dessa delicada questão que é a formação moral e de valores na escola e verificamos a complexidade dessa temática. "Olhá-la", utilizando muito mais que a dimensão do somente "ver", é essencial se objetivamos, enquanto profissionais e pesquisadores comprometidos com essa discussão, colaborar para a construção de alternativas passíveis de serem executadas e não esmorecer-nos diante dos desafios que o cenário atual apresenta-nos.

NOTAS

1 G., Bruno, *Dês fureurs héroiques [De gl 'Heroici Furori]*, edição bilíngüe, Paris, Lês Belles Lettres, 1984.
2 Para nos referirmos aos professores pesquisados e que atuam em diferentes níveis de ensino utilizaremos algumas legendas, a saber: para o ensino fundamental de 1ª a 4ª séries, utilizaremos a legenda "Prof. Enf. 1", para os que atuam de 5ª a 8ª séries, utilizaremos "Prof. Enf. 2"; ensino médio "Prof.EnM"; e ensino médio profissionalizante "Prof. EnP".
3 O termo "indivíduo-cidadão" foi empregado pelos Parâmetros Curriculares Nacionais (PCN, 1998, p.25) referindo-se ao indivíduo que deverá colocar-se, explicitamente, contra valores e práticas sociais que desrespeitem os princípios, comprometendo-se com as perspectivas e decisões que os favoreçam. Isso refere-se a valores, mas também a conhecimentos que permitam desenvolver as capacidades necessárias para a participação social efetiva.

REFERÊNCIAS

ABBAGNANO, N. Cidadania. In: DICIONÁRIO de Filosofia. 5. ed. São Paulo: Martins Fontes, 2007.
AQUINO, J. G.; ARAÚJO, U. F. (Org.). Em foco: ética e educação. *Educação e Pesquisa*, São Paulo, v. 26. n. 2. jul./dez. 2000.
ARAÚJO, U. F. Escola, democracia e a construção de personalidades morais. *Educação e Pesquisa*, São Paulo, v. 26, n. 2. jul./dez. 2000.
ARAÚJO, U. F.; PUIG, J. M.; ARANTES, A. A. (Org.). *Educação e valores*: pontos e contrapontos. São Paulo: Summus, 2007.
BRASIL. Ministério da Educação e da Cultura (MEC). *Lei nº 9.394 de 20 de dezembro de 1996*. Estabelece as diretrizes e bases da educação nacional. Brasília, 1996. Disponível em: < http://portal.mec.gov.br/arquivos/pdf/ldb.pdf>. Acesso em: 18 set. 2007.

BRASIL. Ministério da Educação e da Cultura (MEC). *Parâmetros curriculares nacionais*: introdução aos parâmetros curriculares nacionais. Brasília: MEC/SEF, 1998.
BUSQUETS, M. D. et al. *Temas transversais em educação*: bases para uma formação integral. São Paulo, SP: Ática, 1998.
CARVALHO, J. S. Podem a ética e a cidadania ser ensinadas? *Pro-posições*: Revista da Faculdade de Educação, Campinas, v. 13, n. 3, 2002.
CARVALHO, J. S. et al. Formação de professores e educação em direitos humanos e cidadania: dos conceitos às ações. *Educação e Pesquisa,* São Paulo, v. 30, n. 3, set./dez. 2004.
CHARLOT, B. Valores e normas da juventude contemporânea. In: PAIXÃO, L. P.; ZAGO, N. (Org.). *Sociologia da educação*: pesquisa e realidade brasileira. Rio de Janeiro: Vozes, 2007.
CORTELLA, M. S. *A escola e o conhecimento*: fundamentos epistemológicos e políticos. São Paulo: Cortez, 1998.
CORTELLA, M. S.; LA TAILLE, Y. de. *Nos labirintos da moral.* Campinas, SP: Papirus, 2005.
DIAZ-AGUADO, M. J.; MEDRANO, C. *Construção moral e educação*: uma aproximação construtivista para trabalhar os conteúdos transversais. Bauru: EDAUSC, 1999.
FERREIRA, A. B. de H. *Novo dicionário da língua portuguesa*. 2. ed. Rio de Janeiro: Nova Fronteira, 1986.
FLECHA, R.; TORTAJADA, I. Desafios e saídas educativas na entrada do século. IMBERNÓN, F.(Org.). *A educação no século XXI*: os desafios do futuro imediato. 2. ed. Porto Alegre: Artmed, 2000.
GADOTTI, M. Cidade educadora e educanda. *Revista Pátio,* Porto Alegre, ano 10, n. 39, ago./out. 2006.
_____. Perspectivas atuais da educação. *Revista São Paulo em Perspectiva*, São Paulo,v. 14, n. 2, abr./jun. 2000.
GOERGEN, P. Educação moral hoje: cenários, perspectivas e perplexidades. *Educação e Sociedade,* Campinas, v. 28, n. 100, out./2007. Número especial.
INSTITUTO BRASILEIRO DE GEOGRAFIA E ESTATÍSTICA (IBGE). *Censo Domicílio/ 2006*. Disponível em: <www.ibge.com.br>. Acesso em: 12 dez. 2007.
KUPFER, M. C. O desejo de saber: uma teoria freudiana da aprendizagem. In: _____. *Freud e a educação*: o mestre do impossível. São Paulo: Scipione, 1989.
JARES, X. R. A cidadania no currículo. *Revista Pátio,* Porto Alegre, ano 9, n. 36, nov. 2005/jan. 2006.
_____. *Educação e conflito*: guia de educação para a convivência. Porto, Portugal: ASA, 2002.
LA TAILLE, Y. de. A educação moral: Kant e Piaget. In: MACEDO, L. de. (Org.). *Cinco estudos de educação moral.* São Paulo: Casa do Psicólogo, 1996.
_____. *Limites*: três dimensões educacionais. 3. ed. São Paulo: Ática, 2002.

____. *Moral e ética*: dimensões intelectuais e afetivas. Porto Alegre: Artmed, 2006.

____. Para um estudo psicológico das virtudes morais. *Educação e Pesquisa*, v. 26, n. 2, São Paulo, p. 109-121, jul./dez. 2000. Disponível em <http://www.scielo.br/scielo.php?script=sci_arttext&pid=S1517-97022000000200008>. Acesso em: 26 mar. 2007.

LA TAILLE, Y.; HARKOT-DE-LA-TAILLE. Valores do jovens de São Paulo. In: LA TAILLE, Y. de. *Moral e ética*: dimensões intelectuais e afetivas. Porto Alegre: Artmed, 2006.

MARCHAND, H. *A educação dos valores nas escolas – ou "devem as escolas ensinar valores?", "que valores deve a escola desenvolver nos seus alunos?", "de que modo fazê-lo?"* Disponível em: <www.educ.fc.ul.pt/recentes/mpfip/pdfs/marchand.pdf>. Acesso em: 2 dez. 2007.

MENIN, M. S. de S. Desenvolvimento moral. In: PIAGET, J. et al. *Cinco estudos de educação moral*. São Paulo: Casa do Psicólogo, 1996.

____. Valores de professores. In: SANTOS, G. A.; SILVA, D. J. da. (Org.). *Estudos sobre ética*: a construção de valores na sociedade e na educação. São Paulo: Casa do Psicólogo, 2002.

MORAIS, R. de. *Educação em tempos obscuros*. São Paulo: Cortez, 1991.

MORENO MARIMON, M.; VILARRASA, G. S. Nuevas perspectivas sobre el razonamiento moral. *Educação e Pesquisa*, São Paulo, v. 26, n. 2, jul./dez. 2002.

NOVAES, A. De olhos vendados. In: NOVAES, e tal. *O olhar*. São Paulo: Cia das Letras, 1988.

PIAGET, J. Intelligence and affectivity: their relationship during child development. *Annual Reviews*, Palo Alto, CA, 1954. Ed. USA, 1981.

____. *O julgamento moral na criança*. São Paulo: Mestre Jou, 1977.

____. *Para onde vai a educação?* Rio de Janeiro: José Olympio, 1994. Originalmente publicado em 1948.

POWER, F.; KOHLBERG, L. *Lawrence Kohlberg´s approach to moral education*. New York: Columbia University, 1989.

PUIG, J. M. *A construção da personalidade moral*. São Paulo: Ática, 1998.

SCHMITZ, E. F. et al. Valores na formação do educador. *Educação Unisinos*, Porto Alegre, v. 7, n. 13, 2003.

SUBIRATS, M. A educação do século XXI: a urgência de uma educação moral. IMBERNÓN, F.(Org.). *A educação no século XXI*: os desafios do futuro imediato. 2. ed. Porto Alegre: Artmed, 2000.

ZABALZA, M. Como educar em valores na escola. *Revista Pátio,* Porto Alegre, ano 4, n. 13, jan./jul. 2000.

YUS RAMOS, R. O resgate do currículo integrado. *Revista Pátio*, Porto Alegre: Artmed, ano 9, n. 35, ago./out. 2005.

____. *Temas transversais*: em busca de uma nova escola. Porto Alegre: Artmed, 1998.

8
Valores morais do ponto de vista de professores de ensino fundamental e médio

Raul Aragão Martins
Izabella Alvarenga Silva

INTRODUÇÃO

Fazer um estudo sobre valores humanos é, em poucas palavras, investigar o que as pessoas prezam em suas relações, é buscar aquilo que fundamenta o convívio e a postura das pessoas diante de seus relacionamentos, definindo o que é central nessas relações a ponto de agirem de acordo com eles. Atualmente, existe um discurso denunciando que os valores estariam em crise; desse modo, o respeito, a honestidade e a justiça foram deixados de lado em favor de outros como o consumismo e os interesses pessoais, dito de outro modo, valores privados e ligados à glória têm sido cada vez mais estimados, em detrimento daqueles de caráter público.

Porém, uma outra postura frente a essa questão aponta para uma crise nos valores morais, de modo que eles estariam em processo de desaparecimento. Autores como Tardif (2000) chama-nos a atenção para os conflitos de valores vivenciados nos espaços onde os seres humanos são os "objetos de trabalho"; segundo esse autor, valores como a saúde, a justiça e a igualdade perderam sua transparência, seu poder de evidência e sua força de integração, e como consequência, aponta a dificuldade que os profissionais encontram para elegerem "princípios reguladores e consensuais" (2000, p. 9). No entanto, não acreditamos em uma falência nos valores morais, e sim em uma mudança na forma como esses valores estão sendo vivenciados, bem como na importância dada a eles nas relações entre as pessoas.

Sobre o trabalho com questões morais dentro do espaço escolar, a nossa sociedade conta com uma orientação pedagógica bem fundamentada sobre o tema, uma vez que em 1997 o Ministério da Educação trouxe a público os *Parâmetros Curriculares Nacionais* (Brasil, 1997) para o ensino fundamental e, posteriormente, foram publicados os parâmetros para os outros níveis do ensino. A finalidade de tais trabalhos é propor uma ação pedagógica que apresente a cidadania como eixo direcionador da educação, de maneira que crianças e adolescentes reflitam sobre os conteúdos trabalhados e, a partir disso, construam pontos de vista próprios a respeito dos mesmos. Um dos volumes dos *Parâmetros* é voltado para um conjunto de temas, que, por sua abrangência, passam a ser de responsabilidade de todos os professores e não de uma única disciplina. Esse conjunto de conhecimentos recebeu o nome de *Temas Transversais* e envolve assuntos como ética, orientação sexual, pluralidade cultural e outros.

O tema *Ética*, por sua vez, apresenta como finalidade o desenvolvimento da autonomia moral de crianças e adolescentes por meio da apresentação e da discussão de conceitos como igualdade, equidade, respeito mútuo, solidariedade, justiça e diálogo. Essa finalidade aponta para a necessidade de se conhecer a formação sociomoral e os valores dos professores e dos alunos, considerando que o processo de construção e de legitimação de valores está presente no processo de desenvolvimento moral, que a temática dos valores não deve ser negligenciada tampouco ignorada pela escola.

Sobre o desenvolvimento sociomoral da criança, o trabalho pioneiro de Piaget (1977) "O Julgamento Moral na Criança" continua como base dessa área. Nesse trabalho são estudados a formação das regras dos jogos sociais infantis, os conceitos sobre a mentira, as ações intencionais e não-intencionais que provocam danos materiais e o roubo, tendo dentro desses temas as questões da intencionalidade e da atribuição de responsabilidade.

Embora Piaget (1977) tenha afirmado estar apenas interessado nos julgamentos que as crianças fazem sobre os diversos aspectos da vida social, não procurando conhecer os comportamentos ou sentimentos relacionados aos julgamentos, a análise global de seus achados o obrigou a definições, principalmente sobre o papel dos sentimentos na formação do sujeito moral.

Mas, se no decorrer das pesquisas que confluíram no "O Julgamento Moral na Criança" Piaget avançou em temas que em um primeiro momento não tinha intenção de tratá-los, de uma forma geral ele esboçou uma teoria sobre o desenvolvimento social da criança ao procurar definir o que é o ser social, o que é uma sociedade e de que forma esse ser social engaja-se no fluxo contínuo de sua comunidade. Essa afirmação encontra apoio na obra em que Piaget volta a tratar tais temas, os "Études Sociologiques" (Piaget, 1967), em que expõe toda sua concepção de sociedade, em um modelo geral de trocas sociais.

Desta forma, Piaget, ao contrapor seus achados empíricos com as teorias sociológicas da época, especialmente as que tratavam da gênese do ser social, conclui que a moralidade não é homogênea, uma vez que a sociedade não é una. Essa premissa de múltiplas moralidades não se refere à existência de vários princípios morais antagônicos, e ao mesmo tempo defensáveis racionalmente, mas sim à existência de duas moralidades práticas dentro do mesmo meio social, representadas pela moral da coação ou do respeito unilateral, prevalecente no início do desenvolvimento sociomoral da criança, e a moral da cooperação ou autonomia, na qual reina a crítica, o controle mútuo, a confiança e a cooperação, moral essa que só é possível no processo de desenvolvimento cognitivo e social da criança, esboçando um outro tipo de relacionamento entre os pares.

Mas para J. Piaget (1977), essa passagem da moral heterônoma para a autonoma não é uma operação simples. Ele considera que a criança, por si própria, não a faz sozinha, de modo que a mudança da heteronomia para a autonomia ocorre dentro de um processo coletivo. Em um primeiro momento, as relações de respeito unilateral e de coação estabelecem-se quase que espontaneamente entre a criança e o adulto, pois como a observação de Piaget evidenciou, por menos controladores que sejam e em função das próprias necessidades da primeira infância, os pais vão acabar impondo uma série de rotinas das quais a criança não tem compreensão e as quais devem simplesmente segui-las, e isso, associado ao egocentrismo e ao realismo infantil formam o padrão de relacionamento criança-adulto.

Em um momento seguinte, com o desenvolvimento dos esquemas cognitivos, com a expansão das relações sociais e com a inclusão de novos companheiros, a criança começa a vivenciar um novo tipo de relação, diferente daquela egocêntrica. A regra que antes era dada pronta e imutável passa a ser objeto de discussão, para, finalmente, ser passível de mudanças, desde que haja consenso entre todos os envolvidos na situação. É o surgimento da moral de cooperação ou autonômica.

Mas, também não se pode compreender a passagem da moral de coação para a de cooperação como um processo em que a criança tenha tirado o racional do nada; é, isso sim, proposto um processo em que o conhecimento social é produto das interações indivíduo-sociedade, pois sem esta última a criança permaneceria egocêntrica.

Sabemos que a partir dessa pesquisa Piaget dedicou-se quase que exclusivamente ao estudo das estruturas cognitivas ligadas à lógica e à matemática; pesquisas essas que o levaram à elaboração de uma teoria sobre o desenvolvimento cognitivo do indivíduo, desde o nascimento, com a inteligência sensório-motora, até a adolescência, com as operações formais.

Mas o estudo do sujeito moral teve continuadores, principalmente nos Estados Unidos, em que Kohlberg (1969) desenvolveu pesquisas sobre o julgamento moral dentro do modelo piagetiano. Mas o Piaget que Kohlberg importou para os Estados Unidos foi o das estruturas logico-matemáticas, não o Piaget de 1932, de "O Julgamento Moral na Criança". Dessa forma, suas pesquisas buscavam mais o modo de raciocínio moral de jovens e adultos que a gênese desse pensamento desde os primeiros anos de vida da criança. Esses procedimento levou à elaboração de uma entrevista sobre julgamento moral, que resulta na possibilidade de três níveis e de seis estágios de julgamento moral.

O primeiro nível tem como base valores morais relacionados com acontecimentos externos, maus atos ou necessidades físicas em detrimento de pessoas ou padrões. Esse nível resulta nos dois primeiros estágios. No estágio 1 predomina uma orientação para a obediência e a punição, e o 2, uma orientação egoística ingênua, na qual a orientação correta é a satisfação de necessidades pessoais e, eventualmente, a dos outros. O segundo nível é caracterizado por valores morais apoiados na execução correta dos papéis, na manutenção da ordem convencional e nas expectativas dos outros. Esse nível resulta nos estágios 3 e 4.

O terceiro caracteriza-se pela orientação do "bom menino", isto é, a pessoa tem seus atos baseados na opinião dos outros; por sua vez, o quarto estágio caracteriza-se pela manutenção da ordem social. O último nível, o terceiro, tem como base os valores morais e as condutas, os direitos e os padrões compartilhados por todos, os quais corresponde no estágio 5, a uma orientação legalística e, no 6, a uma consciência de princípios. A falta de uma padronização da Entrevista de Julgamento Moral de Kohlberg levou alguns pesquisadores a desenvolverem escalas de autopreenchimento e correção objetiva. Atualmente, as duas mais utilizadas são o DIT (Rest et al., 1974) e o SROM (Gibbs et al., 1984).

Considerando a perspectiva teórica do desenvolvimento moral cuja dimensão intelectual (razão) inspira a moralidade, trabalhos como o de Menin (2002) e La Taille (2006) discutem aspectos relacionados a valores morais. Este ultimo autor define valores como sendo "o resultado de um investimento afetivo" (La Taile, 2006, p.74). Desse modo, a temática dos valores é parte integrante do plano ético, pois nele estão presentes as projeções para a vida em geral e para a vida moral.

Para a ação moral, entendida por La Taille (2006) como "saber fazer" são necessários os valores, os princípios e as regras. As regras são mandamentos precisos, em outros termos, são "formulações ao pé da letra". Os princípios são as bases a partir das quais as regras são derivadas, ou seja, seu "espírito", e os valores são os investimentos afetivos que inspiram os princípios e as regras. No entanto, segundo esse autor, os valores podem ser assimilados intelectualmente.

> Experimentam-se os valores, pois são afetivos, mas também pensam-se os valores. Logo, a dimensão intelectual da ação moral não depende apenas dos conhecimentos de regras e de princípios, mas também da consciência de quais valores são os nossos, de qual projeto de vida temos ou procuramos ter, de qual projeto de felicidade que mova nossas ações, de que rumo toma a expansão do nosso eu (La Taile, 2006, p. 75)

Menin (2002) também trata da temática dos valores só que dentro do espaço escolar. De acordo com a autora, a educação em valores pode se dar por meio de uma postura relativista quando, por exemplo, a escola deixa de assumi-la deixando que aconteça "de forma assistemática, não-planejada, nos seus mais diversos espaços" (Menin, 2002, p. 93). É o que ela define como o *laissez-faire* em termos de valores morais:

> Cada professor e seus alunos podem ter posições diferentes sobre o que é correto, bom, justo, ou seja, sobre o que tem valor. Nesse caso, a escola não teria um código moral ou de valores declarado e assumido, e a adoção de valores seria uma questão individual. Predomina o entendimento de que tudo é relativo e de que não há, obrigatoriamente, uma posição mais correta que outra. (Menin, 2002, p. 95)

Uma postura doutrinária da educação dá-se quando "um conjunto de valores, considerados fundamentais, devem ser transmitidos prontos a todos, como verdades acabadas" (Menin, 2002, p. 93). Como exemplo, a autora cita a educação moral e cívica, disciplina específica ministrada por professores especialistas com o objetivo de transmitir valores morais acabados, considerados fundamentais. O resultado de tal posição frente à educação moral dos alunos é que "valores impostos por uma autoridade são aceitos por temor, enquanto perdurar o controle dessa autoridade, e deixam de ser assumidos como valores no momento em que a força do controle é enfraquecida" (Menin, 2002, p. 95).

Contrapondo-se a essas duas tendências de educação moral, Menin (2002) propõe uma outra posição baseiando-se na teoria de Piaget (1977). Segundo ela, a perspectiva piagetiana não toma os valores como relativos, pois há a opção pela autonomia moral.

> Se quisermos educar para a autonomia (a adoção consciente e consentida de valores) não é possível obtê-la por coação, ou seja, se quisermos formar alunos como pessoas capazes de refletir sobre os valores existentes, capazes de fazer opções por valores que tornam a vida social mais justa e feliz para a maioria das pessoas, capazes de serem críticos em relação aos contra-valores, então é preciso que a escola crie situações em que essas escolhas, reflexões e críticas sejam solicitadas e possíveis de serem realizadas. (Menin, 2002, p. 97)

Embora a literatura apresente teorias para a compreensão do desenvolvimento moral de crianças e adolescentes, como as apresentadas por Piaget e Kohlberg, pouco se sabe sobre como os professores entendem esse processo, quais são seus valores e nível de julgamento moral. Os poucos estudos publicados referem-se à questão de valores de uma forma geral (Menin, 2002; La Taille, 2006) ou a estudos paralelos, como o de Silva (2000), que faz uma análise filosófica dos valores em educação e o de Carvalho e colaboradores (2004) que discute os resultados referentes a um curso de formação para professores sobre direitos humanos.

Nesse sentido, o objetivo deste estudo foi investigar o que professores de uma cidade do interior do estado de São Paulo conhecem sobre a formação moral de seus alunos, bem como investigar como estão pensando a questão dos valores na escola. Além disso, buscamos examinar a compreensão dos professores a respeito da construção de valores morais e sociais na escola e quais suas concepções sobre os valores morais e sociais de seus alunos, uma vez que a figura do professor, seu comportamento e ideias são referência para crianças e adolescentes. Nesse sentido, esta pesquisa apoia-se na perspectiva de uma educação moral que contemple a autonomia, pois ela é de fundamental importância para a instrumentalização e consequente formação de cidadãos críticos.

MÉTODO

A pesquisa a respeito do conhecimento dos professores sobre valores morais e sociais na escola foi feita com a utilização de uma entrevista escrita na qual um questionário sistematizado foi disponibilizado àqueles que se interessaram em participar. Tal instrumento, no qual o professor não precisava se identificar, era composto de questões relativas ao seu perfil profissional e pessoal (nome, sexo, idade, formação, tempo de serviço) e nove questões sobre o tema "Construção de valores sociais e morais na escola", que buscaram dados qualitativos e quantitativos. É importante ressaltar que tal entrevista discutia a respeito do conhecimento teórico do professor sobre o tema proposto, bem como sobre seu posicionamento perante o mesmo; no entanto, não foi feita nenhuma investigação posterior à entrevista para confirmar se as informações dadas eram realmente vivenciadas na prática pedagógica de cada um.

Para a coleta dos dados, os pesquisadores responsáveis pelo desenvolvimento do projeto primeiramente se apresentavam ao professor ou a um grupo de professores. Em seguida, faziam uma exposição da pesquisa de modo que ficasse claro seu objetivo, e por último, apresentavam o Termo de Consentimento Livre e Esclarecido. Os professores que aceitavam o convite deveriam entregar tal termo assinado juntamente com o questionário respondido. Houve certa resistência por parte de alguns professores que não se interessaram em participar, ora pelo fato de terem que se dedicar alguns minutos para escreverem as respostas ora pela obrigatoriedade em assinar o Termo de Consentimento Livre e Esclarecido.

Sobre as considerações éticas, este estudo foi apresentado ao Comitê de Ética do Instituto de Biociências, Letras e Ciências Exatas da UNESP – Campus de São José do Rio Preto, e obteve parecer favorável em 20 de abril de 2005.

PARTICIPANTES

Quarenta e dois sujeitos participaram da pesquisa. Foram, em sua maioria, professores de escolas públicas na diferentes regiões da cidade da São José do Rio Preto, estado de São Paulo. O grupo reúne profissionais que trabalham desde a primeira série do ensino fundamental até a ultima série do ensino médio.

Com o objetivo de traçar um breve perfil desses professores, faremos alguns apontamentos relacionados aos dados de identificação colhidos do instrumento de pesquisa utilizado. Em relação à idade dos professores, constatamos que há um equilíbrio entre homens e mulheres na faixa etária de 20 a 29 anos, enquanto os homens são maioria (71,4%) na faixa etária de 30 a 39 anos e há predomínio de mulheres (76,2%) na faixa de 40 a 59 anos. Sobre a série em que trabalham, no primeiro ciclo, do ensino fundamental 90% dos professores são do sexo feminino e, no segundo ciclo, esta porcentagem é de 66,7%; já no ensino fundamental e no ensino médio temos grupos homogêneos, de modo que 50% são mulheres e 50% são homens. Ao serem questionados a respeito de tempo que têm de serviço, quarenta professores deram-nos informação, destes 35% têm até cinco anos de profissão, os homens são maioria (53,8%) no grupo de até dezesseis anos, e as mulheres predominam (76,9%) no grupo de até trinta e quatro anos de serviço. Outro aspecto que compõe o perfil dos professores que participaram da pesquisa relaciona-se com a área de formação. Trinta e dois sujeitos informaram-nos a área com a qual trabalham, sendo que vinte e um deles (65,6%) formam o grupo das ciências humanas, neste o sexo feminino é maioria, com 57,1%; no grupo das ciências biológicas temos 50% de mulheres e 50% de homens e nas ciências exatas 60% são mulheres e 40% são homens.

RESULTADOS

Os dados deste levantamento são analisados quantitativamente, por meio de cruzamento de variáveis, cálculos de frequências e porcentagens (Pereira, 1999), e qualitativamente, por meio do estudo do conteúdo das entrevistas, que seguiram os seguintes passos: a) digitação em um programa de texto de todas as respostas; b) leitura inicial de todo o material produzido; c) leitura em busca de respostas que sintetizassem o pensamento dos professores; d) releitura para confirmação das primeiras categorias; e) categorização das respostas; f) cálculo de frequência e porcentagem das categorias; g) interpretação dos resultados (Biazoli-Alves, 1988; Bardin, 1977).

Os resultados serão divididos em dois grupos, o primeiro diz respeito aos dados quantitativos da pesquisa, que se referem às frequências e às porcentagens das respostas dadas às questões em que os professores respondiam se concordavam ou não com a participação da escola e do docente no trato de questões relacionadas a valores morais e sociais dos alunos, no trabalho com temas que abordam essas questões, bem como no material que utilizam. O segundo grupo, composto pelos dados qualitativos, relaciona-se com as justificativas que os professores deram para as suas respostas, que são caracterizadas pelas informações, opiniões, experiências e discussões dos professores em relação ao tema proposto.

O número de respondentes varia de questão para questão em face de alguns professores não terem respondido a todas as perguntas. Para a primeira questão, que pergunta se "A escola deve intervir na formação de valores sociais e morais dos alunos?", a quase totalidade dos professores (97,6%) responderam que a escola deve participar da formação moral das crianças e dos adolescentes.

Paralela a essa primeira questão temos a segunda, que questiona se o professor deve participar dessa formação; ao analisarmos as respostas, temos que 100% dos sujeitos responderam positivamente, de modo que acreditam ser necessária a participação do professor nessa formação moral.

Como os Parâmetros Curriculares Nacionais promovem toda uma discussão sobre ética e legitimação de regras e valores e, teoricamente, é de fácil acesso a todos os professores, pois é um documento direcionado para a escola, os entrevistados foram questionados se conhecem tal documento e se trabalham os temas propostos por ele no que diz respeito à formação moral e social dos alunos. Como resultado, temos que 85,7% deles conhecem os PCNs, 11,9% não conhecem, destes, quatro são do sexo masculino e um, do sexo feminino. Já questionando o trabalho com os temas contidos no documento do MEC, 87,8% afirmaram trabalhar com algum tema e 12,2% não trabalham com temas dos PCNs.

Quando questionados sobre a origem do material que utilizam para as discussões, 62,8% deles assinalaram uma ou mais das fontes listadas no questionário (Escola, Secretaria de Educação, Igreja, outro professor e o próprio professor). Entre as fontes utilizadas, a mais citada é o material do próprio professor, com 62,8% deles assinalando essa opção. As outras fontes, em ordem de importância, são a Escola, com 51,2%, material de outros professores, com 37,2% e a Secretaria de Educação, com 27,9%.

A parte qualitativa das questões presentes no instrumento de coleta é caracterizada por pequenos textos nos quais os professores deram-nos importantes informações sobre como estão pensando essa temática, a forma como trabalham valores com seus alunos e a importância que eles, profissionais da educação, dão a essa intervenção. Essa análise mostra as respostas dos professores sob a forma de categorias, ou seja, padrões de resposta identificados e organizados.

Analisando as respostas relativas à maneira com que os professores interviriam na formação sociomoral dos alunos e a justificativa para essa intervenção, constatou-se que 39,2% das mulheres e 28,5% dos homens são favoráveis à criação e ao desenvolvimento de atividades que abordem a temática dos valores, 22,8% defendem os projetos com o envolvimento de alunos e professores e 14,2% acreditam nos debates e no diálogo como melhor forma de intervenção da escola no que diz respeito a valores sociais e morais. Como justificativa, 34,7% dizem que a escola deve intervir, pois a família não está assumindo tal responsabilidade, 26% justificam que essa atuação da escola contribui para a formação de cidadãos e 21,7% para a formação dos alunos.

Já na segunda questão de ordem qualitativa, foi perguntado aos professores sobre a participação deles na formação de valores morais e sociais dos alunos. Encontramos que 32,6% deles, 46,7% das mulheres e 53,3% dos homens, acreditam que essa participação deve se dar por meio do exemplo, 19,5% defendem o diálogo e 17,3% justificam que essa é uma função/responsabilidade do professor e que tal atuação contribui para a formação crítica dos alunos.

Considerando inicialmente esses dados, relativos às primeiras questões, podemos notar que os professores estão cientes de que o trabalho com questões morais junto aos alunos é necessário, bem como a participação da escola como um todo no trato dessas questões. Retomando os resultados quantitativos dessas mesmas questões, verifica-se que 97,6% e 100% dos participantes são favoráveis à atuação da escola e do professor, respectivamente, no trabalho com essa temática. No PCN que trata especificamente sobre ética, está bem colocado que "cabe à escola participar da formação moral de seus alunos" (Brasil, 1997, p. 73), e nessa mesma página o texto enfatiza que mesmo com limitações, a escola participa da formação moral dos alunos pois valores e regras são transmitidos pelos professores, pelos livros didáticos, pela organização institucional e pelos comportamentos dos próprios alunos. Nesse sentido, é interessante tratar dessas questões de modo que sejam objeto de reflexão de toda a escola.

A quarta questão do instrumento buscou saber quais temas dos Parâmetros Curriculares Nacionais os professores consideram mais relevantes e em que medida contribuem para a formação moral e social dos alunos; de maneira geral os temas mais citados foram ética, com 29,6%, meio ambiente, com 18,5% e cidadania, com 16,6%, seguidos de pluralidade cultural (12,9%), orientação sexual (9,2%), temas transversais (7,4%) e outros temas, com 5,5%. Analisando isoladamente os resultados de homens e mulheres é possível perceber algumas diferenças entre eles. As mulheres são responsáveis por 87,5% das respostas referentes à ética e 70% das relacionadas ao meio ambiente. Os homens são responsáveis por 66,6% das respostas ligadas ao tema cidadania. Como justificativa para o trabalho com esses temas em especial, 53,3% das mulheres e 66,6% do total responderam que o objetivo é despertar nos alunos a consciência de cidadãos para o exercício de direitos e deveres, 26,6% das mulheres consideram tais temas amplos e que ajudam os alunos a pensarem em um mundo melhor e 33,3% dos homens justificaram que o objetivo é contribuir para a formação de pessoas críticas.

Sobre a forma como os valores morais e sociais são inseridos nos conteúdos trabalhados em sala, 40% dos professores optaram por debates/discussões sobre os temas, 31,4% reconheceram que esse trabalho é feito por meio da relação entre os valores e o conteúdo da disciplina e 17,1% responderam que há problematizações de acontecimentos/situações ocorridos em sala de aula ou daqueles noticiados pelos jornais e revistas. Aqueles que não tratam dessa temática na sala de aula justificaram que a escola não dá espaço para o trabalho com tais temas ou que não o fazem por falta de conhecimento ou preparo.

Sobre suas práticas frente à temática dos valores, é importante considerarmos o que Silva (2000) diz-nos sobre a relação valor-educação. Segundo a autora, é de extrema importância a abordagem sistemática da relação valor-educação, na medida em que o trabalho educativo – baseado em teorizações e concretizado por meio de ações – sempre será caracterizado por determinados valores e permeado de valorações, mesmo que isso acorra de modo implícito.

Sobre o material de apoio utilizado para trabalhar a temática dos valores, 25,3% dos professores adotam os vídeos, 13,9% contam com os livros, 12,6% se apóiam em reportagens de jornais e 11,3% usam revistas. Nas respostas dadas pelos professores não aparece apenas um tipo de material: sempre é citado mais de um tipo.

A oitava questão do instrumento é, talvez, a mais importante da investigação, pois busca saber dos professores como as crianças e os adolescentes formam seus valores. Essa questão merece atenção, uma vez que seus dados mostram se os professores possuem ou não conhecimento de teorias sobre o desenvolvimento moral e social das crianças, em outras palavras, se os professores, favoráveis à participação da escola nesse processo, têm a prática fundamentada por um referencial teórico.

Os resultados mostram que 34,2% dos professores acreditam na influência combinada da família, amigos, escola e religião, opinião mais forte entre as mulheres, com 61,5% apresentando essa posição. A segunda categoria mais citada é a convivência, com 23,6% das opções, com homens e mulheres apresentando proporções praticamente iguais. As outras duas categorias são a observação e o exemplo, com 21% de opções cada uma. Em relação à observação também não há diferença entre homens e mulheres, mas para a segunda "exemplo" é uma opção feminina, isto é, nenhum homem citou essa categoria.

De acordo com as respostas apresentadas pelos professores, é possível constatarmos que não há um domínio de teorias para guiar a prática dos docentes em relação à educação moral na escola. A perspectiva teórica adotada neste estudo (Piaget, 1977; La Taille, 2006; Menin, 2002) considera o aspecto intelectual, a razão, e o aspecto afetivo, os sentimentos, no que diz respeito à aprendizagem de regras e de valores morais; sendo assim, a educação moral na escola deve se dar por meio de vivências, de práticas, de exemplos, sendo estes não-gratuitos, ao contrário, devem ser discutidos, refletidos e problematizados, de modo que crianças e adolescentes não tomem a ética e a moral como algo normativo e repressivo, mas sim como algo que está presente no cotidiano de todos e que necessita ser pensado e discutido.

A última questão do instrumento investigou o que os professores entendiam por valores sociais e morais. Como categorias de resposta temos que os valores morais e sociais são necessários para a formação do cidadão, com 33,3% das mulheres e 5,55% dos homens, os valores estão relacionados a regras, princípios, crenças e normas, resposta de 27,7% das mulheres e de 22,2% dos homens, e os valores morais e sociais são aqueles que conduzem o comportamento humano, com 38,8% das mulheres e 11,1% dos homens. Para o sexo masculino há duas categorias de resposta que não estão presentes no sexo feminino. Primeiro, com 38,8%, temos que os valores são aqueles necessários para se viver em sociedade, e com 22,2% das respostas temos que os valores morais e sociais são necessários para a formação do indivíduo.

CONSIDERAÇÕES FINAIS

A partir do estudo dos dados levantados por esta pesquisa, é possível traçar um perfil do professor participante desta investigação sobre valores na escola. Esse professor mostrou-se favorável à atuação da escola no trabalho com valores morais e sociais, bem como reconhece que sua participação nesse processo também é importante.

De acordo com o professor, essa participação deve acontecer por meio de projetos e atividades com valores e a justificativa apresentada para o trabalho com tal temática consiste no fato de que a família não está assumindo tal responsabilidade. Exatamente, para os professores a sua participação deve se dar por meio do exemplo e do diálogo com os alunos.

Em relação ao conhecimento do professor a respeito de teorias que tratem de valores e do desenvolvimento moral de crianças e adolescentes, é possível constatar que sua opinião ainda está baseada no senso comum, uma vez que a influência da família e dos amigos e a convivência foram o padrão de resposta apresentado para a questão da formação de valores morais e sociais de crianças e adolescentes.

À medida que discussões sobre princípios morais são apresentadas aos educadores que estão em sala de aula, eles terão fundamentos teóricos para a elaboração de um posicionamento diante de questões como a relação de reciprocidade entre os alunos, a justiça e a responsabilidade frente a um determinado fato ocorrido na escola ou na comunidade e a relação de respeito que ele, enquanto profissional da educação, mantém com seus alunos e demais membros da escola. Uma vez tomado esse posicionamento, sua prática, possivelmente, privilegiará a autonomia tanto moral quanto intelectual de seus educandos.

Assim, de acordo com a perspectiva teórica deste estudo (Piaget, 1977; La Taille, 2006; Menin, 2002), a temática dos valores deve ser objeto de reflexão da escola como um todo, tomando a educação para a autonomia e consequente formação de sujeitos críticos como objetivo da educação moral nas escolas; essa deve ser orientada por princípios fundamentais como dignidade, solidariedade, respeito mútuo, justiça, de modo que as aprendizagens sejam vivenciadas, exploradas, discutidas e refletidas.

REFERÊNCIAS

BARDIN, L. *Análise de conteúdo*. Lisboa: Edições 70, 1977.
BIASOLI-ALVES, Z. M. M. A pesquisa em psicologia: análise de métodos e estratégias na construção de um conhecimento que se pretende científico. In: ROMANELLI, G.; BIASOLI-ALVES, Z. M. M. (Org.). *Diálogos metodológicos sobre prática de pesquisa*. Ribeirão Preto: Legis Summa, 1988. p. 135-157.
BRASIL. Secretaria de Educação Fundamental. *Parâmetros curriculares nacionais*. Brasília: MEC, 1997.
CARVALHO, J. S. et al. Formação de professores e educação em direitos humanos e cidadania: dos conceitos à ação. *Educação e Pesquisa*, v. 30, n. 3, p. 435-445, 2004.

GIBBS, J. C. et al. Construction and validation of a multiple-choice measure of moral reasoning. *Child Development*, v. 55, p. 527-536, 1984.

KOHLBERG, L. Stage and sequence: the cognitive-developmental approach to socialization. In: GOSLIN, D. A. (Ed.). *Handbook of socialization theory and research*. New York: Rand McNally, 1969.

LA TAILLE, Y. *Moral e ética: dimensões intelectuais e afetivas*. Porto Alegre: Artmed, 2006.

MENIN, M. S. D. S. Valores na escola. *Educação e Pesquisa*, v. 28, n. 1, p. 91-100, 2002.

PEREIRA, J. C. R. *Análise de dados qualitativos:* estratégias metodológicas para as ciências da saúde, humanas e sociais. São Paulo: EDUSP, 1999.

PIAGET, J. *Études sociologiques*. Geneve: Droz, 1967.

_____. *O julgamento moral na criança*. São Paulo: Mestre Jou, 1977. Publicado originalmente em 1932.

REST, J. et al. Judging the important issues in moral dilemmas: an objective measure of development. *Developmental Psychology*, v. 10, n. 4, p. 491-501, 1974.

SILVA, S. A. I. *Valores em educação*. Petrópolis: Vozes, 2000.

TARDIF, M. Saberes profissionais dos professores e conhecimentos universitários: elementos para uma epistemologia da prática profissional dos professores e suas conseqüências em relação ao magistério. *Revista Brasileira de Educação*, n. 13, p. 5-24, jan./abr. 2000.